La escritura del límite

Mabel Moraña

La escritura del límite

Mabel Moraña

Iberoamericana · Vervuert · 2010

Amor de Dios, 1 – E-28014 Madrid
Tel.: +34 91 429 35 22
Fax: +34 91 429 53 97
info@iberoamericanalibros.com
www.ibero-americana.net

Elisabethenstr. 3-9 – D-60594 Frankfurt am Main
Tel.: +49 69 597 46 17
Fax: +49 69 597 87 43
info@iberoamericanalibros.com
www.ibero-americana.net

ISBN 978-84-8489-543-5 (Iberoamericana)
ISBN 978-3-86527-583-7 (Vervuert)

Depósito Legal: SE-5028-2010

Cubierta: Carlos Zamora
Imagen de cubierta: *The Weight of Things,* detalle de instalación, 2008-2009, Rosalía Bermúdez
Impreso en España por Publidisa
The paper on which this book is printed meets the requirements of ISO 9706

Índice

Aclaraciones y agradecimientos

Mabel Moraña

Algunos de los textos de este libro fueron publicados con anterioridad, pero las versiones aquí incluidas han sido modificadas y ampliadas, en algunos casos considerablemente. Deseo agradecer a quienes publicaron en primer lugar estos estudios y también a los colegas e instituciones que me invitaron a presentar muchas de estas ideas en sus universidades en Estados Unidos, Europa y América Latina, dando lugar así a un diálogo productivo sobre estos temas. Algunos de estos tópicos fueron también objeto de discusión en mis clases de Washington University en St. Louis, donde el intercambio con mis estudiantes fue para mí particularmente estimulante y provechoso. El estudio sobre «Barroco/Neobarroco/Ultrabarroco» aparece aquí por primera vez en castellano. En todos los capítulos, las citas de libros o artículos publicados en otro idioma han sido traducidas por mí, a menos que se indique lo contrario. A todos los colegas con quienes he mantenido diálogo sobre estos temas a lo largo de los últimos años, a quienes colaboraron en la preparación de este manuscrito y a la editorial Iberoamericana/Vervuert que acogió este libro para publicación, mi mayor agradecimiento.

Introducción
La escritura del límite

Amplia y al mismo tiempo puntual y operativa, la noción de límite, como la de crisis, es recurrente en el discurso crítico del latinoamericanismo. En los intentos por definir un territorio conceptual escurridizo, difícil de acotar y al mismo tiempo marcado por su innegable especificidad histórica, política y social, la alusión a las ideas de límite, frontera, borde, orilla o margen, para mencionar aquí sólo algunas de las denominaciones que comparten un mismo campo semántico, remiten inevitablemente a la existencia o presuposición de un afuera constitutivo, temporal, espacial, epistemológico, legal o identitario. Incitan a pensar en términos oposicionales, a veces maniqueos (lo que está de un lado u otro de la demarcación) o, contrariamente, a reflexionar sobre los intercambios y conflictos que la línea imaginaria del límite pone en circulación.

En torno a la noción de límite se definen cuestiones de poder, estrategias de transgresión o resistencia, formas deliberadas, legítimas o fraudulentas de penetración en el campo excluido. Se establecen también principios de inmanencia que concentran, aíslan o intensifican contenidos que sin el límite flotarían nomádicos, en un espacio desestructurado. Nacido para ser transpuesto y violentado, el límite tiene que ver con los conceptos de propiedad y pertenencia. Hace pensar en criterios de distribución, en pactos, concesiones o prebendas. Todo límite consolida bienes, espacios y valores «propios» y remite, por oposición, a la (des)posesión y al (des)amparo. Constituye un llamado de atención, un desafío, una provocación. Define, compartimenta, aparta, invita a la negociación o al tráfico ilegal, radicaliza, ordena, expulsa y encierra. Tiene casi siempre connotaciones ético-políticas imposibles de desconocer y existe, al mismo tiempo, como exterioridad y como subjetividad, interpelando al individuo y a la comunidad tanto desde el punto de vista intelectual como afectivo. Sugiere numerosos interrogantes: ¿A qué amos sirve el límite? ¿Quién lo administra? ¿Qué narrativas lo legitiman y sobre qué argumentos es desautorizado? ¿Cuáles son sus grados de rigidez y de porosidad? ¿Qué energías se cuelan por sus intersticios y sus grietas? ¿Con qué lenguaje –con qué lengua– nombrarlo? ¿Qué dinámicas hacen estallar el límite y qué figura pasan a formar sus fragmentos?

En *Aporías*, Jacques Derrida reflexiona sobre los límites de la verdad y de la muerte, y admite que toda exploración sobre esos temas implica una práctica de contrabandista: un tráfico ilegal de significados de un lado a otro de las delimitaciones establecidas, una reterritorialización del sentido, un nomadismo entre disciplinas, espacios del saber y experiencias de vida (Derrida 1998: 18). Se ocupa asimismo de la frontera de la traducción: no la demarcación entre dos lenguas, sino la línea que «separa la traducción de sí misma, y la traducibilidad dentro de una sola y misma lengua» (ibíd.: 27). Todas estas formas del límite implican una reflexión sobre la propiedad (de la vida, de la lengua materna, de la relación del individuo con sus contextos históricos, lingüísticos, discursivos) recordando, como Derrida indica, que

> ningún contexto es absolutamente saturable o saturante. Ningún contexto determina el sentido hasta la exhaustividad. No produce ni garantiza, pues, fronteras infranqueables, umbrales que ningún paso podría pasar, traspasar, *trespass*... (ibíd.: 26).

Los ensayos reunidos en este libro se centran justamente en los intentos por explorar y transgredir el límite (de la verdad, de la comunicabilidad, de lo representable) por parte de sujetos fuertemente afincados en sus contextos y asimismo proyectados hacia un territorio de saber (de conocimiento, emoción y acción intelectual) que sobrepasa su circunstancia, dando por resultado un *surplus* del sentido, un excedente significativo que desborda los límites de la hermenéutica y desafía los de la teoría. Intentan, además, ubicarse en la zona de incertidumbre que crea la desarticulación de los principios binarios que guiaran la lógica de la modernidad para des(en)cubrir zonas rarificadas de significación que se instalan justamente en el tiempo/espacio de la difuminación de delimitaciones (de la identidad, los territorios, los deseos, los discursos) preestablecidas y gestionadas desde los lugares del poder.

Desde su origen, las sociedades postcoloniales americanas empujan hasta el límite los proyectos civilizadores, ya que se encuentran en el espacio mítico en el que solía ubicarse el fin del mundo y el final de los tiempos. Concebido como existiendo fuera de la Historia, el mundo americano nació como confín: como el espacio ilimitado y remoto donde el significado se abisma y se disuelve. Es, asimismo, un límite que se identifica con la periferia, la barbarie, el salvajismo, la marginalidad y el subdesarrollo, que desde entonces son el afuera constitutivo de la Mismidad imperial, en cualquiera de las formas históricas que ésta asume. Desde el límite latinoamericano las plataformas del occidentalismo resultan relativas, apelables, y las grandes categorizaciones deben ser cualificadas: capitalismo *dependiente*, modernidad *periférica*, epistemología *alternativa*, Barroco *de Indias*, realismo *mágico*. Es justamente esta caracterización –que pone los modelos consagrados en tela de juicio, los matiza y adapta a las condiciones concretas de existencia del mundo americano– la que registra el particularismo de formaciones sociales que nacen marcadas por el trauma del colonialismo y la excepcionalidad.

El límite es entonces percibido, desde algunas perspectivas, como una imposición autoritaria que sirve, sobre todo en los horizontes de la modernidad, para delimitar territorios, defender intereses, definir identidades, organizar centros y periferias dentro y fuera del Estado-nación. Los conflictos de límites acompañan el surgimiento y consolidación de los Estados nacionales. Desatan pasiones, impulsos de agresión y defensa, apropiación y posesión; inspiran acciones bélicas que, con frecuencia, cobran vidas y dejan rastros duraderos en la configuración político-administrativa de los Estados y en los imaginarios colectivos. Pero ninguna frontera impide la penetración cultural, la influencia del gran capital ni la depredación imperialista.

El proceso de globalización y los cambios sociales que ésta trae aparejados en y con respecto a espacios periféricos, van cambiando, sin embargo, los términos en los que se entiende la noción de frontera. En un mundo integrado tanto por los impulsos globalizadores como por las dinámicas de resistencia que plantean alternativas a los discursos y al orden dominantes, en las últimas décadas se han popularizado más bien las nociones de «zona de contacto» (Pratt 1992) y «entre-lugar» (Santiago 1978) para contrarrestar la fijeza dictatorial del límite.[1] Esas nociones

[1] Pratt explica que con el término «zona de contacto» se refiere al «espacio de encuentros coloniales, en el que pueblos geográfica e históricamente separados entran

muestran el carácter tentativo, provisional y variable del límite, y ayudan a relativizar su carácter conservador y restrictivo. El límite no es, desde esta perspectiva, línea de partición, sino área fértil en la que se intercambian y combinan sujetos, mercancías, discursos y proyectos, creando una epistemología *otra* donde la mezcla es más que y diferente a la suma de sus partes.

Homi Bhabha reflexiona sobre el tema de la frontera desde el comienzo de *The Location of Culture* para ubicar justamente el espacio intermedio en el cual se elaboran estrategias identitarias individuales o colectivas, signos de identidad que guían las relaciones intersubjetivas, la relación de pertenencia del individuo a la patria, a la lengua, a la comunidad. Pero Bhabha no se interesa en las singularidades o en las diferenciaciones, sino en los intercambios y re(ve)laciones a que da lugar el límite. Comienza por citar a Heidegger: «una frontera no es aquello ante lo cual algo se detiene sino, como los griegos reconocían, la frontera es aquello a partir de lo cual algo inicia su presencia».[2] Entiende que

---

en contacto y establecen relaciones que en general suponen condiciones de coerción, desigualdad radical e insolubles conflictos» (1992: 6). Y agrega: «una perspectiva de 'contacto' enfatiza cómo los sujetos están constituidos en y por sus relaciones mutuas. Se refiere a las relaciones entre colonizadores y colonizados, o viajeros y viajantes [*travelees*], no en términos de separación o *apartheid*, sino en términos de co-presencia, interacción, entendimientos y prácticas estrechamente vinculados, a menudo dentro de relaciones de poder radicalmente asimétricas» (ibíd.: 7). En el caso del concepto de Silviano Santiago, que se nutre más bien de elementos barthesianos y derrideanos, se apunta más que al aspecto relacional, a los contenidos intersticiales (ubicados en el «entre lugar») que se van definiendo entre los discursos dominantes que se toman como modelo y las transgresiones que éstos inspiran, entre asimilación y diferenciación, sumisión y enfrentamiento. La noción de «*fora de lugar*» se refiere asimismo a los descentramientos y desplazamientos que sufren los modelos culturales en su recepción periférica. Como Pratt, aunque con una aproximación diversa, Santiago analiza conexiones, fronteras, mixturas de significados y formas culturales, que son canibalizados en Latinoamérica pasando a integrar un cuerpo de conocimientos *otro* donde el límite entre lo propio y lo ajeno resulta indistinguible. Según Santiago: «Entre el sacrificio y el juego, entre la prisión y la transgresión, entre la sumisión al código y la agresión, entre la obediencia y la rebelión, entre la asimilación y la expresión –allí, en ese lugar aparentemente vacío, tiempo y lugar de clandestinidad, allí se realiza el ritual antropófago de la literatura latinoamericana» (1978: 28). Sobre el tema del «entre lugar» o «*in-betweenness*», ver también, desde otra perspectiva, Agamben (1999) y, como se indica a continuación en este trabajo, Bhabha (1990 y 1994).

[2] La cita de Bhabha en inglés del texto heideggeriano, es la siguiente: «A boundary is not that at which something stops but, as the Greeks recognized, the boundary is

el dominio de la cultura es justamente el que se extiende en el espacio de incertidumbre en el que los términos binarios que guiaron el proyecto de la modernidad (identidad/diferencia, pasado/presente, adentro/afuera, inclusión/exclusión) empiezan a combinarse de maneras nuevas, en diseños inéditos que acompañan la vuelta del siglo XX y el comienzo del nuevo milenio. Bhabha está interesado más por el «*in-between*» que Silviano Santiago pusiera sobre el tapete a finales de los años setenta y que luego fuera retomado en distintas articulaciones por diversos autores. Dice Bhabha:

> Es en la emergencia de los intersticios –la superposición y desplazamiento de dominios de diferencia– que se negocian experiencias intersubjetivas y colectivas de nación («*nationness*»), interés comunitario o valor cultural (1994: 2).

Bhabha valora sobre todo, en el estudio de la subjetividad postcolonial y su historicidad, la función de la cultura como oportunidad y dispositivo para la renovación del pasado, para su «re-figuración como un espacio contingente *in-between* que innova e interrumpe el *performance* del presente» (ibíd.: 7). La cultura constituye entonces ella misma una forma de traducción de la experiencia, una línea divisoria pero integrativa entre pasado y presente, una localización siempre variable de perspectivas, valores, articulaciones, que guían el proceso de traducción/traslación del sentido y las dinámicas interpretativas que lo acompañan. La cultura es entonces con su repertorio de procedimientos y estrategias, una forma de interrupción/intervención que explora los límites de la experiencia y del lenguaje, las zonas de contacto intersubjetivas e interculturales, las temporalidades y espacios que constituyen la historia cotidiana.

Atravesada por los fenómenos de desplazamiento y desterritorialización (diásporas, exilios, migraciones) la postmodernidad pone el acento en los tránsitos que desdibujan las delimitaciones que son propias del período anterior. Releva y teoriza el surgimiento de identidades híbridas, la trayectoria que siguen individuos, mercancías y proyectos a tra-

---

that from which something begins its presencing» (Heidegger 1971; citado por Bhabha 1994: 1).

vés de fronteras reales y simbólicas, los regímenes flexibles de producción y el consumo transnacionalizado de bienes donde la marca de origen indica sólo los vestigios de formas de arraigo y pertenencia del capital a mercados nacionales que la globalización reabsorbe y rearticula aceleradamente.

Dentro de estos debates, la noción de límite, que habita en el núcleo mismo de la imaginación pública y privada, es evocada cada vez más en conjunción con los conceptos de transgresión o de superación, de los que ya resulta inseparable. Los post- que proliferan hacia el fin del milenio sólo tienen sentido como expresión de un mundo que se piensa a sí mismo a partir de un proceso de descategorización que avasalla los espacios discretos, claros y distintos, de la razón moderna.[3] La diferenciación entre Norte y Sur, real y virtual, centro y periferia, rico y pobre, blanco y negro, global y local, hegemonía y subalternidad, no ha desaparecido, pero las diseminaciones de uno en otro son las que ocupan hoy por hoy los espacios de la teoría y la crítica cultural, las que son objeto de representación simbólica y las que interrumpen productivamente el horizonte ya enrarecido de nuestras certezas y nuestras expectativas. Nelly Richard analiza la desarticulación de las fronteras entre identidad/alteridad y centro/periferia para instalar la discusión sobre postmodernidad en América Latina en un panorama crítico-teórico abierto a nuevas articulaciones. No obstante, éstas no cancelan diseños de poder/saber que rigen en la globalidad como rigieron en la modernidad, aunque bajo condiciones de producción cultural ahora sustancialmente diferentes. Descentramientos del sujeto y multiplicación de alteridades que ya no son exteriores al sistema cultural dominante sino que lo atraviesan; no cancelan sin embargo la necesidad de reivindicar una especificidad latinoamericana enraizada en la historia colonial que impide «reducir al 'otro' a ser una simple pieza en el escenario multicultural» (Richard 1996: 7).

En torno a las nociones de transgresión y límite siguen pensándose diferencias culturales, marcos disciplinarios, diseños geopolíticos, prin-

---

[3] Respecto a los post- que se han popularizado en la crítica cultural, Bhabha indica: «Estos términos que insistentemente señalan lo que está más allá [*the beyond*] solamente comunican su inquieta y revisionaria energía si transforman el presente en un lugar expandido y excéntrico de experiencia y de potenciación» (1994: 4).

cipios éticos y posicionamientos políticos. Este pensamiento, aplicado a distintos registros culturales, estéticos, ideológicos, y las narrativas (críticas, literarias) que genera, son el marco general que reúne los ensayos que se ofrecen a continuación.

Escritos en los últimos años en diversos momentos y contextos, estos trabajos se centran en temas dispares que, sin embargo, dialogan entre sí hasta dar forma a una serie de interrogantes y articulaciones teóricas, ideológicas y culturales que abarcan y rebasan sus campos específicos. En todos ellos se explora, de una manera u otra, la relación ideología/ estética como una de las claves principales a partir de las cuales puede desentrañarse el modo en que funciona la imaginación histórica en sociedades postcoloniales situadas desde el origen, conflictivamente, en la encrucijada de particularismo y universalismo, localidad y globalidad, experiencia y representación. Si la noción de límite es necesariamente ambigua y fluctuante, cada uno de los tópicos aquí enfocados se relacionará de modo peculiar con ese vasto horizonte de significación, articulando el pensamiento filosófico, político o social en inflexiones específicas y complementarias.

Temáticamente, estos estudios recorren un espectro que va desde la historia colonial y la estética barroca hasta la representación de la violencia en la literatura más reciente. Ya se concentren en figuras concretas del pensamiento latinoamericano o en problemáticas acotadas en torno a categorías, relaciones o procesos ideológicos y culturales, todas las aproximaciones críticas de este libro movilizan conceptos y propuestas teóricas que corresponden al vasto territorio de los estudios culturales y conectan con debates actuales sobre el sentido y orientaciones del latinoamericanismo y su lugar en el mundo de hoy. Sin embargo, estos estudios ejercen también una vigilancia constante sobre las presunciones del culturalismo, en el doble sentido del término «presumir», que apunta tanto a aquello que se conjetura o presupone, como a lo que se sostiene, a menudo con petulancia, en ese espacio de reflexión y de interpretación cultural.[4]

Se empieza con un ensayo referido a nuevas formas de recepción de la obra del Inca Garcilaso de la Vega, uno de los primeros letrados colo-

[4] Sobre la relación entre estudios literarios y culturales y la definición del latinoamericanismo como campo de estudio, véanse de la Campa (1999b) y Moraña (2004).

niales que problematiza los límites de la historia europea al traer a colación la temporalidad sumergida del incario y sus legados múltiples, proyectados hacia el futuro postcolonial de la América hispana. La obra del Inca no sólo habita el límite (la frontera en que se funden unas razas con otras, diversos y enfrentados proyectos civilizatorios, oralidad y escritura, colonia e imperio), sino que exhibe el límite: lo explora y lo relata. De ahí el valor icónico del Inca, que ha pasado a convertirse, a través de múltiples y con frecuentes opuestas apropiaciones históricas y culturales, en el símbolo de lo que América puede y no puede llegar a ser. Su obra obliga a repensar conceptos como los de armonía interétnica, multiculturalismo y nación, llamando la atención sobre los diversos sistemas de pensamiento, visiones del mundo, tradiciones e intereses que coexisten conflictivamente en las ex colonias españolas. Su versión des-centrada y ex-céntrica de la utopía, concepto que de por sí constituye el relato de un límite y de sus transgresiones, interpela todavía los proyectos modernos y se articula con los fenómenos de fragmentación, heterogeneidad e hibridez que la postmodernidad reconoce como clave de los imaginarios actuales.

A su vez, la idea de límite es el fantasma conceptual del Barroco. Intrínsecamente asociado a la celebración del poder imperial, el Barroco es apropiado y redimensionado en el mundo colonial como el estilo que permitía penetrar desde la periferia el edificio consagrado del conocimiento europeo y asentar los cimientos sobre los que comienzan a elaborarse formas *otras* de conciencia social y de expresión simbólica, que hibridizan –colonizan– los modelos establecidos. Si ideológicamente el Barroco americano empuja el límite hasta constituirse en uno de los instrumentos principales en la elaboración de la conciencia criolla, su comportamiento estético pondrá también a prueba las ideas de armonía, equilibrio y jerarquía que parecían constituir la regla de oro de las artes y, en general, del pensamiento humanístico europeo. Adentro/afuera, arriba/abajo, colectivo/individual, público/privado, allá/acá, ocultamiento/mostración, constituyen dualismos que la exuberancia barroca rebasa y desautoriza al poner en tensión materiales, concepciones y valores que desbordan la mentalidad y las técnicas representacionales del Renacimiento. De ahí que la idea del Barroco como pliegue, elaborada por Deleuze en su estudio sobre Leibniz, sea la mejor forma concebida hasta hoy para representar las constantes reconfiguraciones del sentido y la subversión de las fronteras cognoscitivas a partir de las cuales se organiza el pensamiento occidental. El pliegue barroco no constituye así solamente un estilo, o una cultura (en el sentido que le da José Antonio Maravall) sino una forma de *ser en el mundo*, un *ethos* (como lo entiende Bolívar Echeverría en *Modernidad, mestizaje cultural y ethos barroco*), una forma de comportamiento simbólico y un *modo de ser* a partir del cual se configuran las subjetividades colectivas. Implica una visión del sujeto como instancia en la que el exterior vuelve sobre sí, es re-aprehendido en el nivel individual a través de extensiones y reversiones, condensaciones y despliegues de tiempo, espacio y movimiento. Si el sujeto es sustancia esencialmente nomádica, su ser en el mundo podrá ser entendido deleuzeanamente como una serie de *devenires*, etapas de inestabilidad y de transformación que conducen constantemente a nuevas formas de ser también provisionales y, en este sentido, i-limitadas. El Barroco es, pues, uno de los más eficaces vasos comunicantes entre Viejo y Nuevo Mundo. Impactando las relaciones arte y sociedad, sujeto y objeto, percepción e intelecto, el Barroco inaugura dentro de los límites del colonialismo la primera modernidad americana.

Es quizá por este impulso de subversión del límite, de proliferación de significados, de hiperbólica saturación sígnica y superabundancia de medios y propuestas que el Barroco se convierte en una estética en eterno retorno, a partir de la cual se repiensa de manera obsesiva el origen, la identidad, la relación entre cultura y poder, tiempo y sujeto, espacio público e interioridad, haciendo énfasis en las diseminaciones constantes que vinculan uno y otro extremo del espectro significativo. Las reencarnaciones del Barroco en el Neobarroco y en el Ultrabarroco en distintos momentos y lugares apuntan a modificaciones profundas en la configuración de subjetividades colectivas y de agendas de producción simbólica, pero también indican la continuidad de una voluntad transgresiva, beligerante, que siempre se articula a la estética y a la epistemología del pliegue y su insistente *retombée*. Temas como los de la diferencia, la *ruina*, la monstruosidad americana, el *accidentalismo*, el mestizaje, la explosión del sentido, la anomalía, están todos vinculados a la noción de límite; sugieren el momento en que la forma interroga al sentido: la ornamentación a la doctrina, el fausto del poder a sus miserias y sus exclusiones, la excepcionalidad a la norma, no porque la forma pueda concebirse como vacía de significado, sino porque materializa una verdad que de otro modo permanecería latente e invisible. Como horror al silencio, el Barroco se sitúa en el límite de lo indecible: es la marca que hace, como quería Sor Juana, que el silencio hable, que *cuente* como indicio de lo que calla, como relato de lo oculto, como denuncia y posicionamiento, colocando el lenguaje al borde del abismo de los significados.

El Neobarroco reactualiza ese comportamiento transgresivo que caracterizara al Barroco colonial desplegando un gran número de variantes e inflexiones nuevas dentro del panorama del siglo XX y lo que va del XXI, tanto en la literatura como en las artes visuales. Con la desemantización del término y la diseminación del concepto original en diversas áreas de la cultura, el Neobarroco se rearticula al horizonte de la postmodernidad canalizando contenidos contraculturales de muy variada índole, dejando al descubierto las contradicciones del proyecto modernizador y sus estrategias de marginación y de opresión social. La obra de Pedro Lemebel ilustra algunos de esos puntos en las claves que corresponden a su tiempo: la relación entre sobresaturación sígnica y estética del margen, las conexiones entre neoliberalismo, mercado y postdictadura, las tensiones entre poder y deseo, trabajadas no como polaridades sino como zonas de superposición y mezcla, y como líneas de fuga que exponen casi pornográficamente la perversidad del sistema, el negativo de la imagen. En la escritura de este cronista de submundos urbanos, *diferencia y repetición*, en sentidos que hacen pensar en la reflexión deleuzeana, son los ejes de una poética del margen que exploran también otros artistas pertenecientes a la «escena de avanzada» chilena analizada por Nelly Richard en *La estratificación de los márgenes* y *La insubordinación de los signos*. En su originalidad y en sus manierismos, la narrativa de Lemebel es una insistente reelaboración de tópicos que el mismo autor contribuye, en gran medida, a desgastar. Su estética se instala en el límite mismo entre oralidad y literatura, y se apoya en la invención de un lenguaje suntuoso de neologismos e hibridaciones semánticas utilizado para vestir el esqueleto de una realidad ruinosa e inevitablemente melancólica. La obra de Lemebel constituye, así, un *ritornello* que hace del límite entre ética y política, impunidad y culpa, la herida que es necesario revolver aunque sea para arruinar la fiesta neoliberal y dejar en evidencia la falta de alternativas de una izquierda arrasada por el pinochetismo que sólo logra rearticularse precariamente dentro de los parámetros previsiblemente restrictivos de la institucionalidad postdictatorial.

A un registro más abierto de teorización de intercambios culturales y sobre todo de comprensión de las relaciones entre dinámicas centrales y apropiaciones periféricas de modelos de conocimiento, representación e interpretación discursiva, pertenecen los ensayos sobre la obra de José Carlos Mariátegui y Ángel Rama, así como el estudio de la polémica Arguedas/Cortázar, reinterpretada aquí desde la perspectiva de debates actuales. Tanto en el caso de Mariátegui como en el de Rama, la especificidad latinoamericana es pensada de cara a procesos y discursos que tienen como núcleo diversas modalidades de articulación transnacional: el marxismo como propuesta emancipatoria, la transculturación como dinámica de recepción y reciclamiento de la modernidad en sociedades marcadas por las dinámicas del neocolonialismo y la dependencia económica y cultural. Las diversas maneras de entender el límite entre lo propio y lo ajeno, lo vernáculo y lo foráneo, vinculan la obra de Rama y de Mariátegui a la polémica Arguedas/Cortázar, y permiten leer los problemas de fondo a que remite este debate frente a cuestiones estructurales, ideológicas y culturales que encuadran y rebasan el intercambio entre estos escritores. En todos estos casos, como en el de los discursos que genera el concepto eurocéntrico de «literatura mundial», subsiste la pregunta acerca de las fronteras reales y simbólicas que definen identidades culturales, y acerca de la naturaleza de los intercambios entre América Latina y centros de poder político a nivel internacional. Todos estos ensayos problematizan la multiplicidad y los contradictorios sentidos de los intercambios, empréstitos y transposiciones que constituyen la esencia de *lo moderno* en el contexto latinoamericano.

Pero quizá ningún ejemplo ilustra mejor la radicalidad de la frontera entre existencia y relato que la literatura de la violencia, en sus diversas manifestaciones actuales. Por definición, esta escritura se ubica en la zona crítica que existe entre la institucionalidad de la sociedad civil y las acciones desplegadas por sectores marginados no articulados productivamente a los proyectos dominantes, a nivel nacional o internacional. Las representaciones de la violencia que se registran en las artes visuales, el cine, la literatura, el *performance*, etc., exploran las irrupciones individuales o grupales que quiebran el estado de derecho y los lenguajes a través de los cuales se expresan esas rupturas radicales. El cuerpo es el espacio principal en el que se dirimen esos enfrentamientos. Avasallamiento de derechos humanos, tortura, violación, masacre, y todo el universo de violencias privadas que atraviesan la cotidianeidad cuando ésta está ganada por el pánico, la ira o la desesperanza, son algunos de los mecanismos que la violencia pone en marcha a través de sus particulares temáticas, técnicas narrativas y encuadres ideológicos. El cuerpo individual y el cuerpo social constituyen un límite cuya violación cambia definitivamente las coordenadas del mundo creando, como la máquina de guerra de Deleuze y Guattari, un nuevo espacio/tiempo y, con ello, formas inéditas de inmanencia y de exterioridad, ajenas al Estado.[5] Pero si la violencia afecta primariamente al cuerpo como lugar del ser y la experiencia, ella impacta asimismo, con fuerza similar, los modelos de conocimiento, el mundo de las emociones, el lenguaje y los imaginarios que sostienen a la comunidad y en los cuales se apoyan los paradigmas de reconocimiento y auto-reconocimiento social.

La exploración del límite a través de la incursión masiva de la violencia se hace evidente en la novela de Evelio Rosero, donde la exterioridad absoluta del terror desatado desde todos los frentes invade cada resquicio del ser individual y colectivo: la afectividad, los valores comunitarios, la sexualidad, la memoria, el entendimiento. En *Los ejércitos* todos los límites han sido transpuestos y disueltos hasta hacer de la comunidad una materia amorfa, donde el nombre propio ya no designa el lugar del sujeto, ni el deseo se distingue del impulso de muerte. La novela enfrenta al lector a lo que Julia Kristeva identifica, en su lectura de Céline, como los desafíos incesantes de la abyección y los «poderes del horror»: el texto es fuente de rechazo y atracción, seducción y repulsión, líneas que convergen sobre la conciencia enajenada y al mismo tiempo dolorosamente lúcida de aquél que observa y que desea, condenado como está a la voracidad de su mirada. Aquí no sólo la violencia es un límite: también lo es la conciencia y las imágenes a partir de las cuales ésta se disemina en el presente.

Junto a los estudios literarios, *La escritura del límite* incorpora también reflexiones sobre la teoría y la práctica transdisciplinaria de los

[5] Deleuze explica que la máquina de guerra (que no se relaciona con la guerra *per se*) constituye una forma particular de relación con el espacio y el tiempo, que crea nuevas coordenadas, como proponen, por ejemplo, el arte o ciertos cambios revolucionarios. Así entendida, la máquina de guerra tiene una naturaleza radicalmente distinta a la del Estado, ya que opone a la inmanencia de éste su pura e irreductible exterioridad (Deleuze/Guattari 1987: 352, 354)

estudios culturales, que se enfrentan a desafíos político-ideológicos estrechamente ligados a los cambios que sufre el Estado-nación, las nociones modernas de identidad, territorialidad y ciudadanía, los conceptos de gobernabilidad, consenso y sociedad civil, los procesos de producción y consumo del conocimiento, y tantos otros aspectos vinculados al funcionamiento social que parecían fundamentales e inamovibles durante la plena vigencia de la modernidad. No se trata, sin embargo, de que se esté asistiendo a un descaecimiento rotundo y definitivo de modelos anteriores, sino de un proceso de superposición de paradigmas,[6] perpetuación de algunas categorías anteriores, cancelación de otras, y surgimiento de nuevas propuestas que intentan responder a vivencias inéditas con aproximaciones innovadoras en las que se entrecruzan la teoría política y social, la filosofía, la antropología, los estudios científico-tecnológicos y el análisis de fenómenos urbanos.

El tema de la «literatura mundial» es una de las coyunturas críticas que requiere inscribir la reflexión sobre América Latina en contextos mayores: el del occidentalismo, el de la universalidad, el cosmopolitismo y la (post)modernidad. La polémica en torno a los contextos críticos que rodean los procesos de producción y diseminación del producto literario, así como la evaluación de las formas de recepción y consumo del mismo en distintas latitudes obliga a repensar la problemática del eurocentrismo, los factores que influyen en la formación del gusto cultural, y los procesos de canonización que han guiado a través de los siglos el ordenamiento historiográfico y la valoración de la literatura tanto en el Viejo Continente como en los territorios de ultramar. Las formas de institucionalización cultural, la elaboración de los legados de la tradición, los impulsos foráneos que colonizan las que Rama llamara culturas «interiores» de América Latina, resultan incomprensibles sin una revisión de los conceptos de *lo nacional*, sin una crítica de la modernidad y un análisis de las formas de hibridación que atraviesan la historia cultural latinoamericana, combinando vertientes europeas con culturas vernáculas y con las diversas formas multiculturales que llegan a América en olas migratorias a lo largo de los siglos, desde el descubrimiento. *Lo*

[6] «It is part of the paradoxical nature of postmodernism that old categories do not die; instead they stick around, generating influence anxiety» (Moulthrop 1997: 269).

nacional, como tal, es impensable sin un rebasamiento de los límites que la misma noción de nacionalidad pone en funcionamiento, sin un análisis de los procesos transnacionales y transhistóricos que cruzan y penetran las culturas *impuras* que coexisten en estrecha vinculación y también en tensa competencia en el contexto del occidentalismo.

Finalmente, es obvio que todos los problemas a los que remiten los estudios que se ofrecen en *La escritura del límite* tienen como marco las cuestiones abiertas por la globalización y su convergencia con la colonialidad que marca toda la historia de América Latina. Lo global y lo local son instancias concretas de nuestra materialidad económica y política y, por lo mismo, categorías discursivas imprescindibles para la conceptualización del mundo en que vivimos. «El disciplinamiento de los estudios culturales» apunta a una revisión de las nociones centrales de la modernidad tal como éstas son relevadas y analizadas por los estudios culturales, los cuales están también expuestos, como es obvio, en tanto práctica académica, intelectual y política, a los vaivenes de la ideología. Si el ejercicio de los estudios culturales se propuso desde sus comienzos como una promesa de transgresión disciplinaria y apertura de los imaginarios de la crítica y la teoría cultural –una conquista, en este sentido, de un espacio de reflexión y análisis situado más allá de las restricciones y compartimentaciones que los sistemas establecidos de saber/poder imponen sobre el conocimiento– sería hora de realizar un balance sobre las formas en que esta nueva aproximación a lo social y a lo cultural ha efectivamente impactado nuestra aprehensión de la realidad y nuestra capacidad de actuar sobre ella. Sería quizá también hora de evaluar los grados de cooptación que esta práctica presenta hoy en día ante los desafíos de los nuevos tiempos, por ejemplo, ante el fortalecimiento del neoliberalismo en sociedades periféricas del capitalismo central, de cara al resurgimiento del populismo y a los cambios que se están produciendo a nivel internacional. La relación cultura/mercado, la modificación de la función intelectual en las últimas décadas, los cambios en el concepto de *cultura nacional*, el surgimiento de nuevas formas de *inter-* y de *trans*nacionalismo, son algunos de los procesos que ponen diariamente a prueba los protocolos de disciplinas surgidas bajo muy distintas condiciones de desarrollo cultural y en contextos político-ideológicos muy diversos a los actuales. Ante los panoramas del presente, marcados por el incremento de la migración, el predominio de los mundos virtuales, la transnacionalización del capital financiero, etc., ¿cómo articular preguntas y avanzar respuestas aunque sea provisionales sin teorizar desde nuevas perspectivas la noción de conflicto y de cambio social, sin revisar los fundamentos filosóficos y las realidades sociales de la modernidad que hoy vemos atravesadas por múltiples fisuras? El tema del multiculturalismo nos introduce de lleno en la problemática de la diversidad y la *diferencia,* pero sobre todo en el problema siempre irresuelto de la desigualdad, que es la noción que acecha siempre, sobre todo en áreas periféricas, en los análisis sociales y en el debate político. La cuestión de la raza y el género, la conceptualización del Otro como el afuera constitutivo de la identidad, la función del Estado en la regulación de la subjetividad y la memoria colectiva, constituyen instancias cruciales en la definición de la *diferencia*, noción central en el espacio descategorizado y fluctuante de la postmodernidad. El debate sobre el multiculturalismo analiza particularmente la construcción del límite –intersubjetivo, intercultural, interlingüístico, interracial– y las múltiples negociaciones que problematizan y en muchos casos desautorizan esas demarcaciones. La estética del límite explora justamente esos lugares reales y simbólicos de la imaginación contemporánea: las áreas de contaminación, intercambio e impureza que conectan individuos, proyectos y culturas. Los ensayos que componen este libro buscan iluminar estos espacios de incertidumbre, exploración y resignificación permanente, entendiendo que es justamente en esas zonas de máxima tensión en las que lo social rebasa los modelos dominantes y en las líneas de fuga que se proyectan hacia nuevos horizontes poéticos y políticos donde parece residir el sentido profundo de nuestro tiempo.

Buscando al Inca desde nuevos debates

I

Uno de las mayores desafíos que plantea la lectura del Inca Garcilaso (1534-1616) es el que se deriva de la multiplicidad de funciones discursivas que despliegan sus textos y, por lo mismo, de las numerosas articulaciones que es posible establecer entre su producción cultural y debates actuales. Lo que podríamos denominar, no sin cierto anacronismo, la *práctica intelectual del Inca*, construye un espacio integrado de conocimiento que incluye en su retórica y en la pragmática de su escritura las estrategias del adoctrinamiento, la moralización y la didáctica.[1] Historiador o quizá, más acertadamente, historiógrafo, arqueólogo de la cultura,

[1] Es de fundamental importancia recordar los motivos históricos que motivan la composición de los *Comentarios* para valorar la funcionalidad de sus estrategias discursivas, las cuales tienen que ver, en gran medida, con las modalidades escriturarias que el texto asume. Roberto González Echevarría ha analizado, por ejemplo, el estilo notarial, que en la obra del Inca se combina con los valores humanísticos. Según este crítico: «El comentario es una respuesta a un texto autoritativo: un fragmento que depende para su forma de un texto-matriz. Un comentario es un texto parasitario y Garcilaso en parte desarrolla una relación parasitaria con los textos de sus predecesores. Pero un comentario es también un texto legal, el tipo de texto compuesto por un *relator* quien, seleccionando de un archivo disponible, entrega un resumen de un caso para poner a prueba su validez. Y esto es en gran medida la modalidad de todos *Comentarios reales*» (1998: 83). Como indica el mismo autor, los *Comentarios* fueron escritos como parte de una lucha legal: «Los *Comentarios* fueron concebidos como parte de un archivo en una petición legal que requería que el Inca diera prueba de su valor, el cual sólo podía ser probado dando evidencia del linaje noble de su padre y de su madre y del servicio del primero a la Corona en el Nuevo Mundo. Las dos partes de su obra forman parte de un proceso de exculpación y restitución a través de la escritura» (ibíd.: 76-77). Así, los fines perseguidos por el texto diversifican la pragmática del texto y sus formas de interpelación, tanto en el contexto histórico y social inmediato a la producción del texto como en los posteriores horizontes de recepción.

traductor y, en este sentido, intérprete y mediador entre culturas, cronista, lingüista, etnógrafo, jurista, el Inca es también, a no dudarlo, un *storyteller* (un contador de cuentos) que imprime sobre los materiales evasivos de la memoria individual y colectiva la fuerza de la imaginación y del deseo. En los *Comentarios reales* (1609), por ejemplo, el hablante mestizo que articula el relato, actúa discursivamente como testigo de parte que expone su versión no tanto sobre «hechos» (eventos, creencias, costumbres, personajes históricos, categorías culturales) sino sobre un sistema de relaciones que los engloba a todos. En el entramado de su narrativa se combinan y articulan los protocolos de la autobiografía, el testimonio, la glosa, la rendición notarial, la profecía y hasta la hagiografía.[2]

Es a través de este diversificado *performance* discursivo que el Inca logra transferir oralidad en escritura, biografía en historia, utilizando materiales testimoniales y documentales para la invención de tradiciones que hacen del Incario un mundo inteligible y al mismo tiempo anómalo para la sensibilidad renacentista. Construye así un pasado que complementa, corrige y desafía las versiones oficiales que entienden de la otredad americana como una forma exótica, tropicalizada, de la barbarie y el paganismo que el Viejo Mundo definiera y combatiera en diversos contextos históricos.

La subjetividad mestiza constituye una posicionalidad no sólo enunciativa sino identitaria (ideológica) en la que, para ponerlo en términos actuales, los antagonismos políticos y sociales inaugurados con la conquista se negocian como *diferencia*. A nivel cultural e ideológico (estético, escriturario y *político*) los *Comentarios reales* construyen una voz autorial, a partir de la cual se instituye una nueva manera de percibir el mundo y de narrativizar sus espacios (centros y periferias) y sus tempo-

---

[2] Si la obra de Garcilaso de la Vega es representativa de la historiografía renacentista y se atiene a las formalidades y recursos del discurso estatal, como ha indicado González-Echevarría, la escritura del Inca constituye asimismo una de los más tempranos y sólidos alegatos producidos a contrapelo de las cosmovisiones dominantes, euro-etnocéntricas, en medio de las luchas de poder entre el Gobierno central en España y los encomenderos en América, momento en que, como este crítico señala, escribir la historia del Perú era considerado una empresa peligrosa (ver González Echevarría 1998: 73-76). Enrique Pupo-Walker (1982) ha desarrollado los aspectos proféticos de los *Comentarios reales*. En la segunda parte de este capítulo me refiero a otras funciones y significaciones de la obra del Inca.

ralidades sucesivas y simultáneas. En la contemporaneidad renacentista del Inca se entrecruzan el sin tiempo de la creencia (la religión, el mito, la leyenda), el pasado supérstite de las culturas prehispánicas y el presente continuo de la colonización imperial. Desde esta perspectiva, el Incario correría en paralelo con la Antigüedad clásica, fijando antecedentes, mitos, *habitus* culturales que informan el presente, ampliando y complicando la densidad histórica europea con vertientes insospechadas y, podríamos decir, *anómalas*, que perturban la racionalidad dominante.

A cuatro siglos de su producción, la obra del Inca se presenta aún como un foco proliferante que interpela a públicos diversos, que desde posiciones ideológicas y culturales muy variadas, continúan fascinados por su valor icónico. Lo que podríamos denominar «los usos del Inca» permiten entender su escritura y lo que Antonio Cornejo Polar llamara su «figura social»[3] en múltiples sentidos: como «fundador indisputado de la ideología nacionalista en los Andes y quizá en toda Hispanoamérica» (Castro-Klarén 2003: 172), como antecedente de la multiculturalidad, como ejemplo de sujeto descentrado, polifónico, diaspórico, como identidad híbrida en la que se combinan los beneficios de la cultura imperial con los privilegios epistemológicos del subalterno, como precursor de movimientos sociales que llegan hasta nuestros días y como inspirador del Estado pluriétnico en la región andina.[4]

---

[3] Antonio Cornejo Polar indica: «Garcilaso no es sólo su persona, sus textos y la persona que producen sus textos; es, también, la figura social, nunca estable, que suscitan sus múltiples lecturas» (1994a:100-101).

[4] Los *Comentarios reales* han suscitado las más variadas y apasionadas apropiaciones por parte de investigadores y revolucionarios en las distintas épocas. Como se sabe, la influencia del Inca sobre la rebelión de Túpac Amaru II (1780-1781) le vale a la obra la prohibición de que fuera objeto en el siglo XVIII. Censurado por su espíritu anti-Conquista, el libro, reeditado en 1722, sirvió de inspiración directa al liderazgo incaísta de José Gabriel Condorcanqui (1738-1781), conocido como Túpac Amaru II, y de Juan Santos Atahualpa (1710-1756). Los *Comentarios* también acompañaron la gesta libertadora de San Martín, quien mandó nuevamente reeditar el libro por considerarlo portador de sentimientos patrióticos, otorgándole así un papel importante, cultural e ideológico, en los movimientos emancipatorios protonacionales. También es conocido el hecho de que este texto acompañó a Alexander von Humboldt en su viaje por la cordillera andina, desde Quito hasta Lima (Castro-Klarén 2003: 172-173); como indica Mazzotti en *Incan Insights* (2008: 289, n. 3). Sobre la recepción del Inca entre mestizos e indíge-

Deseo en esta ocasión llamar la atención sobre otras articulaciones posibles a partir de las cuales la obra del Inca puede aún ser leída en el contexto de nuestra propia globalidad. Podríamos preguntarnos, en efecto, en qué consiste, específicamente, el capital simbólico del Inca, en conexión con la amplia problemática de la emancipación de pueblos indígenas en América Latina, y en relación, también, con el ámbito vasto, conceptual y político, del Occidentalismo. ¿Cómo definir la alternatividad de su pensamiento con respecto a la dominante cultural e ideológica de su tiempo? ¿De qué modo específico la obra del Inca define la relación poder/saber dentro de los parámetros de su época? Mencionaré aquí algunos rasgos principales que me parecen relevantes y distintivos en sus textos, y algunas articulaciones posibles a partir de las cuales se orientan los estudios latinoamericanos en la actualidad, y con respecto a las cuales la obra del Inca llega a adquirir nuevos significados.

En primer lugar, la obra del Inca Garcilaso de la Vega implanta, ya desde la oximorónica duplicidad del nombre propio, un *lugar enunciativo* que no es sólo geocultural sino también, quizá principalmente, ideológico. Los elementos étnicos que él mismo plantea y reelabora constantemente a partir de su nombre (Gómez Suárez de Figueroa, el Indio, el Inca, el descendiente de Garcilaso, el mestizo de doble nobleza) constituyen un *locus* que es exterior y equidistante a las dos vertientes culturales que su obra representa.[5] Al escribir desde España y desde los protocolos de la cultura renacentista, su posicionalidad discursiva se plantea como exterior a la cultura indoamericana a la cual puede definir como objeto de conocimiento. Desde su posición de sujeto testimonial consubstanciado con la cultura incaica, a la que pertenece por nacimiento y por experiencia vital, la cultura española es la cultura de adopción: el Inca es el sujeto desplazado, des-centrado, que *elabora la distancia* como un recurso discursivo, utilizándola como *vantage point* desde el cual crear una perspectiva jánica, bicultural, fluida, donde los componentes de cada cultura son aún claramente identificables a pesar de las intersec-

---

nas, ver Rowe (1976), y, sobre la recepción entre criollos, Guíbovich (1990-1992) y Mazzotti (1998). Sobre la influencia política del Inca en movimientos posteriores, véanse, entre otros, Brading (1991), Rowe (1976) y Flores Galindo (1976).

[5] Sobre los nombres del Inca, ver, entre otros trabajos, Cornejo Polar (1994a: 91-107).

ciones constantes de elementos provenientes del Viejo y Nuevo Mundo. Es desde esta posición desde donde el Inca descubre en la trayectoria cultural entre dominador y dominado la dinámica de la transculturación, pero también la estructura básica de la colonialidad, que se inicia con la conquista para luego expandirse y perpetuarse hasta el presente en todos los niveles de la cultura.

Sin embargo, la práctica del Inca hace mucho más que iluminar espacios culturales desde un punto de vista hasta entonces inédito. Su obra puede ser entendida, más bien, como una intervención cultural e ideológica en los imaginarios de la época (dando a este término el sentido de interferencia y disrupción). En efecto, la suya es una práctica que no sólo releva y registra una cultura *otra*, alternativa a la europea, sino que reivindica su lugar en la historia, interpelando los saberes y prácticas de su tiempo. La obra de Garcilaso de la Vega organiza así el conocimiento como una interrupción de los discursos y los imaginarios dominantes poniendo en jaque las prácticas concretas –de dominación política, social y cultural– que se derivan del saber hegemónico y de las formas de conciencia social que le son correlativas. Al hacerlo, paradójicamente, explora asimismo las continuidades transculturales y transhistóricas que hacen al mundo *uno* a pesar de los antagonismos que lo recorren.

Asimismo, podría afirmarse que la obra del Inca configura un campo intelectual acotado, específico, cuyos integrantes, fronteras y debates internos el Inca se preocupa por determinar. Como es sabido, Fernando López de Gómara, Agustín de Zárate, Diego Fernández de Palencia, Pedro Cieza de León, Blas Valera, constituyen algunas de las más importantes fuentes con respecto a las cuales el Inca define los contenidos de su obra.[6] Es a partir de la intersección de esta multiplicidad de *visiones* y

[6] En este trabajo me atengo a la primera parte de los *Comentarios reales*, ya que es allí donde se representa y reconstruye discursivamente el mundo incaico hasta la conquista del Tahuantinsuyo. Ésa es la parte que más ha despertado la atención de la crítica en los últimos años por la relación de los discursos renacentistas y sus procedimientos y modelos con la «subalternidad» andina. Para un estudio de la compleja apropiación que hace el Inca de la gesta conquistadora, la segunda parte de los *Comentarios reales*, publicada póstumamente en 1617 como *Historia general del Perú*, sería imprescindible. Por supuesto, la significación de la obra del Inca no puede aprehenderse en su totalidad sin analizar el diálogo entre ambas partes, en el cual se expresa la intersección de mundos, percepciones y modelos de conocimiento que caracterizan la obra del Inca, y entre los

versiones de la España imperial y sus colonias que el Inca va definiendo en su práctica escrituraria las nociones de autoría, autoridad y autorización discursiva con respecto al poder imperial, pero también con miras a la elaboración de formas incipientes de resistencia cultural, una resistencia que aun dentro de los límites del poder absoluto introyecta la disidencia, la sospecha y la reticencia del dominado. Contemporáneo de Shakespeare y Cervantes (estos dos escritores, como el Inca, mueren en 1616), lector de Fray Luis de León, Lope de Vega, Luis Vives, pero también escucha de las voces anónimas, populares y domésticas provenientes de una cultura *otra*, en muchos sentidos antagónica a la peninsular, la del Inca es una voz peculiar, específica, representativa de un «humanismo crepuscular» que lo vincula a los mejores estilistas de su época (González Echevarría 1998: 44), pero asimismo portadora de la *diferencia* y, con ella, de formas alternativas de definir y de encontrar la verdad en la historia (la verdad *de* la historia). La obra «impura» del Inca, donde la *diferencia* no sólo es enunciada sino *administrada* a partir del discurso, anuncia así la emergencia de nuevas formas de subjetividad y de nuevos protocolos de enunciación y narrativización de la experiencia. Sobre la base de recuerdos, documentos, testimonios, experiencias, es decir, a partir de una erudición y de una empiria que rebasa los modelos conceptuales e ideológicos de su tiempo, el Inca se constituye en una voz pública que aún en la lengua del amo elabora los temas del arrasamiento cultural, el despojo y la victimización americana. Podría afirmarse que en el contexto andino el Inca es el más alto exponente en el proceso de inscripción y articulación de la *diferencia colonial* desde el interior mismo de los discursos hegemónicos. Con ello no sólo contribuye a fundar el archivo criollo sino que sienta las bases para la producción de un pensamiento descolonizador, donde el intelectual sea capaz de hacer algo más que ejercer la ventriloquia de quien dice hablar en nombre de los que no tienen voz, y se articule más bien como interpelación y convocatoria de sujetos sociales para la promoción de nuevas formas de conciencia y, eventualmente, para la formulación de agendas de transformación comunitaria.

---

cuales éste negocia su perspectiva bifurcada, exponiendo en clave autobiográfica e histórica los eventos relacionados con la dominación imperial en América y los desgarramientos que son propios del sujeto colonial.

La elaboración de este peculiar lugar enunciativo tiene que ver también con una concepción clara del valor de los espacios materiales, geopolíticos, desde donde se emiten los discursos. En efecto, tanto el Inca en particular, como el letrado criollo en general, tienen clara conciencia de la relación existente entre centros imperiales y periferias coloniales en lo relacionado con la producción y diseminación de contenidos culturales. Como parte de ese trabajo de elaboración del lugar enunciativo, uno de los mayores aportes del Inca Garcilaso es la reivindicación de lo local como espacio legítimo de producción de conocimiento e incluso como *locus* enunciativo privilegiado desde el cual pueden percibirse relaciones y significados que escapan a la mirada metropolitana. La experiencia de la desterritorialización funciona así como plataforma para la producción de formas singulares de conocimiento y acción intelectual. En efecto, la obra del Inca es impensable sin su desplazamiento y relocalización, sin el tránsito de la migración a la metrópolis y el retorno discursivo a la colonia, sin la creación, entonces, de una posición de discurso intermedia, oscilante, fluida y hasta si se quiere dislocada. En este sentido, podría alegarse que en la obra del Inca tenemos un primer exponente del reconocimiento de los márgenes como lugar de producción de conocimiento alternativo al dominante y como repositorio cultural desde el que es necesario resistir la barbarización que las epistemologías centrales efectúan en su condescendiente interpretación y/o valoración de las culturas dominadas.

A partir de estas características que distinguen la obra del Inca como elaboración de un específico lugar enunciativo (ideológico y geocultural), como intervención e interpelación en los imaginarios de la época, como configuración de un campo cultural en torno al tema de la *diferencia colonial*, y como reivindicación de lo local en tanto espacio productor de conocimiento, deseo proponer una serie de breves articulaciones finales que permiten pensar al Inca desde el horizonte de debates actuales.

El primero de ellos es el que tiene que ver con el vasto campo del hispanismo entendido como el sistema cultural e ideológico que comprende a España y a sus antiguas colonias. Este campo se apoya en la comunidad de lengua como elemento determinante de los flujos e interconexiones entre la antigua metrópolis y sus posesiones de ultramar. Es interesante notar que en torno al tema de la lengua, que es el que aparece, significativamente, como apertura a los *Comentarios rea-*

les, el Inca introduce desde el comienzo el problema de la dominación o hegemonía cultural española, y la perspectiva reivindicativa con respecto a la cultura de los dominados, cultura «antes destruida que conocida», como el Inca señala (I, 46). La lengua es presentada por el Inca como un elemento clave y sintomático de la relación intercultural. Como traductor, el Inca es consciente de los procesos de resignificación que implica el trabajo de transferencia del sentido entre dos lenguas, procesos en los que están en juego tanto los significados puntuales como los valores de las culturas que convergen en la operación comunicativa. Como ha indicado Beatriz Pastor, la traducción es una forma de negociación de la alteridad: «un medio privilegiado de acceso de lo marginal o periférico al espacio de circulación de conocimiento y cultura» (1999: 499).[7]

En palabras del Inca, los españoles malinterpretan y corrompen la lengua quechua con una pronunciación inadecuada que demuestra ignorancia de la cultura dominada y provoca la babelización del universo cultural del Imperio por la imposición de un etnocentrismo que acompaña siempre la experiencia del colonialismo y los procesos de aculturación –y no sólo de transculturación– que éste conlleva.[8] El Inca asocia las connotaciones de dispersión, corrupción y mala interpretación a la aproximación que hacen los españoles a las lenguas andinas, rebatiendo en la práctica la idea *hispanista* o *hispanófila* de que el idioma de la Madre Patria es una lengua que, como una especie de vínculo *natural y*

[7] Según Beatriz Pastor, los *Comentarios reales* constituyen una propuesta utópica que se basa en tres cuestiones fundamentales para el Inca: «su teoría de la lengua, su teoría del conocimiento, y su creación de un nuevo sujeto para un orden utópico nuevo» (1999: 478). Sobre la importancia de la lengua en los *Comentarios reales*, ver Pastor (ibíd.: 467-503), quien a su vez se basa en Jakfalvi-Leiva (1984), sobre todo para aspectos relacionados con el tema de la traducción.

[8] Respecto a este punto, es importante notar que también el Inca habla desde una posición de hegemonización lingüística Cuzco-céntrica, ya que en su reclamo a los españoles defiende la pureza del quechua *en su variante cuzqueña*, por encima de otras formas que, pertenecientes a otras áreas culturales, serían las que los españoles recogen, y a las que el Inca se refiere como modalidades incorrectas del quechua. Garcilaso de la Vega representa entonces también, dentro del mundo andino, una forma hegemónica de cultura impuesta en el período prehispánico sobre culturas no dominantes en la región andina. Tomo en cuenta aquí las puntualizaciones de Cerrón-Palomino, desarrolladas en su artículo «El Inca Garcilaso o la lealtad idiomática» (1991).

espiritual, une a los sujetos por encima de sus antagonismos y crea comunidad cultural a pesar de las demarcaciones del poder.

El Inca destaca más bien la cualidad hegemónica de la lengua española, su efecto nivelador, homogeneizante, corruptor: la lengua del Imperio arrasa las culturas dominadas imponiendo su jerarquía cultural, o sea, según la temprana definición de Antonio de Nebrija en su prólogo a la *Gramática de la lengua castellana*, obra dedicada a Isabel la Católica, la lengua imperial tenía como función principal su complicidad con el poder político proyectado hacia la expansión de la civilización hispánica a través del colonialismo.[9] Como máxima expresión de la supuesta superioridad étnica y religiosa del conquistador, esta forma de control cultural se apoya en la asimetría económica entre metrópolis y colonias, y en la condescendencia cultural de España hacia sus posesiones de ultramar. La obra del Inca permite mucho más que el facilismo de identificar unidades culturales generadas por la práctica histórica del colonialismo: permite percibir el amplio sistema imperial (la metrópolis y sus colonias) como un territorio simbólico-ideológico (geocultural y geopolítico) atravesado por la implementación de un poder absoluto que sojuzga territorios, sujetos y culturas y que, al hacerlo, al tiempo que unifica y uniformiza también fragmenta, impone, produce un borramiento y un empobrecimiento del mundo que es necesario dejar al descubierto. Los pueblos que en la concepción hegeliana habrían existido fuera de la historia constituyen entonces, como el Inca demuestra, mucho más que un capítulo reciente de la historia metropolitana u occidental. Su desarrollo

[9] Ascensión Hernández de León-Portilla ha señalado que una de las preocupaciones principales de Nebrija, cuando escribía su *Gramática*, era el destino mismo de la lengua española, a la que considera un sistema simbólico en competencia con el latín pero de naturaleza nómade, «peregrina», ya que debido a los avatares de las culturas y lenguas enfrentadas en la Península «no tiene propia casa en que pueda morar» (citado por Hernández de León-Portilla 2001: 145-146). Nebrija no pudo imaginar que otras lenguas, las americanas, acompañarían al castellano, según Hernández de León-Portilla lo ve, en esa función de dominio cultural. La lingüista no elabora suficientemente el proceso de subalternización de las lenguas indígenas ni la relación que en el concierto internacional se desarrollará luego entre castellano e inglés (con la consiguiente subalternización de la primera) y en la propia España, con los conflictos lingüísticos que resultan de la imposición del castellano con respecto a otras lenguas peninsulares. Ver, al respecto, Moraña (2005a).

ancestral y su dimensión legendaria constituyen la *longue durée* de una trayectoria que hunde sus raíces en un espacio remoto y en una temporalidad arcaica, insospechada y mítica que el Inca devela y que compite, consecuentemente, con la Antigüedad clásica. La obra del Inca inicia así un proceso de articulación intercultural de múltiples y radicales consecuencias, ya que la historia colonial se abre a su vez a la de las etapas prehispánicas que la preceden y que en muchos niveles, sobreviviendo a la conquista y colonización española, se entronizan y perpetúan en el presente, bajo las condiciones de *colonialidad en la modernidad* que se vienen estudiando desde Aníbal Quijano.[10]

En un mismo sentido, y siempre dentro de los límites ideológicos con los que hoy definimos la ideología del hispanismo (o empujando esos límites *avant la lettre*) la obra del Inca *complica* la memoria colectiva (tanto en el sentido de *complejización* como de *disrupción* de los discursos de la época). Si la empresa americana implicó para la España imperial la expresión transocéanica de una práctica de dominación y (re)conquista que cambiaba moros por indios, la obra del Inca será una de las instancias principales en las que la *diferencia colonial* se inscribe dentro de la mismidad imperial, señalando sus especificidades y su contingencia, pero dejando en claro que el mundo indígena ocupa un lugar equivalente al de otros pueblos combatidos y sojuzgados por el Imperio. El Inca legitima así la alteridad incaica a partir de su excepcionalidad histórica y cultural, que desafía el universalismo de la racionalidad renacentista (Pastor 1999: 476).[11]

La segunda articulación que deseo proponer es la que asocia al Inca al espacio conceptual de los estudios transatlánticos como la perspectiva

[10] Sobre el tema de colonialidad, ver Quijano (1991, 1997 y 2000c).

[11] El proyecto de demostrar la posibilidad de articular los términos históricamente incompatibles Inca/Occidente lleva al autor de los *Comentarios reales* a un proceso de aproximaciones y equivalencias culturales. Según Pastor, «el paralelo entre procesos históricos en ambos mundos –conquistas paralelas– y la equiparación de misiones –civilización de pueblos bárbaros– sitúa a los dos bandos en una posición equivalente destruyendo la identificación española de lo inca con lo Otro y de lo Otro con lo bárbaro» (1999: 476-477). Además de esto, el Inca se preocupa por dejar en claro en diversas oportunidades que la misión civilizadora del Incario tuvo características mucho más humanas y humanizadoras que las de España en el Nuevo Mundo, con lo cual el proceso comparativo se inclina mucho más a la exaltación de los vencidos incas que al reconocimiento de una paridad en el comportamiento cultural y político.

desde la que se atiende a los procesos de movilización de sujetos, capitales, fuerza de trabajo, recursos materiales y mercancías simbólicas que está en la base de los procesos de expansión territorial y de acumulación capitalista en el mundo occidental. Si a nivel espacial o geocultural, el trabajo del Inca se afirma en la elaboración de los tránsitos y recorridos de ida y vuelta que nutren los imaginarios de la época, a nivel temporal su obra se proyecta como afirmación de una dimensión *transhistórica*, en la que se entrecruzan sujetos y relatos, proyectos y deseos que desde los tiempos del Incario llegan a su presente. Desde una perspectiva tempranamente multicultural y globalizadora, la obra del Inca da testimonio de que a partir de 1492 Europa no puede ya ser concebida sin América, ni el mundo sin la dimensión transatlántica, con lo cual la geografía occidental adquiere desde entonces un dinamismo nuevo, de enormes consecuencias culturales.[12] Pero este aporte del Inca demuestra, al mismo tiempo, que el trabajo intelectual de recuperar el pasado, organizar el presente e imaginar el futuro no puede ser emprendido sin incorporar a las perspectivas locales una mirada exógena aunque comprometida y consubstanciada con su objeto de estudio. Esta visión desde afuera aporta con su exterioridad una dimensión imprescindible a la interpretación cultural, ya que la historia de cualquier formación social es a su vez la historia de sus migraciones, sus desterritorializaciones y sus líneas de fuga.

Creo, en este sentido, que la perspectiva inaugurada por el Inca implica un análisis de la dominación colonialista en algunas de sus más impactantes dimensiones: las que tienen que ver con el trauma del origen, la victimización colonialista y la pérdida civilizatoria, perspectiva en la que el costo social del «encuentro» entre culturas se estima por encima de los beneficios reales y simbólicos que pueda haber llevado aparejados esa experiencia histórica. La obra de Garcilaso constituye, asimismo, un ejemplar testimonio de las complejidades de lo que José Antonio Mazzotti definiera como la «ambigüedad» colonial —aunque retomo aquí su expresión cambiando el énfasis de las comillas hacia el primero de los términos, para enfocar el tema de las complejas y paradójicas

[12] La obra del Inca aparece así marcando su impronta sobre múltiples disciplinas, aún incipientes en su desarrollo: la historia, la etnografía, la genealogía cultural, la geografía, la arqueología (como ha señalado Castro-Klarén 2003), etc.

negociaciones que se producen ya en este período entre conocimiento y el poder, entre hegemonía y subalternidad, entre experiencia y discurso, entre occidentalismo y epistemologías alternativas–.[13] En este sentido, la obra del Inca sería paradigmática de una forma posible de conciencia postcolonial: la que define el post- como la serie de instancias que suceden al momento de negatividad radical e irreversible, histórica y política, de la dominación imperial. Es en esas instancias en las que la *diferencia colonial* se empieza a elaborar como categoría identitaria y epistemológica alternativa a la mismidad hegemónica y a su racionalidad universalista, es decir, como una forma beligerante y emancipatoria de resistencia y de contraconquista.[14]

Todo lo expuesto hasta aquí demuestra que la lectura del Inca se encuentra potenciada, en los escenarios actuales, no sólo por los inmensos y multifacéticos aportes de su obra, que se proyecta hasta nosotros a través de una historia de apasionadas y a veces contradictorias apropiaciones, sino también por su capacidad de responder a preguntas que se han abierto al pensamiento latinoamericano a partir de sus textos y que, en muy diversos escenarios, se encuentran aún planteadas ante nosotros. Si la obra del Inca se instala en la frontera misma del saber/poder de su época para desafiar compartimentaciones, cartografías y modelos de interpretación cultural dentro del espacio del colonialismo, desde otra frontera marcada por los efectos de una occidentalización que la obra del Inca sustenta y problematiza al mismo tiempo, los interrogantes acerca de temas vinculados a la resistencia cultural, la fluidez de las identida-

[13] Quiero con esto señalar que la «ambigüedad» que podría ser atribuida a la posición jánica del letrado criollo constituye, en muchísimos casos, una estrategia retórica a partir de la cual los discursos se sitúan frente al poder, manipulando sus formas de inserción en los imaginarios de la época. De ahí que la noción de «agencia» que Mazzotti pone en circulación para iluminar estos contextos sea de tanta utilidad, en la medida en que permite enfocar, más allá de los discursos, o en relación con ellos, prácticas concretas en las que los intereses sectoriales y posicionamientos individuales se definen y manifiestan.

[14] Sobre este punto ver las puntualizaciones de Mazzotti sobre la calificación de «colonial» aplicada al caso de la América hispana, y su discusión de los «Alcances y limitaciones de la teoría postcolonial» para el caso de América Latina, en su «Introducción» a *Agencias criollas* (2000a: en especial, 16-20). Para una más amplia discusión de este tema, ver Moraña/Dussel/Jáuregui (2008), particularmente la introducción y la sección dedicada al período colonial.

des y la funcionalidad de la cultura siguen encontrando en su obra algo más que respuestas discursivas... De ella se derivan también prácticas concretas sobre temas como la construcción de identidades, la interculturalidad y los usos combinados de recursos que hoy identificamos, compartimentadamente con la literatura, la historia, la etnografía, etc. Vale la pena, entonces, continuar analizando estos textos, dentro y también más allá de los contextos concretos de los que esa obra surgiera en su momento, para dejarla dialogar en libertad a través de los siglos, sin violentarla pero también sin reprimir su vuelo, desde los horizontes de expectativas que hoy están pautadas por nuevas formas de dominación transnacional y por nuevos sujetos. De acuerdo a esto, lo que sigue es un intento de articulación del pensamiento y la discursividad garcilacista dentro de los parámetros de nuestro propio tiempo, para atender a las interrogantes que desde nuestra localización se dirigen a la obra del Inca.

II

Después de siglos de variada y polémica recepción, hoy puede afirmarse que el valor icónico del Inca Garcilaso ha logrado igualar, si no sobrepasar, su importancia canónica.[15] Como es sabido, Raúl Porras

[15] En cuanto a la recepción de la obra del Inca Garcilaso de la Vega ésta es, en efecto, amplia y variada. Contemporáneamente, como indica Flores Galindo, con José de la Riva Agüero se iniciaron en 1916 los estudios garcilacistas, unidos a la retórica del mestizaje; véanse, al respecto, el epílogo titulado «Sueños y pesadillas» en Flores Galindo (1986) y Riva Agüero (1941). Según José Antonio Mazzotti, la autoridad que, en particular, los *Comentarios reales* tuvieron en su propio momento se habría debido básicamente al valor político y moral de sus textos (1999: 79), aunque también a su forma innovadora de relevar y presentar la historia de los incas y de ordenarla como discurso historiográfico, es decir, como narración. Como Mazzotti señala, la obra del Inca fue considerada fuente indisputable de conocimiento sobre el Imperio incaico hasta fines del siglo XIX, cuando otras obras vinieron a sumar elementos fundamentales a los materiales aportados por el Inca en sus *Comentarios* (ibíd.: 66-67, n. 2). Más allá de las alternativas de recepción del Inca principalmente preocupadas por la veracidad histórica y antropológica de sus textos, Mazzotti propone su valoración en los términos de «colonial semiosis» sugeridos por Walter Mignolo, es decir, evaluando principalmente cuestiones de representación en las que se entrecruzan intercambios simbólicos, gnoseológicos y discursivos (Mazzotti 1999: 67; Mignolo 1989). Cornejo Polar se refiere también a la obra total del

Barrenechea advierte tempranamente el carácter icónico del Inca y adjudica a su obra un papel fundacional que abarca una multiplicidad de dominios del conocimiento.[16] Si bien es cierto que el nombre del Inca señala desde hace muchas décadas a uno de los más inamovibles pilares del pensamiento americano en su etapa fundacional, también es cierto que la historia de las apropiaciones de que fuera objeto su obra a partir de las más variadas agendas críticas y teóricas, culturales y políticas, está lejos de haber finalizado.[17] Los debates postcoloniales, la teoría de la transculturación y la de la postmodernidad –ésta última en sus polémicas aplicaciones al caso de América Latina–, así como la ideología neoliberal del multiculturalismo han alentado en las últimas décadas la reformulación de las categorías de identidad, nación y ciudadanía, resituando el tema de la raza en el centro de la teoría cultural latinoamericana. Han impulsado, asimismo, una revisión de los símbolos que acompañaron los procesos de formación y consolidación nacional en las ex colonias hispanoamericanas. Con esto, se han vuelto a repensar muchos de los prin-

Inca como «una laboriosa semiosis destinada a producir la legitimidad de esa condición personal y socialmente [su condición mestiza] comenzando por la legitimidad de una escritura» (1994a: 93).

[16] A ésta se adjudica la importancia cultural de haber inaugurado en el Perú la tradición humanística y, como sugiriera José Durand, la significación política de haber inspirado la mencionada gesta revolucionaria de Túpac Amaru de 1780, para la cual los *Comentarios reales* fueron como la Biblia (ver Durand 1976 y 1989). Otros agregan a estos méritos y a la inmensa importancia historiográfica y antropológica de la obra garcilacista la de haber iniciado para Hispanoamérica la literatura infantil, como sostiene Sánchez Lihón (s/f) basándose en anotaciones ofrecidas por de la Riva Agüero sobre la inclusión de relatos enmarcados que reproducen en los *Comentarios* anécdotas y escenarios de la infancia. Sobre el tema del carácter fundacional de la obra del Inca, ver también Mazzotti (1999) y Ortega (2003), entre otros.

[17] El valor icónico ha sido resaltado también en otros escritores coloniales. Para mantenernos sólo dentro del Virreinato del Perú, Rolena Adorno ha señalado que la importancia de Guamán Poma como «emblema de la cultura colonial en el Perú» es incalculable, añadiendo que «[l]a figura de Guamán Poma es un ícono cultural que ha logrado cubrir los cielos del Perú y habría que añadir sus alas y sus garras (huamán, puma) se extienden también sobre vastos territorios culturales internacionales» (2002: 26) –sobre la iconicidad de Guamán Poma, ver también López-Baralt (1988)–. Algo similar indica Adorno al referirse a la figura mucho menos explorada de Blas Valera, el «cronista fantasma», quien, por el papel que se supone ha jugado como antecedente de cronistas posteriores, particularmente del Inca Garcilaso, «se presenta como un nuevo ícono cultural» (2002: 27).

cipios que ayudaron a promover la ideología del mestizaje como uno de los más recurridos motivos políticos y culturales del pensamiento americano. La obra del Inca ha servido para ilustrar posiciones y problemas vinculados con estas direcciones de reflexión y análisis, gracias a una ductilidad que la distingue entre los demás componentes del Parnaso americano y asegura su permanencia en los imaginarios del presente milenio.

En efecto, lo que antes aludiéramos como *los usos del Inca*, variados, paradójicos a veces y cada uno legítimo en su propio registro, han logrado consolidar su capital simbólico. Provocativa y multidimensional como pocas, la obra del Inca y la imagen que sus textos evocan tienen así asegurada su circulación en una amplia gama de comunidades interpretativas. Los más variados proyectos culturales e ideológicos reclaman para sí el derecho a invocar al Inca, como si su naturaleza ambivalente, seductoramente evasiva y, por lo mismo inapresable, contuviera una fuerza oracular, capaz de responder a interrogantes y desafíos que las distintas épocas reformulan desde diversas perspectivas histórico-ideológicas.

Deseo referirme aquí someramente a tres aspectos vinculados a la renovada vigencia del Inca a través de las décadas, es decir, a la construcción de esa «figura social» aludida por Cornejo Polar, relevando elementos que pueden resultar pertinentes en relación con las nuevas formas de inserción de los estudios garcilacistas en debates actuales, no necesariamente limitados a campo colonial.

El primero y más obvio de estos aspectos atañe al carácter multifacético –pluri/multi– de la trayectoria intelectual del Inca y a los modos posibles, opuestos a veces, de interpretar su polisemia. Aunque su obra haya sido canonizada principalmente como un proyecto identitario que permitiría afirmar la posibilidad de una articulación armónica de los componentes indígena y criollo/español que en la región andina constituyeron fuerzas antagónicas desde la conquista, otras perspectivas vinculadas a temas tales como la construcción de subjetividades postcoloniales, la subalternidad y el postnacionalismo tienden a enfatizar más bien sus textos como elaboración de la *diferencia* respecto a los modelos de pensamiento dominantes en su momento histórico.[18] Resaltan sus

[18] Sobre el Inca Garcilaso y la problemática del sujeto nacional en el Perú, ver el epílogo de Mazzotti a *Incan Insights* (2008).

escritos, entonces, como conciencia de la *otredad* del sujeto colonial y de la comunidad a la que éste representa. La *otredad* es entendida aquí como la marca de identidad que define al sujeto colonial como una *anomalía* dentro de las dinámicas homogeneizantes del orden imperial. Como es sabido, la consigna de «un dios, un rey, una lengua», que constituye el *desideratum* del expansionismo español, apunta a formas idiosincrásicas niveladoras, de naturalización e interiorización de la dominación y, en este sentido, a la producción de subjetividades definidas no por su singularidad o contingencia, sino por su posicionalidad dentro de la estructura de poder. En oposición a esta fuerza centrípeta de uniformidad y centralización, la obra del Inca constituye más bien una línea de fuga con respecto al proyecto imperial primero, y nacional después, en los cuales la obra del Inca tuvo un valor emblemático. En efecto, y desde una perspectiva diferente a la que adopta la «canonización patriótica de Garcilaso» que lo convierte en «símbolo de la armoniosa fusión de razas que forman el Perú» (Cornejo Polar 1994a: 102), la obra de Garcilaso de la Vega puede ser entendida como el elemento de distorsión y disrupción en el que la unidad proclamada muestra sus fisuras, la totalidad se fragmenta y las partes se rehúsan a componer una figura armónica.[19] Es el momento, como Cornejo Polar advierte, de la subjetividad desgarrada y melancólica, en la que predomina la nostalgia por la unidad imposible que la conquista española frustrara para siempre. Siglos después, al analizar las fisuras que atraviesan el proyecto liberal republicano y el concepto moderno de nación en el que éste se apoya, José Carlos Mariátegui, Aníbal Quijano y el mismo Cornejo Polar continuarían analizando, por las huellas lejanamente abiertas por el Inca y por otros cronistas coloniales, los remanentes de colonialidad que habitan la ideología del mestizaje y la ideología del progreso al interior de los proyectos nacionales. En el contexto de estas teorizaciones, la mentada heterogeneidad o dualismo que son reconocidos como inherentes a la figura y a la obra del Inca Garcilaso señalan ya no sólo *diferencia* o *diversidad*, y la ilusoria voluntad de unir las partes disgregadas que los textos del Inca ponen de manifiesto; sino también, y sobre todo, *antagonismo*, es decir, fuerzas

[19] El concepto deleuziano de línea de fuga implica justamente la idea de «escape de la estructura», así como una forma de articulación de deseo, conceptos ambos que pueden ser elaborados en relación con el Inca.

que permanecen en conflicto irresuelto. Esos antagonismos hacen definitivamente inviable la síntesis dialéctica que Imperio y nación promueven, cada uno en su momento, como condición *sine qua non* para la organización social y el control político.

Al hacer énfasis en elementos marginales, periféricos, en la historia sumergida de los vencidos y en su persistente legado –en la intrahistoria, por así decirlo, que subyace a los grandes procesos expansivos–, es como si el Inca mostrara el negativo de la imagen imperial: las sombras, contradicciones y tensiones que atraviesan la dominación colonialista y permiten su perpetuación. A pesar de reclamarse como dispositivo de convergencia cultural, en el universo discursivo del Inca el sujeto político que él mismo encarna, sólo puede ser comprendido a partir de su particularismo y de su excepcionalidad. La obra del Inca constituye el momento en que lo local expone su beligerante diferencia poniendo a prueba el límite de inteligibilidad y tolerancia de la *weltanschauung* renacentista. Por encima de los universales en los que se sustenta la cultura europea de la época, el Inca reivindica la contingencia histórica, y el excepcionalismo cultural y político que coloniza los «diseños globales», como una forma de contraconquista intelectual infusa y estratégicamente difuminada en sus textos. Su aporte es, entonces, fundamentalmente disruptivo en la medida en que efectúa el viraje de identidad a diferencia, de pureza de sangre a mestizaje, de legitimidad a bastardía, de imperialismo a colonialidad. Así, y a pesar del aristocratismo que lo distingue del autodidacta Guamán Poma o del jesuita mestizo Blas Valera, que jugara un papel más oculto pero fundamental en la construcción textual de la colonia peruana, la obra del Inca descompone, descentra, desarticula, desorganiza el mundo, coloniza el espacio del poder introduciendo componentes exógenos o, más aún, exponiendo la ajenidad y extrañeza radical del poder con respecto a los mundos arrasados por la conquista

Siempre refiriéndonos al aspecto pluri/multidimensional de la obra del Inca, a partir del elemento étnico, sus textos no solamente abren el espacio de la diversidad cultural y espacial, sino que también articulan temporalidades múltiples, exponiendo la simultaneidad de historias, imaginarios, relatos y modelos civilizatorios que coexisten conflictivamente en el interior del presente continuo del Imperio. Estas líneas temporales son las que corresponden a la historia europea y a la incaica, que se desarrollara paralelamente a aquélla aunque fuera del horizonte de conocimiento europeo (en otras palabras, la temporalidad de la historia occidental y la de los pueblos vencidos por la conquista), reivindicando así la historia colonial y pre-colonial como desarrollos legítimos distinguibles de la matriz histórica –euro-occidental– dominante. Los textos de Garcilaso muestran así la coexistencia de historias paralelas articuladas por su relato, y al mismo tiempo, la coexistencia de distintos registros y niveles: escritura y oralidad, trascendencia y cotidianeidad, universalismo y particularismo. Exponen, asimismo, la composición heterogénea de sistemas culturales (con sus respectivos acervos de tradiciones, valores e intereses irreconciliables) entendidos como *tiempos de vida* que se integran tensamente dentro del englobante y trascendente tiempo de la historia occidental.

Agregado a esto, Sara Castro-Klarén habla de la dualidad de universos culturales en que se mueve la obra del Inca, señalando que ésta muestra que es posible desarrollar una narrativa en varias líneas simultáneas dentro del espacio/tiempo de la colonialidad:

> Mariátegui, como Garcilaso de la Vega, desarrolla un discurso que le permite mantener dos o más líneas de tendencias y localizaciones en la evolución de los eventos dentro de la colonialidad. Este movimiento tiene poco que ver con los conceptos de Homi Bhabha de hibridez y mímica, ya que el último enfatiza la idea de «mimar» o imitar como un payaso [*clowning*], de imitación y burla, de copia que niega la idea de un original [...]. La mímica, es verdad, produce un sujeto no diferente a Garcilaso. Pero Garcilaso no estaba tan indeciso y *ambi-valente* [énfasis del original] (como en la mímica) acerca de sus valores o del terreno que estaba tratando de ocupar de ambos lados en la dualidad de mundos inaugurada con la conquista (2008: 137).

Estas narrativas o líneas discursivas que se corresponden con temporalidades que por primera vez se intersectan en el fundacional discurso humanístico del Inca Garcilaso de la Vega hacen de la heterogeneidad un nuevo *ethos* cultural, una nueva forma de comportamiento de las culturas, una matriz interpretativa y representacional que rarifica los espacios conocidos con el desafío y con la amenaza de lo nuevo.

Finalmente, la escritura del Inca (y, en este sentido, también su vida, que es *producida* a través del relato testimonial, autobiográfico) se abre al asedio multidisciplinario. Objeto de estudios inter- y transdisciplinarios de la más variada índole, la obra del Inca tiene una cualidad expansiva y caleidoscópica, proliferante, que como vimos antes explora todas las formas de composición discursiva a su alcance y se corresponde, en esa misma proliferación, con la desgarrada condición neocolonial del mundo y del sujeto andino. Los textos del Inca conectan así con la fragmentación postmoderna, con la teoría postcolonial, con la subjetividad migrante, con las teorías de la heterogeneidad, la transculturación y la hibridez, con la multiculturalidad, con los estudios de colonialidad/modernidad, con los enfoques transatlánticos y con el resurgimiento pan-andinista vinculado a movimientos sociales y a la amplia gama, a veces inorgánica, de reivindicaciones indígenas.

Un segundo aspecto de la obra del Inca vinculado también directamente con debates actuales es su carácter diaspórico, entendido como signo fundamental de lo que Cornejo Polar llamara «el sujeto migrante». Los textos del Inca, sus *Comentarios reales*, *La Florida del Inca*, etc., afirman, por un lado, la dimensión territorial como uno de los asientos fundamentales de los imaginarios coloniales. Crean, en efecto, una cartografía: marcas en el terreno baldío de la memoria histórica, que es, a partir de entonces, re-conquistada, poseída por el discurso. Esta cartografía elude, sin embargo, toda fijeza. Camayd-Freixas ha sugerido que al realizar la mímica de la tradición cosmográfica europea, el Inca establece el escenario para una nueva concepción personal de la historia. Configura para ello una subjetividad móvil que habita un espacio utópico intersticial: el de una nueva identidad mestiza que reconcilia pero que también niega la bipolaridad nosotros/ellos, aquí/allá, muestra sus cruces, empalmes y divergencias, sus convergencias y sus antagonismos, proponiendo el lugar de lo no-inca y lo no-español como un espacio de negociación, como una plataforma *impura* desde la cual se puede construir la memoria y activar la imaginación histórica.[20]

---

[20] La condición mestiza incorpora la vivencia de la marginalidad social que posibilita sólo relaciones oblicuas con la cultura y los poderes dominantes (Mazzotti 2000b: 143). Cornejo Polar advierte asimismo la necesidad del Inca de elaborar convincentemente a través del discurso historiográfico su perspectiva disidente, y vincula a esta necesidad los cambios en la posicionalidad enunciativa. Sobre el carácter cambiante de la subjetividad elaborada por el Inca, menciona también las variaciones que éste incorpora a su nombre, del «indio» que se autocalifica de este modo al identificarse como traductor de los *Diálogos de amor* de León Hebreo, pasa a ser el «Inca», nominación que incorpora un elemento de linaje y abolengo. Asimismo, como se sabe, en los *Comenta-*

La crítica ha notado el carácter cambiante, a veces contradictorio, de las posiciones enunciativas del Inca, y sus oscilaciones discursivas, propias no sólo de la operación transculturadora, sino también de la búsqueda de una posición de discurso en sí mismo «mestiza», hibridizada y móvil, que corresponde con la condición de sujeto desplazado, diaspórico, que se ha venido mencionando en este ensayo. Mazzotti observa asimismo que aunque transculturadora por naturaleza, la práctica del Inca no parte de un sujeto indivisible y, en este sentido, «atómico», como Ángel Rama supone para el caso de los transculturadores del siglo XX. El sujeto colonial nos enfrenta a una naturaleza oscilante, desgarrada, que se mueve entre mundos y culturas opuestas y ensaya formas alternativas de pertenencia y participación. Como indica también Castro-Klarén respecto a este aspecto siempre discutido del perfil cultural de Garcilaso:

> [e]l sujeto bicultural colonial es un sujeto hábil, precisamente porque puede moverse de un mundo a otro, mantenerlos separados, juntarlos, atravesarlos, ponerlos uno al lado del otro en un diálogo, luchar por su complementariedad o reciprocidad, o simplemente mantenerlos a distancia dependiendo de las necesidades del momento. Garcilaso, que aspira a establecer su autoridad en los asuntos Inca en virtud de su conocimiento del quechua, no obstante domina el hebreo, el latín y el italiano para poder hacer del español una lengua capaz de 'narrar' el pasado Inca. Se sitúa, en cuanto sujeto postcolonial, abocado a la necesidad de aprender a ocupar múltiples posiciones estratégicas. Esta multiplicidad no implica una subjetividad esquizofrénica, sino más bien una capacidad de intercambio y negociación, aunque desigual, pero inevitable para vivir y luchar por el cambio (2007: 385).

De ahí que lo incaico, entendido como espacio cultural e ideológico incluyente, de fronteras permeables, pueda ser entendido como un pan-andinismo que abarca y sobrepasa la localidad proyectándose hacia una dimensión no sólo vastamente regional, sino también transhistórica.[21]

---

rios reales se reconoce «a boca llena» como mestizo, y la *Historia general del Perú* está dedicada a « los indios, mestizos y criollos de los reinos y provincias del grande y riquísimo imperio del Perú, [por] el Inca Garcilaso de la Vega, su hermano, compatriota y paisano» (cit. por Cornejo Polar 1994a: 96). Sobre el tema del nombre del Inca, ver Fernández (2004) y Coello (2008).

[21] Según Camayd-Freixas, si bien Garcilaso reproduce el discurso oficial de la aristocracia inca, lo hace realizando la mímica del discurso humanístico; elabora un discuso

Como señalara también Flores Galindo en su *Buscando un Inca* la construcción utópica de Garcilaso enfatiza el *no-emplazamiento*, que es la condición esencial del sujeto migrante, y la necesidad de reformulación constante de las nociones de ajenidad y pertenencia.[22] Esta renuncia al emplazamiento geocultural y este constante proceso de reterritorialización intelectual (que se mueve, opone o articula modelos y valores de una y otra cultura) van acompañados por un trabajo cuidadoso de las continuidades entre antigüedad y contemporaneidad andina. Flores Galindo señala que esta red de permanencias y continuidades que trabaja la obra del Inca no es comparable a los legados culturales que se extienden desde la tradición griega a la europea, ya que la integración de imaginarios, modelos y costumbres que el Inca recupera y busca reinsertar con su discurso en los imaginarios de su época es mucho más orgánica y nutricia que el flujo de influencias o herencias interculturales entre la Antigüedad clásica y la modernidad occidentalista. El Inca identifica contenidos a los que se adjudica un valor ya no sólo cultural y simbólico sino político y social, de fuerte carga ideológica y reivindicativa. Garcilaso no es solamente, entonces, un sujeto nomádico sino también fundante, en la medida en que inaugura un espacio discursivo que sirve como plataforma para la intersección del mundo incaico y español, universos éstos entre los cuales el Inca reparte sus lealtades, intereses y deseos. El espacio andino es el lugar de la memoria, la experiencia de infancia y juventud, la nostalgia, «el vasallaje», la reivindicación y el orgullo. El peninsular es el lugar del poder, de los grandes modelos de conocimiento que el Inca busca articular en diálogo con la epistemología subalterna, el de la religión verdadera, el centro de un sistema que se expande en todas direcciones, el sitio de la ansiedad y la promesa.

El tercer aspecto de la obra del Inca que conecta directamente con debates actuales es su condición de intelectual indígena o, si reservamos este título para autores de la excepcionalidad de Guamán Poma, su con-

bifurcado, dual, que no sería mestizo sino *ladino*, donde el crítico ve las posibilidades reales de subversión de las posiciones fijas del poder y del discurso (2002: 118).

[22] En su trabajo sobre heterogeneidad y sujeto migrante, Cornejo Polar (1996) enfatiza que el discurso migrante es fundamentalmente descentrado, ya que se apoya en ejes varios y asimétricos, incompatibles y contradictorios. Asimismo, destaca que el migrante no es tanto un sujeto desterritorializado como un individuo sujeto a la duplicación de territorios, y está destinado –quizá condenado– a hablar desde posicionalidades varias.

dición de intelectual híbrido, a caballo entre modelos de conocimiento universalistas entronizados en el aparato de saber/poder dominante en el mundo imperial y en la cultura renacentista, y las epistemologías alternativas provenientes del mundo incaico que su obra desencubre y promueve. Dos aspectos interesan principalmente en este sentido: el primero, la posibilidad que explora Garcilaso de definir una posición discursiva que reivindique el margen como localización válida de pensamiento y de enunciación. Este margen se refiere tanto a la condición mestiza como a las oscilaciones que impone la subjetividad migrante, o sea a las fluctuaciones entre espacios europeos y americanos que se corresponden con condiciones muy diversas de producción cultural. En segundo lugar, la condición de intelectual híbrido se vincula también a la apelación a paradigmas epistemológicos *otros*, que incorporan categorías, valores, terminología, sistemas y métodos de pensamiento y acción correspondientes a la cultura incaica que Garcilaso reivindica y reactiva a través de sus textos. Desde la combinatoria de modelos dominantes (europeos, renacentistas) y paradigmas culturales incaicos, Garcilaso reelabora la memoria colectiva y reescribe la historia, colonizando en el proceso (en una suerte de «contraconquista» intelectual) los imaginarios de su época. El Inca inaugura así una práctica cultural que tiene un valor fundante en la historia de la intelectualidad nativa de la región andina, la cual se habría interrumpido a partir de la represión que desmanteló la rebelión de Túpac Amaru, hacia fines del siglo XVIII.[23] Si en la obra del Inca resaltamos sobre todo la importancia de la raza y de los elementos étnicos como factores determinantes en la formación identitaria y en la definición de una *diferencia* política radical para los sectores indígenas y mestizos subsumidos en la nación criolla, el aporte garcilacista revela un significado que se ha ido renovando a través de las épocas. En nuestros días, este aspecto constituye un indudable punto de referencia en los

[23] Según Florencia Mallon, «la represión que arrasó con la rebelión de Túpac Amaru a finales del siglo XVIII acabó con los sectores intelectuales indígenas» (Mallon 1995: 16; cit. por Rappaport 2007: 624). Rappaport y otros investigadores trabajan sobre la historia del pensamiento andino y advierten la necesidad de «romper con las nociones tradicionales de cultura como ente homogéneo y discreto» (Rappaport 2007: 625) explorando manifestaciones de heterogeneidad e hibridación que sin duda tienen en la obra del Inca uno de sus orígenes más notorios.

proyectos de constitución de un Estado moderno pluriétnico, capaz de enfrentar las polaridades indígena/criollo de una forma efectiva y democrática.[24]

Finalmente, la obra del Inca también nos impresiona por exponer un fuerte arraigo en la materialidad de la cultura: la cotidianeidad y la vida práctica son usadas en su obra como fuentes de saber que el discurso articula con formas más abstractas de pensamiento y reflexión histórica. Los textos garcilasianos elaboran la relación entre experiencia y discurso a que se refiriera mucho tiempo después Walter Benjamin, persiguiendo lo que el teórico alemán identifica como «el aspecto épico de la verdad» (1991). Sin embargo, y como complemento a estas bases concretas de carácter socio-cultural, la textualidad del Inca no puede menos que apoyarse en un aparato retórico ya formalizado y en una serie de procedimientos historiográficos, relatos enmarcados y construcción de personajes, anécdotas y escenarios que constituyen la trama poética –*poiética*– en la que la épica de esa verdad se apoya. Es lo que se ha llamado el «estatuto ficcional» de su discurso, entramado en el que estética y pragmática, moral y pedagogía, imaginación e historia, se entrecruzan y complementan.[25]

Etnicidad, producción de conocimiento y *localidad* (entendiendo por tal tanto el lugar ideológico como geocultural de enunciación, como el objeto mismo de ese conocimiento, o sea el territorio cultural analizado) se articulan de una manera inédita en la obra de Garcilaso, instalando *lo incaico* como un contenido específico que integra los discursos políticos

---

[24] Estudios actuales sobre intelectuales indígenas en la región andina reconocen la importancia central del elemento étnico y el carácter eminentemente político de estos productores culturales. Su función principal es la de articular culturas locales y exteriores, y elaborar la conciencia de su *diferencia*, siendo ésta condición, y no su posicionalidad subalterna, la que adquiere primacía. Según Joanne Rappaport, «para este sector, los ejes fundamentales de su discurso se centran en la etnicidad, la interculturalidad y el diálogo interétnico» (2007: 619).

[25] Es la parafernalia literaria que corresponde al «humanismo crepuscular» del Inca (González Echevarría 1998: 44) una de las razones, quizá no la más importante, de su permanencia y legibilidad contemporánea. González Echevarría ha analizado las relaciones del estilo del Inca con la retórica notarial y el modo en que ambos aspectos, el legal y el poético, se entretejen en el relato autobiográfico del Inca, otro aspecto de su multidimensionalidad discursiva. Sobre el «estatuto ficcional» de *La Florida del Inca*, ver, por ejemplo, Coello (2008).

hasta nuestros días, desde el populismo al pensamiento mariateguiano, pasando por reelaboraciones realizadas por movimientos sociales y por diversas manifestaciones de la cultura popular.[26] El Inca se sitúa en la frontera misma que conecta subjetividad e historia, colonialidad y primera modernidad occidentalista, creación y pérdida, productividad y melancolía. Explora, así, el límite tenue al que se asoma una civilización, la de linaje incaico, que contempla su derrota y su declive histórico, pero en la que sobreviven vástagos que, como el Inca, testimonian con su misma existencia impura, desplazada, ex-céntrica, el surgimiento de un sujeto histórico *otro*, cuya *anomalía* marcará el futuro postcolonial de América y, consecuentemente, los imaginarios del Viejo Mundo que la conquistara. El Inca es así símbolo a la vez de colonia y nación, de poder y de subalternidad, de derrota y de contraconquista. La diversidad de lecturas a la que da lugar su multifacética obra, y la proliferación de significados, usos político-culturales y avenidas teóricas que ella abre hacia los horizontes actuales, son el material mismo con el que se conforman los íconos –las *figuras sociales*– que seducen a la imaginación colectiva y a partir de las cuales cada generación reinterpreta y reinventa su pasado.

---

[26] Flores Galindo se refiere a ese incaísmo como una matriz de pensamiento de «larga duración» que puede rastrearse en las diversas formas que asume la utopía andina como proyecto de doblegar la dependencia y la fragmentación en la región. Sobre la «contemporaneidad del horizonte utópico», ver Flores Galindo (1986: 411- 416).

Barroco/Neobarroco/Ultrabarroco. De la colonización de los imaginarios a la era postaurática: la disrupción barroca

> Inundación será la de mi canto.
>
> Francisco de Quevedo

> Las alegorías son en el reino del pensamiento lo que las ruinas en el reino de las cosas. De ahí el culto barroco a las ruinas.
>
> Walter Benjamin

> Estoy vestido de barroquismo.
>
> Jacques Lacan

> Me parece que el laboratorio del futuro está en América Latina, y que es ahí donde se debe tratar de pensar y experimentar.
>
> Félix Guattari

Accidentalismo, *diferencia* y el mito del origen

Como es sabido, los intentos por explicar etimológicamente el término *barroco* han coincidido en derivar su significado de una doble vertiente: la que recupera en la palabra *barroco* el nombre asignado a una de las formas de la argumentación –el silogismo barroco como «el prototipo de raciocinio escolástico formalista y absurdo» (Corominas 1987: 88)–, y la vertiente que, con el mismo término, remite a una deformidad, a un deseo inacabado. Como introducción alegorizante para una caracterización del Barroco americano, podríamos condensar esta dualidad en la siguiente imagen, siempre evocada: una partícula extraña al cuerpo del molusco se inserta en su sustancia corporal, y va siendo rodeada lentamente por capas de nácar que van dando lugar al nacimiento de una perla. Sin embargo, si en el proceso de su conformación esa joya emergente choca contra irregularidades en las paredes musculares de la ostra, su pulsión de circularidad se trastorna.[1] Imperfecta, patológica, esa perla deforme evoca una esfericidad nunca lograda: su cuerpo levemente monstruoso se afirma así en la nostalgia de la totalidad y de la perfección.[2] La perla barroca –*barrueca*– es un ser melancólico, transubstanciado, impuro, saturado de materia, excedido. Es hibridez y palimpsesto, una deformación nacida de la transgresión de sus límites, que resulta de la defensa ejercida por el cuerpo que recibe el desafío de la heterogeneidad. Producto de juegos de absorción y resistencia, la perla barroca combina, en su proceso, la norma y su excepción. Es el producto apropiado –desterritorializado– por la cultura, que la arranca de su medio natural y la transforma en mercancía suntuaria que pasa a integrar, en su doble carácter real y simbólico, los imaginarios y los espacios de intercambio social de las elites.

Tanto la acepción silogística como la que remite a la perla imperfecta incluyen el detonador ineludible de la problematicidad y el conflicto: la racionalidad contundente y, sin embargo, no totalmente alcanzada, vanamente hiperbólica; la lógica de una existencia formal que evoca justamente aquello que «le falta», que se abisma en sus límites, que explora sus fronteras.

---

[1] En su introducción a *Ultra Baroque*, Elizabeth Armstrong recupera algunos de los rasgos etimológicos aquí aludidos, y la imagen tradicionalmente citada de la formación de la perla, para afirmar el carácter emblemático del Barroco en tanto dispositivo que describe la disparidad americana y sus procesos de mestizaje y transculturación: «Dada la resistencia del barroco a fijar categorías de interpretación, la perla imperfecta puede ser un emblema, si no un paradigma, para designar la diferencia y, por extensión, la hibridez que se resiste al orden y la clasificación» (2000: 2).

[2] Las definiciones que retoman la idea de lo barroco como patología de la forma dan evidencia, sobre todo, del lugar enunciativo y de la posicionalidad epistemológica desde los que se evalúa la estética barroca. Bolívar Echeverría ha indicado, en su definición del *ethos* barroco, que «en efecto, sólo desde la perspectiva formal *clásica* lo barroco puede aparecer como una de-formación; sólo en comparación con la forma *realista* puede resultar insuficiente y sólo respecto del creacionismo formal *romántico* puede ser visto como conservador», agregando: «Se trata, así, por debajo de esos tres conjuntos de calificativos que ha recibido el arte postrenacentista, de tres definiciones que *dicen más acerca del lugar teórico desde el que se lo define que acerca de lo barroco*, lo manierista, etcétera, tomados en sí mismos. Son definiciones que sólo indirectamente nos permiten ver en qué puede consistir lo barroco» (1994: 23; énfasis mío).

Me interesa rescatar, desde esta digresión etimológica inicial, lo que podríamos llamar la lógica de la disrupción barroca, es decir, su operatividad epistemológica con respecto a los discursos que acompañaron la entrada de América Latina a las sucesivas instancias de una modernidad globalizada. Esto implica, en primer lugar, hacerse cargo de la paradoja constitutiva de la estética barroca: la que la señala como uno de los principales dispositivos transculturadores del colonialismo español en América, y al mismo tiempo reconoce en ella uno de los ejes fundacionales en el proceso de construcción de identidades culturales diferenciadas en territorios de ultramar. Poder y resistencia, identidad y diferencia, saturación racionalista y extravagancia sensorial se articulan así, desde el comienzo, en el registro sobrecodificado de la estética barroca, impuesta en territorios americanos como instrumento de dominación y colonización de los imaginarios coloniales. En segundo lugar, mi indagación supone el relevamiento de las transformaciones ideológicas, históricas y culturales del paradigma barroco, que se prolonga a través de continuidades y rupturas desde los enclaves humanísticos del período virreinal hasta la que podríamos llamar la era posaurática –postmoderna, postcolonial– que correspondería al asentamiento del Ultrabarroco.[3]

En este sentido, deseo proponer la lectura del barroco como reproductibilidad alegorizante de las luchas de poder que son inherentes al proceso de inserción del mundo americano en el contexto del occidentalismo. En otra parte me he referido a los procesos de apropiación del código barroco en las colonias y a su funcionalidad con respecto a los procesos de emergencia de la conciencia criolla.[4] En ese análisis me detenía principalmente en la manera en que el Barroco, que es introducido en América con el sentido propagandístico, masivo y popular que José Antonio Maravall analizara en su momento para el caso de España, es sin embargo cooptado por la agenda criolla. En efecto, del mismo modo

[3] Uso aquí el concepto de «Ultrabarroco» –que trataré más adelante en este trabajo– en su recuperación más actual, para designar prácticas de reapropiación de la estética barroca en el contexto de la postmodernidad, y siguiendo la designación sugerida en el catálogo titulado *Ultra Baroque. Aspects of Post Latin American Art,* editado por Elizabeth Armstrong y Víctor Zamudio-Taylor.

[4] Ver, al respecto, Moraña (1998), particularmente la primera parte, en la que se caracteriza el carácter reivindicativo y contracultural del Barroco de Indias.

en que los materiales de construcción y los climas de América imponen al Barroco arquitectónico líneas, colores y estructuras ajenas a los modelos europeos, los residuos de culturas prehispánicas colonizan los espacios visuales y lingüísticos del Barroco metropolitano con imágenes, vocablos y mensajes que trascienden y refuncionalizan las regulaciones canónicas. El Barroco de Indias implementa entonces, más que la mímesis, la *mímica* de los imaginarios hegemónicos.[5]

La adopción del Barroco no es, así, en América, sólo un momento de apropiación o de reciclamiento de la estética imperial, sino un proceso de canibalización en el que la mercancía simbólica suntuaria del poder dominante se vuelve anomalía barrueca –perla deforme– en su contacto con el cuerpo social que la recibe. Lo anómalo o monstruoso es la marca de una *diferencia* americana que se resiste a la perfección de la esfera, y que incluso rebate la universalidad de su valor estético reivindicando en su lugar la singularidad y la contingencia. El «accidentalismo» americano se opone así al «occidentalismo» modernizador y europeizante, y lo revierte. El genio prodigioso de Sor Juana la convierte en un ser que debe travestirse para sobrevivir: «me obligaron a malear la letra porque decían que parecía letra de hombre», dice en la llamada «Carta de Monterrey» (1986: 17). La joroba de Juan Ruiz de Alarcón visualiza su identidad híbrida, impactada por la desterritorialización. La marca morada que singulariza a Juan de Espinosa Medrano, El Lunarejo, subraya desde el rostro mestizo la anomalía de sus sermones pronunciados en quechua desde el púlpito cuzqueño y el valor disruptivo de sus reclamos sobre el relegamiento del letrado criollo, que acompañan a su brillante lectura de la estética gongorina. Estas marcas simbólicas de la *diferencia* americana –a las que la crítica ha conferido una importancia icónica entendiéndolas como signos de una socialización conflictiva– apuntan a la idea de la comprensión de lo americano como espacio de contactos contaminantes y transformadores, donde las lógicas culturales del dominador adquieren nuevo signo al ser reformuladas desde –y a pesar de– las posiciones de subalternidad y marginalización impuestas por el colo-

[5] Sobre el establecimiento del concepto «Barroco de Indias» son imprescindibles los estudios de Picón Salas (1982) y Acosta (1985), entre otros. Para perspectivas más actuales sobre el tema, ver Moraña (1994 y 1998). Sobre el concepto de «mímica» en relación con la representación del sujeto colonial, ver Bhabha (1984).

nialismo.[6] La «deformación» del Barroco americano –su anormalidad, su anamorfismo, su *monstruosidad*– es, así, *mostración* («[en el Barroco] el monstruo es esencialmente una entidad visual: monstruo, "mostrar", demostrar», dice González Echevarría 1993: 157). El *performance* cultural del Barroco consiste en el despliegue teatralizado de la *diferencia*. El letrado criollo es el protagonista y mediador de esa diferencialidad que deriva de las prácticas del colonialismo y dentro de la artificialidad barroca puede ser visto, él mismo, como un sujeto *anómalo*: «El criollo vive en un mundo de arte en el cual él es el artefacto por excelencia. Ésa es su rareza. Es un tropo encarnado» (ibíd.: 165).

De esta manera, un arte que, como el Barroco, se exporta desde la metrópolis como dispositivo de homogeneización acorde con los planes unificadores de la España imperial –«Un dios, un rey, una lengua»– resulta en su actualización colonial un producto híbrido, replegado sobre la heterogeneidad que busca reducir, desplegado desde los parámetros de la «alta» cultura hacia los horizontes populares de la diferencia y el abigarramiento americanos. Sin el reconocimiento de esta *agencia* a partir de la cual el sujeto colonial apela no ya a la reproducción de los protocolos imperiales sino sobre todo a la producción –proactiva–

[6] En *Celestrina's Brood*, en los capítulos dedicados a Calderón y a Espinosa Medrano, González Echevarría se refiere al tema de la monstruosidad en el Barroco relacionándolo con el problema de la identidad («la monstruosidad como identidad»), interpretando lo monstruoso como una forma de catacresis (tropo que permite dar nombre a algo que aún no lo tiene, a partir de una resignación traslaticia). «La monstruosidad aparece en el Barroco como una forma de generalizada catacresis, que afecta el lenguaje tanto como la imagen del yo y que incluye el sentido de retardo inherente a la literatura latinoamericana» (González Echevarría 1993: 5). La «monstruosidad» barroca se asocia así con la cualidad híbrida propia de la sociedad criolla (de ascendencia peninsular pero de origen y raigambre americanos) y con la coexistencia de atributos contradictorios del letrado colonial, del tipo que señalamos, emblemáticamente, en los casos de Sor Juana, Espinosa Medrano, etc. Como sugiere González Echevarría, la monstruosidad señala el estadio transicional de estas identidades que aparecen dotadas de una cualidad bifronte, desde el punto de vista cultural, genérico, etc. El travestismo simbólico que se asocia a la figura de Sor Juana y que retomará el Neobarroco recuerda el parlamento de Rosaura en *La vida es sueño*, donde ella aparece a los ojos de Segismundo, como señala González Echevarría, como «monstruo de una especie y otra» (como hombre, o como mujer, o como una mezcla de ambos), creando una ambiguedad epistemológica y una saturación del signo lingüístico y visual que son propios de la estética barroca. Sobre la relación entre monstruosidad y colonialismo.

de una performatividad que extrema esos modelos en el proceso de su reconversión, es imposible advertir el sentido contracultural, mímico y reivindicativo que adquieren las apropiaciones del código barroco en las colonias. Consecuentemente, sin el reconocimiento de esa agencia cultural y política, será también imposible evaluar a cabalidad esta instancia fundacional del proceso de formación identitaria, en sí misma y en relación con el desarrollo de la cultura latinoamericana en siglos posteriores.

En sus formulaciones latinoamericanas, la estética barroca parece replantear de múltiples maneras el *mito del origen* y los diálogos que entabla el sujeto americano con las diversas instancias del desarrollo histórico continental. Podemos preguntarnos, en efecto: ¿dónde empieza la conciencia de América? ¿Dónde situar las vertientes que alimentan la máquina de producción de significados que la modernidad pone en marcha para legitimar los legados del colonialismo y domesticar sus resistencias: en las culturas prehispánicas o en el descubrimiento, en la tradición clásica y postrenacentista, en el pensamiento de la Contrarreforma, en la emancipación y surgimiento de las culturas nacionales, o bajo los efectos del pensamiento ilustrado y la modernidad burguesa y liberal? ¿Qué contenidos incorpora y qué contenidos desplaza la subjetividad postcolonial en los procesos de (auto)reconocimiento social? ¿Qué vertientes culturales articula y en qué orden de jerarquización? Pero, sobre todo, ¿cómo hablan en los imaginarios de las distintas modernidades latinoamericanas las voces que no encuentran representación en los discursos del poder? Y en esa simbiosis significativa, ¿cómo juega la condición neocolonial de América Latina en cuanto a la incorporación de imaginarios que remiten a la violencia originaria de la conquista y a la dominación europeísta en escenarios transnacionales? Finalmente, ¿de qué modo y en qué grado hace parte la estética barroca de proyectos emancipatorios a nivel continental? ¿Cómo se articula el modelo barroco a las agendas de género, al pensamiento antiautoritario y redemocratizador, a la reivindicación de los márgenes? ¿Cómo se incorporan las variantes históricas y la circunstancialidad político-cultural en experiencias representacionales en las que, a pesar de la diversidad cultural y la diacronía histórica, el Barroco permanece como un constante foco referencial de la subjetividad postcolonial, como el «principio constructor que rige los comportamientos y objetivos sociales que en medio de su heterogeneidad muestran una co-pertenencia entre sí, un parentesco difuso pero inconfundible» (Echeverría 1994: 14)?

Para Octavio Paz, el Barroco, estilo transgresor de las formas renacentistas y paradójico por naturaleza, se sitúa en los orígenes de la expresividad americana porque se asimila desde la colonia a la «ansiedad existencial» del criollo. Según Paz, «hubo una profunda correspondencia psicológica y espiritual entre la sensibilidad criolla y el estilo barroco. Era el estilo que necesitaban [los criollos], el único que podía expresar su contradictoria naturaleza» (1990: 26) Para Carlos Fuentes, por su parte, el Barroco es también ineludible, aunque por distintas razones: porque provee la posibilidad de enmascarar el rostro y de expresar identidades ambiguas, atrapadas por la dominación imperial, que a través del Barroco se cobijan en un «arte de la abundancia basado en la necesidad y el deseo; un arte de proliferaciones fundado en la inseguridad, [que va] llenando rápidamente todos los vacíos de nuestra historia personal y social»; «[e]l Barroco es un arte de desplazamientos semejante a un espejo en el que constantemente podemos ver nuestra identidad mutante» (1992: 206). El Barroco es la mirada que se observa a sí misma y se descubre *otra*, en el proceso de esa mostración originaria, que revela las primeras instancias de cristalización identitaria.

Ahondando en esta misma dirección genealógica, que ha guiado buena parte de los estudios sobre el Barroco, Carlos Rincón advierte, en algunos casos, el intento por encontrar en esta estética consagrada, raíces que puedan prestigiar y autentificar desarrollos culturales posteriores en América Latina. Así, según algunos (Pedro Henríquez Ureña, Luis Alberto Sánchez) el Barroco sería un antecedente histórico de la narrativa latinoamericana moderna. Las reincidencias del Barroco son leídas, entonces, como recurrencias transhistóricas. En otros casos (José Lezama Lima, Alejo Carpentier), la tradición barroca permite entender la historia cultural de América Latina de un modo más global e integrado, superando los modelos restrictivos de identidad, cultura, o canon literario *nacional* (el Barroco es interpretado, en estas ocasiones, como fenómeno *americano*, o sea en su carácter de modelo transnacionalizado, totalizador, migrante).[7]

---

[7] Para Carlos Rincón, ciertas interpretaciones del Barroco, como la de Alejo Carpentier, por ejemplo, buscan justamente establecer una genealogía cultural que permita

Empeñado en establecer las bases que darían lugar a una forma expresiva específicamente latinoamericana, emancipada de los modelos europeos, Alejo Carpentier concibe el Barroco como un estilo que, a su criterio, está ligado a los requerimientos expresivos de la materia misma de *lo americano*, que es objeto de representación. El Barroco constituye, por tanto, un estilo *necesario* que explica y proyecta hacia el futuro la adopción de esas formas de codificación estética, naturalizando una tradición que continúa nutriendo y legitimando las formas literarias contemporáneas. La expansión del fenómeno barroco no se manifiesta, para Carpentier, sólo a nivel geocultural, sino también a nivel temporal, transhistórico:

> Barrocos fuimos siempre y barrocos tenemos que seguirlo siendo, por una razón muy sencilla: que para definir, pintar, determinar un mundo nuevo, árboles desconocidos, vegetaciones increíbles, ríos inmensos, siempre se es barroco. Y si toma usted la producción latinoamericana en materia de novela, se encontrará con que todos somos barrocos. El barroquismo en nosotros es una cosa que nos viene del mundo en que vivimos: de las iglesias, de los templos precortesianos, del ambiente, de la vegetación. Barrocos somos y por el barroquismo nos definimos (cit. en Rincón 1977: 176).

De esta manera, en distintos autores, ya sea en una reflexión historicista o de carácter geocultural, el Barroco se refuncionaliza a través de interpretaciones que ligan este modelo estético a diversos estratos: a las cualidades de la naturaleza americana, a la conformación de la cultura burguesa (urbana y liberal), o a las marcas de la identidad continental (híbrida, fragmentada) que aunque resulta muchas veces esencializada por la crítica liberal, forma parte del proceso de (auto)reconocimiento socio-cultural que fue afectado, de la colonia a la modernidad, por la vio-

---

fijar ciertas raíces histórico-culturales a partir de los cuales se habría desarrollado la narrativa de los años sesenta. Así, por ejemplo, según Rincón, «[e]l recurso a la *Autorictas* del Barroco como mito sirve para unificar la contradictoria y refractaria realidad de la novela actual y marca el camino para la que se ha de escribir en el futuro: crea un estereotipo ennoblecido. Lo que se presenta como un proceso "hermenéutico" de acercamiento al Barroco es una operación para autentificar un mito cultural de origen y legitimar la "originalidad" de esa nueva novelística. Construida sobre la base de ese corpus cultural, "expresaba" y aseguraba una comunidad de conciencia, tradición y lenguaje» (1996: 192).

lencia material y simbólica de la colonización europea y las subsecuentes instancias modernizadoras. El problema es cómo se hace cargo el artista latinoamericano, desde su circunstancialidad periférica y dependiente, de esa violencia fundacional, y cómo se vincula simbólicamente a los vestigios de la primera etapa de colonialidad americana, y a los efectos de las subsiguientes. Y cómo puede entenderse la *retombée* barroca que continúa apelando a la espectacularidad de la sobresaturación estética para configurar la utopía de una emancipación definitiva, desde los espacios materiales y simbólicos que fueron ocupados por el antiguo Imperio.

Las interpretaciones del Barroco y de sus formas más actuales es, entonces, la historia de sus reapropiaciones y redimensionamientos estéticos e ideológicos, a partir de los cuales la cita de Carpentier toma un sentido mucho más programático y complejo del que probablemente animara al escritor cubano en el momento de sus reflexiones. Quizá es justamente esa perpetuación y ese reciclamiento de la forma barroca la pauta de un diálogo persistente de las culturas postcoloniales latinoamericanas ya no sólo con la «modernidad perversa» impuesta desde la conquista, sino también con la modernidad heterogénea, periférica e hibridizada de la América Latina moderna y contemporánea, en sus distintas instancias de desenvolvimiento histórico. Y quizá es justamente desde el residuo de la colonización y desde la posterior realidad de «colonialidad supérstite» de que hablaba Mariátegui que pueden llegar a abarcarse a cabalidad las implicancias del proceso de absorción e implementación del Barroco en América, y de sus sucesivas modulaciones. En este sentido, Bolívar Echeverría indica que el modelo barroco expone, aun en sus formas más actuales, «una dramaticidad originaria» (1994: 25): de ahí su carácter transgresor, su constante vigencia simbólico-ideológica y su funcionalidad dentro de tan diversos contextos culturales. De ahí también –en mi opinión– la necesidad de historizar sus actualizaciones, sin caer en la tentación de relevar la reincidencia barroca como mecánica supervivencia de lo remoto, sino más bien entendiéndola como un *retorno de lo reprimido*, es decir, como el resurgimiento obsesivo de una problematicidad suprimida, invisibilizada o marginalizada por las narrativas y las prácticas de la modernidad.

Más allá, entonces, de las instancias fundacionales que corresponderían a la primera etapa del proceso occidentalizador, y a partir de las revisiones críticas más actuales sobre los legados del iluminismo y la modernidad, adquiere nueva vigencia la pregunta acerca de las razones que permitirían explicar la persistencia de la codificación barroca en América, y el sentido cultural e ideológico de este dispositivo cultural que reaparece en contextos e instancias tan diversos del desarrollo cultural de América Latina.

¿Hacia una barroquización sin fronteras?

Es obvio que el fenómeno de las reapariciones del Barroco ha rebasado los territorios geoculturales que identificamos como las matrices primarias de esta estética en el mundo hispánico, llegando a configurar lo que, para muchos, constituye un proceso expansivo de «barroquización sin fronteras». En su estudio titulado «La curiosidad barroca», José Lezama Lima reconoce que en el siglo XX, superada ya la apolínea moderación neoclásica que rechaza el exceso decorativista del Barroco europeo como una forma superficial y degenerativa, la estética barroca se reinstala en América en un impulso que abarca, en distintos registros, los imaginarios de la «alta» cultura occidental:

> [...] se amplió tanto la extensión de sus dominios, que [el Barroco] abarcaba los ejercicios loyolistas, la pintura de Rembrandt y el Greco, las fiestas de Rubens y el ascetismo de Felipe de Champagne, la fuga bachtiana, un barroco frío y un barroco brillante, la matemática de Leibniz, la ética de Spinoza, y hasta algún crítico excediéndose en la generalización afirmaba que la tierra era clásica y el mar barroco. Vemos que aquí sus dominios llegan al máximo de su arrogancia, ya que los barrocos galerones hispanos recorren un mar teñido por una tinta igualmente barroca (1977: 302).[8]

En un sentido igualmente radical, Adolfo Castañón ve en el Barroco –«palabra cabalística y como de ensalmo y encantamiento»– un síntoma

---

[8] Sin embargo, aunque Lezama Lima parece ironizar esa extensión barroca, será justamente esta nota la que guiará su afirmación de que el Barroco «no es un estilo degenerescente [*sic*], sino plenario, que en España y América representa adquisiciones de lenguaje, tal vez únicas en el mundo, muebles para la vivienda, formas de vida y de curiosidad, misticismo que se ciñe a nuevos módulos para la plegaria, maneras del saboreo y del tratamiento de los manjares, que exhalan un vivir completo, refinado y misterioso, teocrático y ensimismado, errante en la forma y arraigadísimo en sus esencias» (1988: 229).

estilístico que alcanza manifestaciones muy diversas y aparentemente distantes tanto desde el punto de vista histórico como en cuanto a las modalidades de expresión cultural que esas formas evocan:

> [E]n el árbol de Navidad del barroco encontramos suspendidas la Contrarreforma y los sonetos, la poesía metafísica inglesa (inspirada directamente en el sermón hispánico y portugués, según hace ver José Ángel Valente), la poesía desengañada y fría de un Quevedo, pero también la letrilla mordaz y salaz de Góngora y sus imitadores como el brasileño Gregorio de Matos, la pintura flamenca y los artistas del claroscuro, la máquina de guerra jesuita y los claustros, el hedonismo y el masoquismo, la monarquía autoritaria y la semilla de los imperios de papel que hoy llamamos burocracia (1999: 1644-1645).

Serge Gruzinski ha hablado, a su vez, del «planeta barroco», cuyo amplísimo espectro englobaría, en un mismo gesto significativo –ya «salido de madre», fuera de sus fronteras naturales– lo grotesco y lo sublime, la centralidad originaria y sus formulaciones periféricas, los protocolos del Humanismo y las hibridaciones que atraviesan los procesos de transculturación. Gruzinski ubica el fenómeno barroco dentro del amplio marco de las «transculturaciones mundiales» que, para el caso de América, se inician con el «descubrimiento». El nomadismo artístico, ligado a las expansiones imperiales de los siglos XVI y XVII forma parte de los procesos transculturadores que están en los albores de esta temprana etapa de globalización. «Este orden premoderno, que nos ha hecho olvidar el triunfo de los Estados-nación, es el origen del planeta barroco, de sus paradojas y ambigüedades» (Gruzinski 2000b: 116). Lo híbrido y lo mestizo, que se instalan como intervenciones en la modernidad eurocéntrica, crean «la aparición de un lenguaje planetario» (Gruzinski 2000a: 40) que las reapariciones del Barroco reafirman y reformulan a través de las épocas.

En esta misma dirección, la crítica ha persistido en la operación de identificar las líneas de expansión del Barroco que, superando los modelos canónicos, se extienden transgresivamente a través de las más diversas mediaciones, creando una serie interminable de flujos e intercambios interculturales e intermediáticos.[9] La formulación barroca alcanza

---

[9] Al estudiar la genealogía del Barroco americano y sus vinculaciones con la modernidad y la postmodernidad, Rincón se extiende hasta las manifestaciones de un Neoba-

así, en vertientes culturales muy diversas que convergen en el mercado global de la cultura, la proliferación visual de Peter Greenaway y el pastiche compositivo de Cindy Sherman, recorre las ritualidades de la liturgia y los desbordes de la fiesta, avanza a través de la exuberancia representacional que llega a saturar los espacios públicos y se aloja en los vericuetos decorativos que configuran la cotidianeidad urbana y la intimidad burguesa. Como barrocos han sido catalogados los escenarios pesadamente epocales y densos de Luchino Visconti y el lenguaje churrigueresco –el horror al silencio– de Cantinflas, la extravagancia hollywoodense, el realismo mágico, el *kitsch* –que Calinescu reconociera como una de las cinco caras de la modernidad– y la «industria edénica» (Monsiváis) donde tapices y artefactos folclóricos ofrecen al consumidor de «lo popular» la recarga de lo disímil como expresión excedida de lo que en la cultura es, en última instancia, diferencial e incomunicable. Finalmente, en los escenarios de la postmodernidad, la gestualidad barroca se reinserta en la virtualidad del ciberespacio, que satura con la obscenidad de la sobrerepresentación y la extrema disponibilidad de mensajes, las temporalidades múltiples que la modernidad había ordenado en un transcurso histórico teleológico, lineal y progresivo, y que ahora se desplazan y rearticulan interminablemente en la carnavalización comunicativa.

Mi indagación se aparta, sin embargo, del mero registro de la dispersión epifenoménica de la codificación barroca en la diversidad de las culturas. En una dirección diversa a la que propone este trabajo, estudios como los de Omar Calabrese, por ejemplo, ilustrando las interpretaciones arriba mencionadas, han abundado sobre el amplio campo de evidencias formales y compositivas que permitirían entender el Neobarroco como un «signo de los tiempos». En *L'etá neobarocca* (1987) Calabrese alude al Neobarroco como una «estética de la repetición» que caracterizaría el «gusto contemporáneo» ligando objetos y fenómenos que van «desde las ciencias naturales hasta la comunicación de masas, de los productos de arte a los hábitos cotidianos» (1992: xi). El Neobarroco cubriría así un amplio espectro que abarcaría desde la teoría del

---

rroco *virtual* presente en la conformación del «hipermercado global de signos estéticos y culturales» (1996 157).

caos y la de la catástrofe hasta las experiencias del consumo y las elaboraciones filosóficas de nuestro tiempo. Todos los campos del conocimiento y los fenómenos culturales estarían unidos, así, por un *motivo* recurrente que les daría un *aire de familia* apoyado en los rasgos comunes de inestabilidad, polidimensionalidad y cambio (ibíd.: xii). Calabrese llama Neobarroco a esa *forma* sustancial que sustenta, de modo subyacente, la disparidad representacional de la cultura y que funciona como un principio de «organización abstracta de fenómenos, gobernando el sistema interno de sus relaciones» (ibíd.: xiii).[10] El sugerente estudio de Calabrese descarta, de manera radical, la historicidad y contingencia de toda producción cultural, para afincarse en una perspectiva transcultural y transmediática que aproxima fenómenos y campos de conocimiento asimilables sólo a partir de su comportamiento semiótico y de su contemporaneidad. Es como si el advenimiento de la postmodernidad hubiera resultado en la reaparición espontánea de reactivaciones formales y conceptuales que, por alguna razón nunca explicada, resultan particularmente preferentes y eficaces en la tarea de capturar y representar el espíritu de la época. Calabrese se distancia explícitamente de toda posible historificación del (neo)barroco, indicando que la adopción del término es convencional, una «etiqueta» que permite cualificar el análisis diferenciando los fenómenos analizados de los rasgos que han sido adjudicados, más ampliamente, a la postmodernidad, y a partir de los cuales puede captarse una «actitud» o comportamiento específico de ciertas áreas de la cultura, entendida ésta como totalidad orgánica. Aclara, en este sentido, que «no se trata de que se esté registrando una vuelta al barroco» (ibíd.: xii), sino de una *recurrencia* –un *relapse* o *retombée* en el sentido usado por Sarduy, que Calabrese rescata (ibíd.: 11)–.[11] Se

[10] Se adjudica el uso del término «Neobarroco» a Gustavo Guerrero, que lo utiliza en sus estudios sobre la obra de Severo Sarduy (1987).

[11] En un acápite en forma de poema al comienzo de *Barroco* (1974), la palabra *retombée* aparece «definida» de la siguiente manera: «*retombée*: causalidad acrónica, isomorfía no contigua o, consecuencia de algo que aún no se ha producido, parecido con algo que aún no existe» (Sarduy 1999: II, 1196). Sarduy indica luego, en 1987. «Llamé *retombée*, a falta de un término mejor en castellano, a toda causalidad acrónica: la causa y la consecuencia de un fenómeno dado pueden no sucederse en el tiempo, sino coexistir; la "consecuencia" incluso, puede preceder a la "causa"; ambas pueden barajarse, como en un juego de naipes. *Retombée* es también una similaridad o un parecido

refiere, entonces, más que a un *estilo* o a una forma de *sensibilidad*, a un *comportamiento cultural* que interconecta, en contextos diversos, textualidades heterogéneas y variadas, de la ciencia hasta el arte. La estrategia interpretativa de Calabrese, sólo posible a partir de la suma abstracción y universalización de los que identifica como rasgos inherentes de la estética barroca (que caracteriza como un «espíritu de época»), no se propone problematizar la valencia ideológica de esas operaciones reactualizadoras, que se limita a registrar e interpretar sincrónicamente.

Mi intención aquí es más bien plantear la necesidad de encontrar sentido a la reincidencia barroca, de cara a los procesos que marcaron la occidentalización americana a partir de la primera modernidad, que en el «Nuevo Mundo» se asocia con el proceso de consolidación virreinal y la cristalización de formas de conciencia social *diferenciadas* en el sector criollo. Está claro que el caso del Barroco desafía, en este sentido, las estrategias críticas que asocian determinadas formas de sensibilidad colectiva y simbolización artística con los condicionantes de un momento histórico-político específico. La diseminación del código barroco nos enfrenta, más bien, al desafío de interpretar la reaparición transhistórica de paradigmas representacionales que conectan con matrices culturales e ideológicas fundacionales de la conciencia histórica. En este sentido, la historia del Barroco implica una serie inacabada de *relatos estéticos*, una sucesión siempre renovada de *narrativas simbólicas y alegorizantes* que recorren la historia cultural de América Latina con una reincidencia obsesiva. Desde ese repertorio formalizado y al mismo tiempo desbordante de temáticas y recursos formales, estos *relatos* interrogan –interpelan– a las distintas etapas del desarrollo continental a partir de preguntas que apuntan a la relación entre sujeto, poder y representación, acerca de la agencia *posible* que corresponde al sujeto neocolonial en el contexto de los proyectos modernizadores, y acerca de las posibilidades de articulación de espacios utópicos y emancipatorios en los diversos contextos marcados por el conflicto político-social, las fragmentaciones

---

en lo discontinuo: dos objetos distantes y sin comunicación o interferencia pueden revelarse análogos; uno puede funcionar como el doble –la palabra también tomada en el sentido teatral del término– del otro: no hay ninguna jerarquía de valores entre el modelo y la copia» (ibíd.: 1370).

de la esfera pública, y las crisis representacionales que esas condiciones traen aparejadas.[12]

A partir de una revisión crítica del estado de la cuestión barroca, este trabajo intenta, pues, proveer algunas bases que permitan entender las proliferantes diseminaciones del código barroco, su ubicuidad estético-ideológica, sus constantes redimensionamientos mediáticos. En efecto, ¿a qué parámetros de evaluación estético-ideológica acudir en el esfuerzo por entender el arte atormentado –la «lepra creadora»– de Aleijadinho o el sincretismo artístico del mulato Juan Correa o del indio Kondori, citados en general como ejemplos de apropiaciones subalternas de la estética barroca? ¿Cómo dar cuenta, desde los horizontes culturales y teóricos postcoloniales y en el caso específico de América Latina, de las reapariciones de esa estética de origen imperial que toma nuevos bríos en el contexto de la Revolución Cubana, se reafirma en los escenarios de las postdictaduras del Cono Sur, y se reinstala en el escenario fragmentado de la postmodernidad, con todas las variantes formales e ideológicas que quieran anotarse? ¿Qué sentido asignar a las reinscripciones de ese arte particular de la escritura y de la imagen en proyectos tan disímiles como los de Alejo Carpentier, José Lezama Lima, Severo Sarduy, Luis Rafael Sánchez, Néstor Perlongher, Marossa di Giorgio y Pedro Lemebel? ¿Cómo leer las incontables gravitaciones de la crítica hacia el paradigma barroco, como la que inspira el sugerente –y erróneo– comentario del marxista gramsciano José Carlos Mariátegui sobre Martín Adán, a quien el Amauta califica, con intención claramente elogiosa, de «barroco, culterano, gongorino», alguien que, según el pensador peruano, en su ruta hacia el soneto, se habría encontrado solamente su ruina, el *antisoneto*, «como Colón en vez de las Indias encontró en su viaje la América» (Mariátegui 1987: 76)?[13] O ¿cómo interpretar a Osvaldo Lamborg-

[12] Según Rincón, «en la condición paradójica de las sociedades latinoamericanas dentro de la historia de la descolonización y del puesto del Barroco en algunas de sus culturas, el desciframiento de éste y la cuestión de la relación mimesis-alteridad tiende a situarse hoy más bien y a orientarse [*sic*] en el sentido de la nueva crítica cultural transdisciplinaria y su historización de las cuestiones de la identidad» (1996: 190).

[13] En su prólogo a la antología de Martín Adán titulada *El más hermoso crepúsculo del mundo* Jorge Aguilar Mora recoge esa opinión de Mariátegui y reconoce el carácter estratégico de la misma en el contexto de las tensiones por las que atravesaban las vanguardias, así como el afán del autor de los *7 ensayos de interpretación de la realidad perua-*

hini, peronista y lacaniano, que «embarroca o embarra» (Perlongher 1996: 27) el espacio preservado de las letras argentinas al reterritorializar en él una estética arcaica, remota y disonante? ¿Cómo adentrarse, finalmente, en las estéticas actuales que transfieren a las artes visuales de una postmodernidad globalizada técnicas que exploraran ya artistas americanos desde el siglo XVII, y que ahora se recuperan para canalizar los contenidos, por ejemplo, de una latinidad «anómala», *in-between*, en Estados Unidos, como representación de una postidentidad descentrada, transnacionalizada –fuera de contexto, *fuera de lugar*– que se reterritorializa como simulacro y pastiche en el espacio simbólico y alegorizante del Ultrabarroco?

Obviamente, la heterogeneidad de estos productos culturales requiere un concepto flexible y reactualizado de arte y de cultura. En este sentido, vale la pena recordar que desde los trabajos de Carpentier, la concepción del Barroco como utópica convergencia de lo heteróclito tiene como primer efecto la relativización del centralismo humanístico y europeísta, y la reivindicación de América como un núcleo *otro* del mundo occidental, generador de significados e incorporador de la *diferencia*. Un núcleo, entonces, desde el que se emiten formas expresivas que revelan epistemologías alternativas a las dominantes, que han sobrevivido los avatares modernizadores desde la conquista. Un segundo efecto de esta concepción del Barroco como espacio de articulación de lo disímil habría sido la redefinición del concepto de arte y de las nociones de originalidad y trascendencia estética que se le asocian tradicionalmente. Toda producción es, en el Neobarroco, *re*producción, y todo producto de arte, artefacto. Sarduy reconoció, en su definición de *lo barroco*, que, en el horizonte de esta estética, autor y obra se refuncionalizan. En el proceso de desauratización del arte la *copia* (que ha sido vista como uno

na por exaltar el carácter paródico del «Itinerario de poesía» escrito por Adán y publicado en el número 17 de la revista *Amauta*. Con razón señala Aguilar Mora que el «gesto» de Matiátegui era más una voluntad de intervenir en el «juego» literario del momento que un juicio acertado sobre el conjunto poético de Martín Adán, que entregaba en su «itinerario» un producto no barroco sino modernista y hasta reminiscente del romanticismo, y que habría que esperar hasta la publicación de «Romance del verano inculto» para ver un despliegue real del gongorismo poético en Adán. Es significativo, sin embargo, que Mariátegui apelara a esta caracterización para exaltar el valor de la obra el autor de *La casa de cartón* y promoverlo desde las páginas de su prestigiosa revista.

de los procedimientos característicos de la formación de imaginarios neocoloniales) no es inferior al original sino que se sitúa en un espacio epistemológico propio y autosustentado.[14] El (Neo)barroco no es, en ese sentido, un arte *creativo*, sino un *arte de la cita*. Reciclamiento, pastiche, fragmentariedad y simulacro intervienen en el territorio de la memoria histórica y cultural, y lo reactivan en combinatorias a la vez evocativas y paródicas. El Neobarroco impulsa, así, la expansión del concepto de arte, hasta hacerlo abarcar desde las texturas y monumentos de la naturaleza hasta las esculturas móviles de Alexander Calder y los *ready-made* de Marcel Duchamp, como advirtiera Carlos Rincón en sus estudios de la genealogía de lo real maravilloso. El arte prehispánico y el orientalismo, la artesanía popular y la «alta» cultura burguesa, los elementos ecológicos y los legados de las culturas «étnicas», no se organizan en el Neobarroco a partir de la *estética del choque* propia del surrealismo, sino a través de procesos de articulación que exploran las condiciones de posibilidad para una reivindicación de lo disímil, donde los elementos se interrelacionen en productiva e inédita simultaneidad. Esta nueva función del producto estético que advierte sagazmente la «sensibilidad dialéctica» de Carpentier (Rincón 1977: 128) permite vislumbrar, desde otra perspectiva, las relaciones entre cultura dominante y cultura dominada o, si se quiere, con terminología más actual, entre hegemonía y subalternidad, y comprender la producción y recepción del arte como un tenso proceso de redescubrimiento y reapropiación de los imaginarios que coexisten conflictivamente en la modernidad heterogénea de América Latina.

Modernidad, *negatividad* y la «máquina de subjetivación» barroca

Frente al desafío que presenta la reincidencia barroca –entendida ésta ya como persistencia representacional ya como recurrencia interpretativa– se ha propuesto con frecuencia la idea del desgaste semántico del término *barroco*, reservando para éste los contenidos «puros» apegados a la historicidad postrenacentista, y reduciendo sus transformaciones

[14] Ver, al respecto, como ejemplo de estos debates, Schwarz (1992).

posteriores a la categoría de un recurso estético arcaizante, lúdico y banal. En otros casos, el Barroco se asocia con las ideas de amaneramiento decadente, agotamiento expresivo y crisis representacional. Jorge Luis Borges, por ejemplo, indica: «Yo diría que el barroco es aquel estilo que deliberadamente agota (o quiere agotar) sus posibilidades, y que linda con su propia caricatura [...] yo diría que barroca es la etapa final de todo arte, cuando éste exhibe y dilapida sus medios» (1954: 9). El Barroco –o mejor, aquí, el barroquismo– es la expresión del límite: una expresividad situada frente al abismo de la irrepresentabilidad, un lenguaje que mira hacia el silencio.

En todo caso, es obvio que la expansión histórico-cultural del Barroco y su capacidad de reformulación estético-ideológica han constituido, a lo largo de los siglos, un fenómeno que ha puesto a prueba –y, a veces, superado– las estrategias interpretativas tradicionales, que exploran las correspondencias –puntuales o mediadas– entre determinados períodos históricos y sus formas estéticas. Es justamente ese rebasamiento el que ha hecho a la crítica gravitar de manera hacia los imaginarios imperiales del siglo XVII, sugiriendo que las nuevas versiones de esa estética sólo pueden entenderse como vaciamiento del significado histórico de los modelos originales. El Neobarroco constituiría así un gesto anacrónico, manierista y paródico, traumáticamente fijado en el origen transculturado de sociedades dominadas por los imaginarios europeos.

A mi juicio, las reincidencias del Barroco requerirían más bien un análisis que sin deshistorificar los procesos de producción simbólica ni sacrificar sus grados y formas de materialidad socio-cultural, permita comprender el diálogo que entabla la estética barroca ya no con momentos histórico-políticos específicos dentro de los procesos de consolidación del poder político y cultural a nivel continental, sino más bien –como indicaba antes– con matrices culturales e ideológicas más amplias que atraviesan los distintos períodos. Me refiero particularmente a las que se corresponden con los conceptos de modernidad y colonialidad, a partir de los cuales puede realizarse un estudio diacrónico exhaustivo de la historia cultural de América Latina.[15]

---

[15] En efecto, ya desde la implantación de la llamada «cultura del Barroco» en el siglo XVII, la problemática del poder colonial y, más adelante, lo que Aníbal Quijano ha llamado «la colonialidad del poder» –que se registra, en diversas modalidades, todo a lo

Al mismo tiempo, al traer a colación el concepto de *negatividad* relacionado con los procesos de modernización y con estéticas que, como la del Barroco/Neobarroco, se asocian a sus diversas etapas de desarrollo, me refiero no sólo a los efectos de inhibición y cancelación de imaginarios subalternos que resultan de las prácticas transculturadoras registradas desde la conquista, sino también a la idea del negativo fotográfico, que revela de manera preliminar y afantasmada el objeto de representación.[16] Respecto al primer punto, el mismo Maravall señala aspectos de negatividad en múltiples aspectos del Barroco peninsular, sobre todo en lo que tiene que ver con el desarrollo de formas de vida urbanas y masificadas, o sea en lo que atañe principalmente a las ciudades como núcleos generadores y divulgadores de modernidad. Alude, por ejemplo, a las formas de anonimato urbano y masivo y a la pérdida de libertad individual –a la correlativa adquisición, por ejemplo, de formas de «libertad negativa o de exención de controles» (1981: 257– que conducen a experiencias de violencia y de melancolía en el siglo XVII. En las colonias, serían innumerables los ejemplos de «libertad negativa» y, más ampliamente, de devastación cultural, que derivan de la experiencia colonizadora. Respecto a lo segundo, en América las apropiaciones o cooptaciones del Barroco brindan la posibilidad de redimensionamiento de los modelos hegemónicos de representación y reconocimiento social, proveyendo una instancia productiva que revela *en negativo* los imaginarios

---

largo del proceso modernizador y se distingue, epistemológicamente, del fenómeno histórico del colonialismo– sugieren la necesidad de integrar estos paradigmas de estructuración socio-política en América Latina básicos (modernidad, colonialidad) a la interpretación de formas culturales e ideológicas. En este caso, las mismas pueden ser utilizadas como matriz desde la que pensar en la estética (neo)barroca, en la que se combinan los residuos de la monumentalidad imperial y la subversión de esos mismos cánones, en las que podríamos llamar áreas de influencia del hispanismo peninsular. Para el concepto de «colonialidad del poder» y su diferenciación con respecto al concepto de «colonialismo», ver varios de los artículos de Quijano citados en este libro en los que elabora ese concepto.

[16] La idea de *negatividad* aquí utilizada no es ajena, por cierto, al concepto popularizado por Adorno en *Negative Dialectics* (1973), sobre todo en la medida en que el término articula nociones que permiten acercarse a una comprensión de fenómenos socioculturales de carácter postnacional o multinacional, y en tanto propone la posibilidad anti-utópica de pensar la modernidad como una instancia no de superación sino de reconciliación de contradicciones sociales.

periféricos y sus formas específicas de aprehensión subjetiva de la realidad social.

Mi sugerencia aquí es que el Barroco canaliza a través de la cualidad beligerante, rupturista y reivindicativa de su actualización americana –que yo analizara en mis estudios sobre el Barroco de Indias– formas de disyunción y disrupción de la conciencia moderna. En este sentido, creo que la cualidad arcaizante que canaliza el Neobarroco funciona como un interruptor eficaz de los discursos reguladores e «incompletamente» emancipatorios –si queremos adoptar aquí, provisionalmente, una perspectiva habermasiana– que acompañan las reinserciones de América Latina en la modernidad globalizada. Interrupción, pero también interpelación desde el alegoricismo discursivo –lingüístico y visual–, operarían así como recursos desnaturalizantes de mensajes seriados que la modernidad administra dentro del plan homogeneizante y centralizador que se implanta a partir del llamado período «de estabilización virreinal», se reformula con el pensamiento iluminista durante la formación y consolidación de culturas nacionales, y atraviesa, con diversas torsiones, las distintas etapas de modernización continental.

Esta interpretación obligaría a una exploración crítica de la aplicabilidad que tendrían hoy en día, *para el caso de América Latina*, posiciones socio-históricas que en su momento canonizaron eficazmente al Barroco hispánico como paradigma estético-ideológico hegemónico –como modelo *orgánico*– del absolutismo monárquico español en su momento de expansión imperial en el siglo XVII, y que conducen a perpetuar una interpretación historicista –y difusamente dependentista– de las manifestaciones neobarrocas en el contexto postcolonial (o neocolonial) de una América Latina «emancipada». Valga recordar aquí que el mismo José Antonio Maravall, el más alto exponente de esa dirección crítica –quien quizá para preservar la pureza de su conceptualización centralista nunca incorporó en sus estudios de «la cultura del Barroco» sus manifestaciones coloniales– reconoce la capacidad incorporante del paradigma barroco. En su opinión, el Barroco se comporta como una ideología hegemónica, con la capacidad de celebrar el poder establecido tanto como de integrar sus «afueras» y canalizar, de distintas maneras, las resistencias que generaba en «los de abajo». Según indica Maravall al analizar el sentido eminentemente urbano (y, a su manera, modernizador) de «la cultura del Barroco», en el siglo XVII español,

> los poderosos habitan [en la ciudad] y desde ella promueven el desarrollo de una cultura barroca en defensa de sus intereses; los de abajo se incorporan al medio urbano, los unos porque favorece sus posibilidades de protesta [...], los otros porque es allí donde los resortes culturales del Barroco les presentan vías de integración (1981: 267).

Será justamente esa capacidad incorporante –que Maravall registra aunque no potencia como forma posible de *agencia* contracultural– la que permitirá la apropiación heterodoxa del código barroco en las colonias y la que catalizará, a través de las grietas del dogma y por las fisuras de su exhibicionismo monumentalizante, la cooptación del modelo canónico en el mundo colonial.

En su carácter jánico, el barroco americano efectúa justamente el *performance* que es correlativo a la compleja red de negociaciones que se producen en América entre hegemonía y subalternidad, entre culturas autóctonas y tradiciones europeas, entre mímesis y mímica, entre poder y deseo, explorando –y explotando– la *productividad negativa* del código dominante desde las perspectivas de estratificada subalternización a que es sometido el sujeto colonial. Y será interesante notar cómo las reapariciones del Barroco después de la colonia volverán obsesivamente sobre esa *negatividad* que está en las bases mismas de la identidad criolla, representando las contradicciones que acompañan el surgimiento de las sociedades americanas desde sus orígenes. Es justamente a partir de esa conflictividad inherente a la dominación colonial y neocolonial –que el (Neo)barroco incansablemente representa– que el sujeto americano se articula a las sucesivas instancias modernizadoras que se han ido imponiendo, con reiterada alternancia de promesa y desencanto, todo a lo largo de la historia cultural de América Latina.

En el afán por encontrar sentido a la insistente reaparición del código imperial en los contextos político-sociales de la modernidad, los intentos americanos por interpretar la reincidencia barroca han esencializado el fenómeno o lo han romantizado a través de lecturas icónicas e individualizantes. Sin embargo, estas lecturas han podido descubrir en la radicalidad sincrética de los modelos estudiados una respuesta creativa a la pulsión homogeneizantemente occidentalista que caracterizara la historia neocolonial del continente. Veamos algunos hitos de esa elaboración.

En sus estudios sobre el Barroco americano, principalmente en *La expresión americana* (1957), José Lezama Lima reflexiona sobre el tema de la identidad continental a partir de la poética de Góngora –que incorporará a su propia obra creativa–, o sea persiguiendo las huellas de la tradición hispánica y sus reverberaciones transatlánticas. Toma como base la experiencia de apropiación del código barroco por parte del letrado criollo, quien a través del dominio de las tecnologías de la representación barroca, logra una inserción participativa en la cultura del dominador. Lezama propone la imagen del «americano señor barroco» como paradigma de las instancias transculturadoras que suceden y contrarrestan a su manera el «tumulto de la conquista» (1977: 230). Para Lezama, el «triunfo de la ciudad» es, como para Maravall, el fenómeno político-social que brinda las condiciones de posibilidad para la instalación de un «orden» simbólico, que el cubano asimila con la capacidad americana de superar a través de la cultura la irracionalidad de la depredación colonialista. Para Lezama, los protagonistas –o habría que decir, quizá, los *agonistas*– de ese orden son, en un extremo, el letrado o artista criollo que se apropia de los instrumentos del que provee la cultura metropolitana y los subvierte al convertirlos en tecnologías identitarias que le permiten representar, con el lenguaje del colonizador, el *accidentalismo* americano (Sor Juana, Sigüenza y Góngora, Domínguez Camargo). En el otro extremo, y en un impulso de romantización culturalista, Lezama vuelve los ojos hacia el «plutonismo» americano que funde los fragmentos *orgánicos* de los repertorios europeos en el producto nuevo, híbrido, anómalo y metamorfoseado, del barroco mestizo.[17] El indio Kondori representa, para Lezama, la vertiente «hispanoincaica». En un ejercicio de sincretismo quechua-español, Kondori instala en las fachadas de las iglesias de Potosí sus hieráticas figuras de princesas incaicas que colonizan el archivo visual del Barroco peninsular y misionero. En el Brasil, la «lepra creadora» del afrobrasileño Aleijadinho ilustra a su vez la síntesis «hispanonegroide» (Lezama Lima 1977: 245) con las esculturas y altares que pueblan sigilosamente –durante la noche mítica en la que el espíritu creador triunfa sobre el cuerpo carcomido por la enfermedad y la margina-

[17] «Lezama wields the Baroque as an already original anxiety of creation and innovation – Lezama's Baroque is a romantic Baroque, a Baroque endowed with the fundamental features of German Romanticism» (González Echevarría 1993: 218).

ción colonialista– la ciudad de Ouro Prêto y sus alrededores. El Barroco americano es así, según Lezama, un repositorio en el que se alojan las fuerzas vivas de un espíritu cultural inexpugnable. A partir de éste, las apelaciones a la estética barroca llegan a constituir un espacio-tiempo alternativo, un «puro recomenzar» (ibíd.: 232), una forma «plenaria» que aunque parte de la negatividad originaria no es una modalidad «degenerativa» sino una combinatoria eficaz en la que se conjugan *tensión* y *plutonismo* –expresión de conflictos de poder, lucha epistémica pero, para Lezama, también síntesis que logra unificar, a través del fuego creativo, los fragmentos dispersos (ibíd.: 229)–. En su lectura del origen de la conciencia americana, Lezama releva la saturación sígnica como un fenómeno de fusión que sobrepasa las fuentes primigenias (indígenas, africanas o peninsulares) para proponer en su lugar una síntesis que es mucho más que la suma de sus partes. Sin embargo, en este ejercicio, en el que Lezama descubre, por un lado, una teleología –«un impulso volcado hacia la forma en busca de la finalidad de su símbolo» (ibíd.: 231)– y, por otro, «el afán tan dionisíaco como dialéctico, de incorporar el mundo, de hacer suyo el mundo exterior, a través del horno transmutativo de la asimilación» (ibíd.: 235), el escritor cubano se asoma sólo marginalmente a la conflictividad *política* de esas operaciones, a las estructuras político-económicas y a las matrices culturales a través de las cuales se ejerce la dominación material y simbólica del mundo americano. Deja de lado, entonces, la *agencia* de los sujetos colonizados que representan diversos grados de marginalidad (criolla, indo o afroamericana) y que son capaces, cada uno desde su específico *locus* socio-cultural y epistemológico, de llevar a cabo la apropiación y el redimensionamiento de los modelos recibidos como parte de la dinámica transculturadora.

En todo caso, para Lezama Lima, la «contraconquista» del barroco americano –que retoma la idea de Weisbach del «barroco como arte de la Contrarreforma»– consiste en revertir la negatividad constitutiva del Barroco de Estado a que se refiriera Maravall. Pero, lo que es más importante, Lezama Lima advierte en las reapariciones del Barroco renovados impulsos que dialogan con la gran narrativa occidentalista justamente a partir de la pulsión arcaizante, transhistórica y disruptiva.[18]

[18] Según Irlemar Chiampi, «Lezama libera el Barroco del flujo de la historia continua, para producir un "salto" hacia lo incomplete e inacabado de esa estética, revelán-

El (Neo)barroco se propone entonces, paradójicamente, ya no sólo como un impulso mimético sino como la estética de la (des)integración: una forma expresiva que es, a un tiempo, esencialmente aglutinante e hibridizada, un arte que explora, en la misma operación de evocar los orígenes del anexionismo imperial, el drama de la incorporación colonialista y las posibilidades de desagregación y divergencia –de destotalización y de fragmentación– de los modelos que evocan un poder absoluto y una verdad dogmática.

Alejo Carpentier emprendería, por su parte, una búsqueda similar y al mismo tiempo diferenciada de la que Lezama Lima llevó a cabo en *La expresión americana* y en su propia obra creativa, particularmente en *Paradiso* (1966). El «barroco ontológico» y telurista de Carpentier (Moulin-Civil 1999: 1650, n. 5) persiste, por las huellas de Eugenio D'Ors, en el intento de reivindicar un comienzo sin origen, una continuidad que más allá de las catástrofes de la colonización, permitiera leer la historia continental como historia universal o, mejor, como la historia de múltiples universos convergentes, ciertamente transnacionales y voluntaristamente transhistóricos:

> Nuestro arte siempre fue barroco: desde la espléndida escultura precolombina y el de los códices, hasta la mejor novelística actual de América, pasando por las catedrales y monasterios coloniales de nuestro continente [...]. No temamos, pues, al barroquismo en el estilo, en la visión de los contextos, en la visión de la figura humana enlazada por las enredaderas del verbo y de lo ctónico, metida en el increíble concierto angélico de cierta capilla (blanco, oro, vegetación, revesados, contrapuntos inauditos, derrota de lo pitagórico) que puede verse en Puebla de México o de un desconcertante, enigmático árbol de la vida, florecido de imágenes y de símbolos, de Oaxaca. No temamos al barroquismo, arte nuestro, nacido de árboles, de leños, de retablos y altares, de tallas decadentes y retratos caligráficos y hasta neoclasicismo tardíos, barroquismo creado por la necesidad de nombrar las cosas (Carpentier 1966: 32-33).

En *Concierto barroco* (1974), obra inspirada en la ópera de Antonio Vivaldi titulada *Moctezuma*, estrenada en Venecia en 1733, el autor de

---

donos cómo ese fragmento metahistórico se constituye en una "forma" que *nos sitúa en la modernidad por la disonancia*» (1993: 140; énfasis mío).

El recurso del método (también de 1974), pone en práctica esos principios teóricos, creando en la escena espectacular del lenguaje una alianza imposible donde música y fonética, literatura e historia, modernidad y premodernidad se conjugan vertiginosamente. El texto sincroniza y yuxtapone los tiempos y los espacios culturales de América y Europa, para exhibir los productos de la modernidad burguesa saturada de mercancías y de melancolía. El Moctezuma operático de Vivaldi supera incluso la dimensión del mito, y es ya sólo una máscara anacrónica y *fuera de lugar* que el Barroco convoca para explorar los cruces entre lo culto y lo popular, lo moderno y lo prehispánico, enfatizando una utópica unidad de lo heteróclito que fundamenta el americanismo a ultranza del escritor cubano. *Concierto barroco* propone una combinatoria armónica de elementos disímiles, una «*pluri*versalidad» (por oposición a «*uni*versalidad») que permite integrar tiempos, espacios y formas culturales –epistemologías– para fundar una utopía latinoamericana que se resume en las palabras que el autor pone en la boca del Amo, al final de la obra: «el futuro es fabuloso».

De modo aún más complejo, en Severo Sarduy la carnavalización neobarroca deviene simulacro, travestismo, performatividad afirmativa de la *diferencia*. Constituye, a la vez, un proceso que transforma la negatividad de lo que falta –la carencia, el deseo, la anormalidad– en impulso originario, en el *locus* de la supresión/represión inicial, que puede ser llenado hiperbólicamente de sentido, saturado de signos.[19] En su concepción lingüístico-cosmológica del Barroco como *big bang* –la explosión a partir de la cual se crea, desde el vacío anterior, un universo nuevo– se recupera la imagen de la elipse: círculo deformado con dos centros, uno de los cuales aparece desplazado, desafiando la perfección que sugiere la idea de circularidad, de mundo organizado en torno a un núcleo único que capitaliza la producción de energía creadora y de significados. La imagen podría evocar la de la cultura imperial que se proyecta, en imperfecta duplicidad, en las periferias de ultramar, o sea, interpretarse como una reflexión alegórica –barroca– sobre aquello que se origina en América a partir del vaciamiento inicial: movimiento de

[19] «Lack and excess are the interchangeable inversion and reversal of Sarduy's metaphoric system» (González Echevarría 1993: 220).

expansión y réplica, mímesis y mímica, que inscribe de manera irregular –diferencial– los imaginarios dominantes en la imaginación del dominado. De esta manera, la palabra y la imagen barroca ocultan y al mismo tiempo llaman la atención sobre el silencio que las precede. El blanco de la página desafía y encuadra al signo escriturario que la ocupa. El objeto barroco esconde y ratifica al sujeto que crea. La explosión del signo da origen a un nuevo nucleamiento que atiborra el espacio y el tiempo de sentidos. El Barroco es un «foco proliferante» de expansión infinita que –metafóricamente– nombra lo que carecía de denominación y califica lo incalificable. El *sentido* barroco es traslaticio, catacrético, transicional, espúreo, anamórfico.

Pero en la teorización y en la práctica escrituraria de Sarduy la materialidad del lenguaje barroco alcanza a la materialidad travestida del cuerpo y de sus vestiduras. En las metamorfosis de sus personajes y en el eterno retorno de sus peripecias fusionadas y fragmentarias, el sujeto se desterritorializa (pierde sus «territorios existenciales» [Guattari 1991: 20], su identidad de género, su raigambre cultural originaria) articulando inéditas *posiciones de sujeto* –que podríamos llamar postidentitarias– en un pastiche que se lee como un exilio definitivo del sujeto respecto a las certezas de la modernidad. «Poética de la desterritorialización, el barroco siempre choca y corre un límite preconcebido y sujetante» (Perlongher 1996: 20). En *Cobra* (1972), el simulacro pierde para siempre su contacto con el original. El cuerpo es torturado, violentado, convertido en una evocación excedida e insuficiente de una forma «original» perdida para siempre. *Maitreya* (1978) y *Colibrí* (1988) también abundan en la deformidad y el exceso. Los cuerpos monstruosos, tatuados, torturados, son cuerpos en constante metamorfosis, vanamente sacrificiales y afantasmados (son, en este sentido, al mismo tiempo, como la perla barroca, excesivos y residuales). Tanto la obra ensayística como la narrativa de Sarduy –«suma erótica», como la califica Castañón (1999: 1647)–, son un esfuerzo organizado para contrarrestar el *universalismo* eurocéntrico con una visión *pluriversal* ya que «el cuerpo del universo exige una lectura integral pero sensible e intelectualmente fiel a su poliformismo esencial» (íbid.: 1647). Heterogeneidad y pluralidad se articulan en un proceso constante de reescritura, de grafía donde la palabra se autointerroga y reformula constantemente, dispersando y multiplicando el sentido, cancelando toda forma posible de consenso y fijeza de los significados. El Neobarroco ya no encierra, como la copia/original del siglo XVII una «verdad soterrada» (Picón Salas 1982: 123), sino que teatraliza su incertidumbre y desidentidad; la palabra no es símbolo ni da lugar a una estrategia metafórica, de traslación de significados: es solamente signo, pulsión, sonido. ¿Qué mayor descreimiento que éste podría haberse orquestado con respecto a la supuesta transparencia y comunicabilidad del lenguaje como instrumento racional y estructurante de la experiencia social en la modernidad liberal y dependiente de América Latina? ¿Qué mayor disidencia con respecto al proyecto de un lenguaje «nuevo» (para un «hombre nuevo») que pudiera socializar y regular el tráfico de significados en la alternativa socialista cubana? ¿Qué intento más puntual podría haberse efectuado, desde las trincheras de la literatura, para reivindicar la *diferencia* en el mundo categorizado de una modernidad excluyente, que existe perpetuando la colonialidad originaria, apoyada en binarismos reductivos (sujeto/objeto, femenino/masculino, privado/público, poder/deseo)?

Con un apoyo lacaniano y «cosmológico», el Barroco de Sarduy aboga por postidentidades plurales y polifónicas, pero éstas existen fuera de la historia y más allá de la especificidad de la cultura, es decir, más allá de toda referencialidad y de todo proyecto social organizado. Como concluye González Echevarría, finalmente, en la elaboración sarduyana «Cuba is a text» (1993: 237). La modernidad opera, entonces, como una explosión inicial, primordial, que al exponer su negatividad deja un espacio abierto e infinito para la manifestación de subjetividades que existen «en adyacencia o en relación de delimitación con una alteridad a su vez subjetiva» (Guattari 1996: 20). El Barroco se refuncionaliza, entonces, como una «máquina de subjetivación» que contrarresta la «máquina de guerra» de la modernidad postcolonial: la subjetividad es plurívoca y está compuesta de múltiples estratos que abarcan y rebasan el lenguaje, proponiendo «agenciamientos colectivos», *ritornellos*, «pequeños ritmos sociales» que existen dispersos en *lo social* –en el *cuerpo* social– en lugar de instalarse, institucionalizados, en el espacio regulado y estructurado de *la sociedad* (Guattari 1991: 9).

El tema de la crisis de la subjetividad moderna atraviesa, de una manera u otra, todas las reflexiones sobre el Neobarroco. Esta estética es interpretada, entonces, como una propuesta de carácter *utópico* no-programático, donde la saturación del signo apuntaría a una reconstitución de matrices generadoras de significado que puedan ser capaces de auspiciar formas inéditas de percepción de *lo social* y *lo político*. Tratando de definir las «condiciones de una cartografía deseante» –del tipo de las que podrían esbozarse a partir de las poéticas neobarrocas–, Néstor Perlongher alude a los fenómenos postidentitarios que rebasan los límites de la modernidad, viéndolos como «agrupamientos dionisíacos [que existen] en las tinieblas lujuriosas de las urbes» (1994: 14), y que hacen pensar en los escenarios y anécdotas que presenta, por ejemplo, la escritura cronística de Pedro Lemebel. Según Perlongher, esos movimientos de minorías –vinculados a conflictos de raza, clase, sexualidad, etc.– constituyen fenómenos que habría que interpretar «desde el punto de vista de la mutación de la existencia colectiva [ya que] estarían indicando, lanzando, experimentando modos alternativos, disidentes, 'contraculturales' de subjetivación» (ibíd.: 15).

El Neobarroco diagnostica la crisis de los procesos modernos de subjetivación y el agotamiento de sus correlativas políticas identitarias y, en el mismo movimiento, propone una expansión proliferante de la *diferencia* (aunque se corra el riesgo, como advirtiera Jameson hace tiempo, de que ésta se convierta en la nueva *identidad* postmoderna). Como «cartografía deseante» la estética (neo)barroca no ataca la estructura profunda del orden social ni los modelos epistemológicos que lo legitiman, pero sí descompone la lógica moderna, desarticula sus principios. La poética neobarroca subvierte, no revoluciona. Está atravesada, como vimos, por un principio utópico, donde las simultaneidades de tiempos culturales abre un espacio lleno de potencialidades y confluencias. Como el deseo que la guía, la poética neobarroca no puede ser prescriptiva, ni puede proponerse agotar en la acumulación sígnica las posibilidades infinitas del diseño global de la modernidad. Se propone, sin embargo, mostrar intersecciones, superposiciones, reminiscencias, a partir de la presencia afantasmada de mercancías simbólicas que circulan libremente en el mercado plural de las culturas (se propondría, como Sarduy sugiere, como una forma estetizada de *diagnóstico*). En este sentido, esa poética sólo «ha de ser un mapa de los efectos de superficie (no siendo la profundidad [...] más que un pliegue y una arruga de la superficie)» (Perlongher 1994: 14). El signo neobarroco no *representa*, entonces, en el sentido de *volver a presentar*, sino en el sentido de *teatralizar*, de convertir el mundo en espectáculo, en escenografía: sociedad y política –tal como las define la modernidad– pierden espesor y materialidad, y en su lugar irrumpe la opacidad del signo lingüístico y visual, la proliferación del significante, que llama la atención sobre sí mismo como horizonte último de (auto)reconocimiento social. El Neobarroco instala, así, la disidencia, la *diferencia*, el pliegue, saturando el vacío para visibilizarlo.

DIFERENCIA, *RUINA* Y LA «DESARTIFICACIÓN» NEOBARROCA

Atendiendo a esa cualidad contracultural del Barroco americano, Irlemar Chiampi propone que «[s]i el Barroco es la estética de los efectos de la Contrarreforma, el Neobarroco lo es [de] la contramodernidad» (1993: 144-145). Para él,

> [l]os desastres y la *incompletud* de[l] modelo modernizador [implementado a través de la reforma religiosa, la revolución industrial, la revolución democrático-burguesa y la difusión de la ética individualista] [...] se ha revelado sobre todo en su incapacidad para integrar lo «no occidental» (indios, mestizos, negros, proletariado urbano, inmigrantes rurales, etc.) a un proyecto nacional de democracia consensual. No es casual, pues, que sea justamente el Barroco –preiluminista, premoderno, preburgués, prehegeliano– la estética reapropiada desde esta periferia, que sólo recogió las sobras de la modernización, para revertir el canon historicista de lo moderno [...]. Este contenido ideológico –motivación cultural específica e insoslayable– torna precario todo intento de reducir el Neobarroco a un manierismo «retro» y reaccionario –un reflejo de la lógica del capitalismo tardío, conforme sugiere Jameson al mentar el modismo de los «neo» en el arte postmoderno–. Tampoco cabe diluirlo en la «atmósfera general», en el aire del tiempo, como un principio abstracto de los fenómenos [Calabrese], y menos aún tomarlo como la salvación de una modernidad crepuscular, tras la supuesta «muerte de las vanguardias» mediante la «impureza generalizada» con que las culturas que relegaron al Barroco al ostracismo, con su buen gusto clasicista, desean renovar la experimentación y la invención (ibíd.: 145-146).

Si la modernidad puede caracterizarse como un modelo que funciona a partir de concreciones identitarias «duras» (sujeto nacional, ciudadanía, disciplinamiento, progreso, roles sexuales, ordenación institucional, etc.), que descartan, regulan o relegan la existencia del Otro, la intervención barroca o neobarroca introduciría estrategias de alterización y distanciamiento en los imaginarios modernizadores, proponiendo desde la opacidad de lenguajes y recursos representacionales, contenidos *anómalos* (en el sentido etimológico de *irregularidad*, es decir, de *anti-normatividad*) que invitan a un desmontaje –a un desciframiento– a nueva luz de la norma estética y de la normatividad comunicativa.

Propongo así, en atención a todo lo anterior, pensar la recurrencia barroca a través de las nociones de *diferencia* y *ruina* que han sido con frecuencia asociadas a la interpretación del Barroco como estética moderna, y que merecerían ocupar el centro mismo de una deconstrucción estético-ideológica del paradigma barroco, sobre todo en sus formulaciones periféricas.

Entiendo *diferencia* no sólo como *cualificación de lo otro respecto de lo mismo* –de la alteridad respecto de la identidad– (o sea, no sólo como «variedad entre cosas de una misma especie») sino también, en el sentido matemático, como *residuo* o *resto* (Corominas 1987: 498). Vinculado con esta segunda acepción, el concepto de *ruina* remite también a lo diferencial: a lo que sobrevive y permanece en una existencia fantasmática, desplazada, fuera de tiempo y de lugar. *Ruina*, entonces, en el sentido benjaminiano en el que se combinan la ilusión de perdurabilidad y la noción de deterioro –ruina, en su acepción etimológica primaria de «derrumbe, desmoronamiento» y también en la que reconoce lo primitivo como «ruinoso, echado *a perder*» (ibíd.: 516; mi énfasis)–.[20] Para Benjamin, la modernidad es, justamente, una experiencia de la pérdida y el desmoronamiento, la vivencia del duelo que reconoce que no existe en el mundo post-sagrado un lugar para las antiguas monumentalidades, que sólo pueden existir afantasmadas, como vestigio melancólico, como reliquia que evoca la completitud desde la pérdida.[21] El arte, entonces, pierde –*(ar)ruina*– su valor de culto y deseculariza su trascendencia:

[20] Sobre la obsesión del Barroco con las ideas de transitoriedad y decadencia, y su elaboración benjaminiana, ver Buci-Glucksmann (1984).

[21] Recordar, sin embargo, que la pérdida, en Benjamin, no es pura negatividad sino también *producción* (en el sentido económico, pero también teatral). Un encuentro del ser con lo que yace oculto y espera para manifestarse, una instancia a partir de la cual se accede a una plenitud *otra*: «Contemplada desde el lado de la muerte, la vida consiste en la producción del cadáver» (Benjamin 1990: 214).

toma conciencia de su cualidad efímera –de su transitoriedad– y ritualiza, en el contexto de la modernidad, nuevas formas de presencia espectral. Alienada del «aquí y ahora» que le conferían a la obra de arte su legitimidad y funcionalidad «orgánica», el arte –para utilizar aquí una expresión de Adorno– se «desartifica», se vuelve artefacto, operador simbólico, simulacro.[22]

En este sentido, la codificación barroca se constituiría ya no sólo como reproductibilidad alegorizante de los conflictos que marcan la inserción de la modernidad en la era postaurática, sino asimismo como máquina resignificante de la alteridad cultural, epistémica y social, y como *performance* –conjunto de comportamientos coreografiados y alegóricos– de subjetividades fronterizas. En algún sentido, la recuperación barroquista renovaría entonces en las modernidades posiluministas el impulso simbólico de la contraconquista de que hablaba Lezama Lima, encontrando en la saturación formal un modo de canalizar los elementos nunca del todo absorbidos por las narrativas del occidentalismo. Barroco y Neobarroco se proponen así como sistemas de codificación que mediante la articulación de distintas y en muchos casos divergentes temporalidades, culturas y medios representacionales, concretan –materializan– la hibridez constitutiva de la subjetividad colonial y (neo)(post) colonial, insertando esa anomalía productiva, *barrueca*, de lo americano, en el abigarramiento sígnico del lenguaje o la imagen. Es en ese sentido que Carpentier indicaba que «toda simbiosis, todo mestizaje, engendra barroquismo» y que en una interpretación ya no culturalista sino materialista Bolívar Echeverría habla del *ethos barroco* como de un *modo* específico –un comportamiento social, una semiótica– que permite «interiorizar al capitalismo en la espontaneidad de la vida cotidiana», haciendo de esta estética un principio constructor que no acepta ni se suma al «hecho capitalista», sino que «lo mantiene siempre como inaceptable y ajeno» (2000: 20). Así, el barroco, como primera impronta del *ethos* moderno, surge y se refuncionaliza «en la tendencia de la civilización moderna a revitalizar una y otra vez el código de la tradición occidental europea después de cada oleada destructiva proveniente del desarrollo capitalista» (ibíd.: 21). Según Echeverría, «es barroca la

---

22 Sigo en esta elaboración el trabajo de Buci-Glucksmann sobre Benjamin. Ver sobre todo el capítulo 4 de *La raison baroque* (1984), «The Aesthetics of Transcience».

manera de ser moderno que permite vivir la destrucción de lo cualitativo producida por el productivismo capitalista, al convertirla en el acceso a la creación de otra dimensión, retadoramente imaginaria, de lo cualitativo» (ibíd.). De este modo, aunque el *ethos* barroco constituye, desde estas posiciones, una «estrategia de resistencia radical» no es, sin embargo, *revolucionario*. En palabras de Echeverría,

> La actualidad de lo barroco no está, sin duda, en la capacidad de inspirar una alternativa radical de orden político a la modernidad capitalista que se debate actualmente en una crisis profunda; ella reside en cambio en la fuerza con que manifiesta, en el plano profundo de la vida cultural, la incongruencia de esta modernidad, la posibilidad y la urgencia de una modernidad alternativa (2000: 15).

El *tipo* específico de radicalidad barroca se concentra en el nivel de los imaginarios, proveyendo no un ataque frontal a los fundamentos económicos, políticos y sociales del sistema moderno, sino un *exposé* performativo –teatralizado, carnavalizado– de sus andamiajes discursivos y representacionales, una parodia de su lenguaje y su gestualidad. Según Sarduy:

> Ser barroco hoy significa amenazar, juzgar, parodiar la economía burguesa, basada en la administración tacaña de los bienes, en su centro y fundamento mismo: el espacio de los signos, el lenguaje, soporte simbólico de la sociedad, garantía de su funcionamiento, de su comunicación (cit. por Echeverría 2000: 16).

La noción del *ethos* barroco como forma de representación alternativa de la subjetividad moderna es retomada y reforzada desde la perspectiva sociológica. Boaventura de Souza Santos asocia estrechamente el *ethos* barroco con las que reconoce como las dos crisis centrales de la modernidad: «la crisis de la práctica y del pensamiento de la regulación social» y «la crisis de la práctica y del pensamiento» emancipatorio (1994: 313). Según el sociólogo portugués, la modernidad ha conducido a la convergencia de estas dos formas *críticas*, que él explica de la siguiente manera:

> Por ejemplo, la soberanía del Estado nacional fundamental para la modernidad después de 1648 –el derecho estatal, el fordismo, el estado de bienestar, la

familia heterosexual separada de la producción, el sistema educativo, la democracia representativa, la religión institucional, el canon literario, la identidad nacional, todo esto son formas de regulación social que hoy están en crisis–. Pero al mismo tiempo, y en eso reside la originalidad de la situación actual, hoy están igualmente fragilizadas, desacreditadas, debilitadas las formas de emancipación social que le correspondieron hasta ahora a esa modernidad: el socialismo, el comunismo, el cooperativismo, la socialdemocracia, los partidos obreros y el movimiento sindical, la democracia participativa, la cultura popular, la filosofía crítica, los modos de vida alternativos, etc. Mientras que antes, como señalaba, las dos crisis no coincidían, hoy coinciden y, por tanto, esta crisis doble nos muestra que hoy en día la crisis de regulación se alimenta de la crisis de emancipación (ibíd.: 314).

Si regulación social y emancipación social son, como indica de Souza Santos, los dos pilares del proyecto moderno, y deberían tener un desarrollo armónico, la crisis convergente de ambos ejes coloca a la sociedad actual en lo que este sociólogo llama una «transición paradigmática» similar, en algunos sentidos, a la que se produjo en el siglo XVII –en el siglo barroco– en el cual se dirimieron luchas epistemológicas (aristotélicos y galileanos, aristotélicos y newtonianos, por ejemplo, en el terreno de la ciencia) que condujeron a un cuestionamiento cada vez más profundo de las certezas que sostenían el mundo teocéntrico, monárquico y colonialista. El «desvío», la «dramatización» y la «hiperritualización» del barroco operarían como dispositivos a través de los cuales la subjetividad moderna prepararía el paso a la postmodernidad.[23]

Pero hay más. De Souza Santos percibe en la cuestión del Barroco un diálogo conflictivo entre Sur y Norte, viendo en su estética no sólo una forma particular y gozosa de representación, sino una búsqueda transgresiva que refuncionaliza monumentalidades ideológicas, racionalidades y formas de autoridad y de autorización representacional, creando desde las periferias de los grandes sistemas y por la apropiación irreverente de sus códigos, un *modo de mirar* alternativo al dominante. Esa «locura del

[23] Cabe indicar que de Souza Santos distingue entre *ethos* barroco y postmodernidad: «lo barroco no es postmoderno: lo barroco es parte integrante de la modernidad, un desvío suyo, a mi juicio, una transgresión dentro de la modernidad. Es una centrifugación a partir de un centro, que puede ser más o menos débil, pero que existe y se hace presente. Lo postmoderno, por el contrario, en cualquiera de sus dos versiones, no tiene centro, es acéntrico, de ahí le viene su carácter "post"» (1994: 324).

ver» de la que habla Buci-Glucksmann constituye la realidad a nueva luz, subvirtiendo los mismos cánones que sirvieron para sistematizar la visión del mundo desde las plataformas de la modernidad. El *ethos* barroco funcionaría así como propuesta utópica orientada «hacia tradiciones suprimidas, hacia las experiencias subalternas, hacia la perspectiva de las víctimas y de los oprimidos, hacia los márgenes, hacia las periferias, hacia las fronteras, hacia el Sur del Norte, hacia las lenguas prohibidas, hacia la basura irreciclable de nuestro bienestar mercantil» (de Souza Santos 1994: 322). Los conceptos –el de barroco, en este caso– emigran y se relocalizan, temporal y espacialmente, desafiando *desde la ruina* –desde lo que queda, desde lo diferencial– los núcleos duros del origen histórico y de la subjetividad regulada, en una huida centrífuga de los centros de producción seriada de epistemologías, teorías y prácticas simbólicas hacia los horizontes utópicos de la liberación y el deseo.

Las culturas que emergen de los procesos colonizadores implementados a partir de «centros coloniales débiles» como lo fueron, en su momento, España y Portugal, existen, sobre todo, desde el comienzo, como *culturas de frontera* –jánicas, *in-between*– y se caracterizan por la fluidez, intercambios y contaminaciones entre diversos paradigmas culturales, proyectos sociales y modelos epistemológicos, o sea por la hibridez y sobrecarga de contenidos y formalizaciones representacionales que entran en colisión y se negocian en el plano de las prácticas sociales y los imaginarios culturales. El *ethos* barroco desteoriza la realidad para reutopizarla: pone en abismo los límites del proyecto colonizador y neocolonial, exhibe los procesos de apropiación y canibalización cultural en que se fundan las culturas nacionales, y desestabiliza la solidez de «epistemologías fuertes» trabajando desde lo residual y ruinoso –desde el vestigio, desde la diferencia, desde la pérdida y el duelo, desde el pastiche y el simulacro– en una dirección disyuntiva y disruptiva respecto a los principios y legados de la modernidad. Si el *epistemicidio* de que habla de Souza Santos marcó a fuego la historia colonial y postcolonial de América Latina, la *códigofagia* a la que se refiere Echeverría (o sea el proceso «a través de[l] cual el código de los dominadores se transforma a sí mismo en la asimilación de las ruinas en las que pervive el código destruido»)[24]

[24] Echeverría aclara el proceso semiótico de *códigofagia* de la siguiente manera: «Las subcodificaciones o configuraciones singulares y concretas del código de lo humano no

abre otra dirección para el estudio de las formas de conciencia social y las prácticas culturales en el subcontinente y en sus imaginarios migrantes.

Sería justamente, entonces, esa matriz utópica la que sostendría y explicaría, según las propuestas del sociólogo portugués, la reincidencia del código barroco y su capacidad de refuncionalización, de cara a las contradicciones del capitalismo y a las exclusiones de la modernidad, ya que «si es verdad, como decía Hegel, que la paciencia de los conceptos es grande, obviamente la paciencia de la utopía es infinita» (1994: 331).

Ultrabarroco y globalización

Desde este panorama, la recuperada noción de *Ultrabarroco* viene a marcar una nueva torsión en la historia de las reapariciones del código en América Latina. Utilizada para designar formas extremas del estilo Barroco, «Rococó» o «Churrigueresco» en el contexto primordialmente europeo y luego, principalmente, en el México del siglo XVIII, la noción de *Ultrabarroco* califica fenómenos sincréticos de sobresaturación ornamental evocativos del barroco áureo, sobre todo en el arte religioso. En *Divine Excess: Mexican Ultra-Baroque* (1995) Ichiro Ono indica:

> Permeado por la sensibilidad nativa de América al tiempo que absorbiendo otras influencias del mundo transatlántico que llegaban a México, el estilo barroco evolucionó y comenzó a saturar la arquitectura con tanta ornamentación que podríamos describirlo como una «fobia al vacío» [*gapophobia*]. Es el «Ultrabarroco», que significa, en otras palabras, el Barroco del Barroco (83).

Algunos historiadores del arte latinoamericano han preferido, en ocasiones, más bien denominaciones que subrayen el carácter hibridizado y *diferencial* de las formas americanas, que penetran con su peculiaridad cultural el imaginario y los protocolos representacionales del dominador en una especie de «contraconquista» visual. Así, por ejemplo,

---

parecen tener otra manera de coexistir entre sí que no sea la de devorarse las unas a las otras; la del golpear destructivamente en el centro de simbolización constitutivo de la que tienen enfrente y apropiarse e integrar en sí, sometiéndose a sí mismas a una alteración esencial, los restos aún vivos que quedan de ella después» (1994: 32).

Teresa Gisbert y José de Mesa, refiriéndose al Barroco andino, optan por una nominación que rescate el carácter multicultural y sincrético de esta forma de arte:

> Creemos que la arquitectura barroca desarrollada en América se independiza de los moldes europeos a principios del siglo XVIII [...]. Las palabras '*Ultrabarroco*' y 'churrigueresco' son insuficientes porque indican formas extremas del barroco europeo, pero no concepciones diferentes. Por esta razón hemos usado el término 'mestizo' que [...] es el más propio para denominar a una *arquitectura estructuralmente europea, elaborada bajo la sensibilidad indígena* (1985: 255; mi énfasis).

Sin embargo, lo que aquí me interesa destacar es la reapropiación del término en contextos actuales en los que éste aparece repotenciado por su inserción dentro de contextos *otros*, vinculados a formas de hibridación cultural relacionadas con los contextos de la postmodernidad, o sea, con el horizonte marcado por el descaecimiento de las certezas epistemológicas que se articulaban en torno a los conceptos de nación, identidad, ciudadanía, consenso, progreso y subjetividad que guiaron las formalizaciones de la modernidad desde la Independencia hasta la década de los años ochenta, en el siglo XX. Sin caer en una diseminación radical de los procesos de «barroquización» contemporánea ni en la idealización que atribuiría esta nueva recurrencia del Barroco a un renovado «espíritu de época», el Ultrabarroco ha sido caracterizado en estos contextos no ya como una forma de expresión que se atiene a definidos rasgos formales o temáticos, sino como una *disposición* a partir de la cual es posible representar (exponer, hacer inteligibles) los procesos de transculturación e hibridación que caracterizan a la cultura actual.

Elizabeth Armstrong y Víctor Zamudio-Taylor, curadores de la exposición itinerante titulada *Ultra Baroque. Aspects of Post Latin American Art*, y editores del correspondiente catálogo, describen el concepto de la siguiente manera:

> Nuestro planteamiento sugiere que el barroco es un modelo para comprender y analizar procesos de transculturación e hibridez acentuados e impulsados por la globalización. Dada esta aproximación, proponemos que el barroco, en toda su recepción conflictiva y su reinterpretación, *es más importante hoy como actitud que como estilo*, y fundamentalmente interdisci-

plinario [*sic*], trascendiendo la arquitectura, la música y las artes visuales, los campos a los que fue confinado tradicionalmente. La denominación "Ultrabarroco" es en sí un híbrido consciente (e intencionalmente juguetón) [...] y sugiere una cultura visual contemporánea, postmoderna y exuberante, con relaciones inextricables a un período histórico, un estilo y una narrativa. Dialoga con la idea del escritor cubano Alejo Carpentier sobre un «Barroco de nuevo mundo», donde *el barroco europeo se topó con formas indígenas que también eran barrocas*. La mezcla con formas indígenas produjo un barroco más intenso, «un barroco a la enésima potencia: un Ultrabarroco» (2000: 3; mi énfasis).

En su introducción a *Ultra Barroco*, Elizabeth Armstrong caracteriza las extensiones transhistóricas y las reterritorializaciones del Barroco como estética postnacional: no sólo, ya, como la codificación estética que se traslada de sociedades europeas a territorios coloniales –como sucediera, en otros registros, con las prácticas desterritorializadas del cristianismo, el mercantilismo o la trata de esclavos–, sino también como un producto que en sus modulaciones modernas y postmodernas, aparece ya definitivamente emancipado de sus especificidades históricas. En este sentido Armstrong habla, al referirse a la torsión final del Ultrabarroco, como de un arte postlatinoamericano, que más allá de las limitaciones impuestas por fronteras nacionales e identidades políticas, se inserta en los escenarios más actuales combinando impulsos locales y globales:

> Queremos enfatizar nuestro interés en el arte de América Latina que se caracteriza por un enfoque postmoderno de la producción cultural, que ya no viene determinada por fronteras geográficas ni identidades políticas. Nutrida de otras posiciones críticas que suponen una revisión de teorías y prácticas sociales y culturales (que están ligadas a designaciones específicas como «post-feminista» o «post-Chicano»), esta nomenclatura provocativa refleja la producción de un discurso que designa expresiones artísticas dirigidas por impulsos locales y también globales, fundamentado en especificidades históricas pero tratando de trascenderlas (Armstrong 2000: 5).

La economía alegórica del Neobarroco convoca en su expresividad exacerbada la política de la cita y la experiencia de la fragmentación, dando por resultado productos que en su fuerte sincretismo proveen «la clave para la interpretación de la hibridez en la cultura visual» y la comprensión de los productos culturales que revelan el mestizaje sistémico de América Latina (Zamudio-Taylor 2000: 141).

Para Gruzinski, la adopción del Barroco se vincula a la mundialización de mercados culturales, y es un efecto de los procesos colonizadores. Pero lo importante no es registrar ese efecto como resultado *necesario* de la historia europea, sino percibir el significado de las hibridaciones culturales como canalizaciones contra-occidentalistas a través de las cuales se expresan nuevas formas de sensibilidad, y nuevas agencias. La preferencia por «las formas exóticas y novedosas, un gusto por lo insólito, lo original y lo sorprendente» (Gruzinski 2000b: 117) no sólo caracteriza al Barroco como producto estético-ideológico *orgánico* de la Monarquía absoluta española y como una de las matrices más prominentes de la hegemonía cultural del occidentalismo (racionalista, burgués y cristiano), sino que abre el dique por el que se filtran, en los imaginarios dominantes, subjetividades subalternas pero en constante estado de resistencia y diferenciación. A no dudarlo, las negociaciones entre estas nuevas formas de *agencia* cultural y el mercado general de los bienes simbólicos constituyen un universo complejo y frecuentemente contradictorio de marchas y contramarchas históricas y sociales. Como el mismo Gruzinski reconoce, la evaluación actual de la obra de artistas americanos, como el mulato mexicano Juan Correa (c. 1645/1650-1716) o el escultor afro-brasileño Aleijadinho (1738-1814), productores de grandes creaciones de Barroco eclesiástico, obliga a entender sus obras como una forma de sometimiento al poder de la Iglesia y, en general, a las fuerzas colonizadoras que devastaron las culturas prehispánicas (Gruzinski 2000b). Sin embargo, es en el proceso y en las proyecciones de esas apropiaciones subalternas que debe buscarse el sentido cultural último de las dinámicas transculturadoras. En efecto, «[c]ada vez que el paganismo europeo permitía al artista indígena introducir elementos del panteón amerindio a la mitología y las escenas alegóricas que servían como vehículos al barroco, abría los espacios para el rescate de la memoria indígena» (ibíd.: 120). En ese sentido, la historia que narra la producción barroca americana no es sólo la de la colonización y la transculturación, sino también la de interacciones recíprocas que dan lugar a la expresión de otras epistemologías que fuerzan su entrada en el sólido sistema simbólico de la dominación colonialista, hibridizando su unicidad dogmática.

Evocativo y presentista, el Ultrabarroco sería justamente la inflexión más actual de una semántica que se revela contra el ordenamiento racional de contenidos artísticos, el equilibrio representacional y el disciplinamiento hermenéutico. La estrategia es, con frecuencia, la recuperación, descentramiento y recontextualización de elementos que remiten a fracturas epistemológicas asociadas a la crisis de la modernidad y al advenimiento de formas de subjetivación cultural afectadas por las transformaciones masmediáticas y por la desauratización y relocalizaciones del discurso humanístico. Si el código barroco se define por su nomadismo y su constante refuncionalización estético-ideológica, o sea por su constante arraigo en nuevos territorios existenciales, el Ultrabarroco constituiría el enclave simbólico de nuestro tiempo y nuestra circunstancia, donde las fronteras entre las dos Américas se diluyen en procesos de intercambio y reformulación identitaria. Al mismo tiempo, el Ultrabarroco pretende evidenciar –*re*presentar– el hecho de que esta porosidad de fronteras no invalida sino que incluso acentúa y tiende a naturalizar, ya no la existencia de *diferencias* culturales sino la de *desigualdades* sociales que siguen imponiéndose, de Norte a Sur, en el contexto de la postmodernidad neoliberal.

En este contexto de territorialidades fluidas, reforzamiento de hegemonías y resignificaciones culturales, el Ultrabarroco explora nuevamente el límite de la codificación estética y de la representabilidad de subjetividades –de postidentidades– transnacionalizadas saturando el espacio de la globalidad en un gesto irreverente de contraconquista de los imaginarios consagrados. Zamudio-Taylor considera que esta nueva refuncionalización del Barroco «ofrece hoy, en la era de la globalización, la clave para la interpretación de la hibridez en la cultura visual» (2000: 141) al ejercerse como una intervención de los protocolos (post)modernizadores, que viene desarrollándose desde la colonia:

> El legado del colonialismo ibérico forzó a las emergentes naciones latinoamericanas, particularmente a Brasil, Cuba y México, a negociar condiciones de modernidad nutridas por las culturas manierista y barroca, que tradujeron, transformaron y circularon a las metrópolis europeas. En este sentido, el barroco problematizó la negociación de la modernidad en América Latina y ofreció un conducto desde el cual sus valores en pugna y su lenguaje se filtraron y derramaron a la posmodernidad (ibíd.).

En los escenarios actuales, el Ultrabarroco teatraliza el debilitamiento de los que fueran, durante la plena vigencia de la modernidad, los contenidos «duros» de la identidad individual y colectiva: la territorialidad asignada a las culturas nacionales, la noción de consumo como principio democratizador y como forma privilegiada de realización personal e integración social, la apuesta a la transparencia del lenguaje como vehículo de consenso político y social, el afán pedagógico del arte y la concepción de la obra como producto acabado, armónico y total. Sin ritualismo, en la era post-sagrada, el arte ultrabarroco reivindica la materialidad y reproductibilidad de la obra, ejerce y extrema el *arte de la cita* (los contenidos *fuera de lugar*, la minimización de la memoria contextual), y expone la fragmentación y la impureza de los significantes culturales como uno de los principios de la representabilidad postidentitaria. La poética del Ultrabarroco mantiene, sin embargo, una memoria histórica que se advierte en la recurrencia de elementos que remiten a la violencia originaria, vinculando las referencias al colonialismo con la exhibición casi obscena de cuerpos desmembrados o de espacios agobiantes, saturados por la mercancía. En otros casos, el arte ultrabarroco crea escenarios (instalaciones) efímeros y melodramáticos –en su propia manera, melancólicos– que sin la monumentalidad de los grandes catafalcos o arcos triunfales de la primera modernidad barroca, y sin el afán monumentalizador y museístico de las siguientes, operan a partir de percepciones puntuales capaces de expresar performativamente aspectos fragmentarios de la subjetividad individual y colectiva. Minimiza al sujeto autorial pero enfatiza la posicionalidad de la mirada como principio organizador de la experiencia y del (auto)reconocimiento, en los términos definidos por Lacan: «El barroco es la regulación del alma por la visión [*scopie*] corporal» (1972-1973: 105). Es como si desde la globalización y la postmodernidad la irreverente mercancía simbólica del Ultrabarroco interrogara retóricamente tradiciones y legados, analizando el saldo del progreso desde las instancias salvajes del capitalismo tardío, saturando el espacio transnacional con una *gap-ophobia* que revela el horror al silencio que ha seguido a la muerte de los *grandes relatos*, y ofreciendo en su lugar microhistorias en las que se ha renunciado a la totalización filosófica y a la epicidad revolucionaria. El Ultrabarroco teatraliza así, a su manera, en tiempos de globalización, triunfalismo neoliberal y reformulación de hegemonías, la conciencia de estar pisando un límite epistemológico –civilizatorio– y representacional. Su utopía no consiste en la capacidad o en el deseo de articular propuestas concretas, sino en creer, todavía, en la eficacia de la deconstrucción y la desublimación por el arte. La historia no es circular ni progresiva. La historia es residual, es *diferencia* y ruina: es un pliegue que vuelve sobre sí, es repliegue y despliegue, es *retombée.*

Mariátegui en los nuevos debates. Emancipación, (in)dependencia y «colonialismo supérstite» en América Latina

Colonialidad y emancipación constituyen los polos conceptuales sobre los que se articulan estas notas, que aunque están organizadas en torno a la obra de José Carlos Mariátegui, apuntan a problemas vinculados con la función intelectual en América Latina, y con los temas del occidentalismo y el pensamiento revolucionario en áreas dependientes del capitalismo central.

Es indudable que el panorama político latinoamericano ha sufrido cambios sustanciales desde los años del autor de los *7 ensayos*, época en la que se produce la primera recepción del marxismo en América Latina. Particularmente en los últimos veinte años, a partir del derrumbe del bloque socialista, el pensamiento de izquierda ha sufrido golpes removedores que impulsaron importantes revisiones y reinterpretaciones doctrinarias así como ejercicios de severa autocrítica sobre los modos de concebir e implementar la praxis revolucionaria. Ante el cambiante panorama de una América Latina impactada por los embates del neoliberalismo y la globalización, se ha venido tomando conciencia paulatinamente del debilitamiento de las categorías tradicionales de análisis social y de la fuerza que son capaces de desplegar movimientos colectivos que no pasan por la política partidista y desafían las nociones de orden institucional y jerarquización socio-económica sobre las que se asienta el *status quo* en culturas nacionales formadas y consolidadas dentro de los parámetros de la modernidad. En esos movimientos, los sujetos sociales se organizan en torno a agendas etno-económicas variadas y no siempre fácilmente articulables ni pasibles de ser absorbidas por las instituciones existentes. En ese contexto, amplios sectores sociales reclaman formas de participación y políticas identitarias que rebasan la capacidad de reacción del aparato estatal y que resultan incluso difíciles de manejar a nivel conceptual a partir de los modelos teóricos utilizados hasta hace pocas décadas. Eso ha provocado relecturas de la teoría social contemporánea, incluida la obra de Mariátegui, en las que se analiza la vigencia o descaecimiento de conceptos, modelos y propuestas surgidas desde y para otras realidades culturales. Desde estos cambiantes escenarios conceptuales, la relectura de la obra de Mariátegui que aquí se sugiere intenta conectar aspectos del pensamiento de este autor con debates actuales, que dan nuevo sentido a su concepción política y social, tomando en cuenta la dinámica de continuidades y rupturas que caracterizan a la problemática regional.

En el caso de América Latina, las vinculaciones entre colonialidad/emancipación y colonialidad/modernidad han sido analizadas desde varias perspectivas teórico-ideológicas entre las que se cuentan la teoría de la dependencia, la teología de la liberación, las diversas vertientes del marxismo y más recientemente la teoría postcolonial. Tensionada entre los polos de nacionalismo e internacionalismo, matrices de pensamiento liberal y doctrina marxista, andinismo y *mundialización*, el pensamiento de Mariátegui relativiza el triunfalismo del proyecto nacional, pero también conduce a explorar críticamente el rendimiento político de teorizaciones que han sido aplicadas, desde posicionamientos ideológicos muy diversos, a la realidad latinoamericana (marxismo, ideología del progreso, ideología del mestizaje, etc.). Desde su conocida heterodoxia, Mariátegui realiza aportes fundamentales para la comprensión de la historia económica, política y social de la región y de sus posibilidades reales de descolonización de los imaginarios a partir de los cuales se piensan las culturas nacionales, postnacionales y transnacionales en nuestro tiempo. En la actualidad, cuando los movimientos sociales han logrado disminuir en gran medida los espacios de la política tradicional movilizando a amplios sectores en torno a agendas político-reivindicativas de amplio registro, el tema de la emancipación y la colonialidad vuelven sobre el tapete, reactivando preguntas sobre las políticas del conocimiento en sociedades postcoloniales, la importancia de la crítica y de la tradición en el cambio social, y la relación entre proyectos ideológicos, multiculturalidad, y pensamiento revolucionario en el contexto de la globalidad.

Coloniaje, colonialismo doméstico, colonialidad o colonialismo supérstite constituyen variantes denominativas de formas de dominación que se articulan a partir de la dinámica expansiva del capitalismo mundial, reformulándose históricamente en torno a ejes que mantienen, hasta el día de hoy, plena vigencia: transnacionalización del capital, celebración de la modernidad como praxis para la redención de los pueblos que Hegel concibió como existiendo fuera de la historia, supremacía de las elites blanco-criollas, autoritarismo y centralización estatal para el mantenimiento del *status quo*, etc. Estos ejes se apoyan en un aparato cognitivo que responde a las necesidades de reproducción de la dominación de clase y raza que aqueja a la región latinoamericana desde el descubrimiento. El pensamiento de Mariátegui apunta hacia la deconstrucción de los discursos, valores y saberes que legitiman esa dominación, es decir, hacia una epistemología emancipada –descolonizada– que permita percibir desde otros parámetros la realidad social y elaborar agendas para su transformación radical.

Hacia una descolonización del saber/poder en América Latina

Si tuviéramos que resumir los parámetros a partir de los cuales el pensador peruano efectuó el análisis crítico de los proyectos nacionales –ya desde los orígenes coloniales de la «nación criolla» (Pagden) hasta la cristalización de las Repúblicas burguesas– deberían mencionarse, por lo menos, los siguientes niveles, que en la obra del Amauta se encuentran fuertemente interrelacionados y que desglosamos aquí sólo a efectos del análisis:

1. Reconocimiento y denuncia del estamentalismo económico y social que sirvió de base a las nuevas repúblicas y que auspició la perpetuación de estructuras de poder sobre las que se asentaron las nuevas naciones. Con la implantación de la democracia en tanto sistema de participación limitada, el autoritarismo criollo legitimó sus posiciones y expandió su dominación sobre los amplios sectores que permanecieron en los márgenes sociales y económicos de las nuevas repúblicas. El contexto socio-económico que rodea la reflexión mariateguiana le obliga a realizar una revisión de la teoría marxista para tomar en cuenta la particular disposición de clases en el Perú y la relación poder/trabajo/raza que caracteriza a la formación social andina y que no se acomoda a la idea del liderazgo revolucionario de la burguesía, ni a la visión de esta clase como la que sería capaz de impulsar la superación de estructuras premodernas tanto a nivel económico como social. Como advierte

sagazmente Mariátegui, la burguesía peruana se desarrolla de manera lenta en ese país desde el siglo XIX, sin lograr un alto grado de diferenciación con respecto a los sectores dominantes, prolongándose así el predominio oligárquico y las formas de producción precapitalista durante muchas décadas. La introducción de capitales británicos y norteamericanos y la presencia de compañías transnacionales (Cerro de Pasco Corporation, International Petroleum Company, etc.) crea ya desde comienzos del siglo XX enclaves financieros que coexisten con las formas premodernas de producción y de organización social sobre las que se asienta la sociedad señorial agro-exportadora.[1] Con la economía agraria bajo el control de los terratenientes, el gamonalismo y el enfeudamiento del campesinado constituyen un lastre que retarda el fortalecimiento de la burguesía, la cual existe en estrecha dependencia de los capitales extranjeros que comprometen su desarrollo «nacional». Este proceso de «semi-colonización de la burguesía peruana» (Quijano 1979: xviii) prolonga las estructuras de colonialidad, favoreciendo la estratificación social y las jerarquizaciones de raza y género, implantadas por la dominación española y rearticuladas en la modernidad. En este sentido, Dussel indica:

> Para Mariátegui las clases dominantes terratenientes, burguesa, etc. son explícitamente «clases», no así el indígena. Éstos constituyen la «comunidad» indígena, que en la república entró en crisis (Dussel 1995: 34).

En efecto, en «El problema del indio» Mariátegui señala que la Independencia y la consiguiente inserción de las comunidades indígenas en el espacio nacional propiciarían un proceso de organización y emancipación del indígena tendiente al desarrollo de su conciencia de clase. El sector indígena se asimilaría así al proletariado internacional, proceso que, como es sabido, no habría de cumplirse. En todo caso, en este punto lo que conviene retener es la percepción mariateguiana de que más allá de la orientación doctrinaria que traducía –por no decir «reducía»– la conflictividad social al verticalismo de clases, en el caso de la sociedad andina era necesario hablar más bien de «fenómenos» que de

---

[1] Sobre las relaciones entre burguesía nacional, oligarquía e imperialismo en el Perú de Mariátegui, ver Quijano (1979).

categorías, de culturas en conflicto (entendiendo por tales, tradiciones, culturas políticas, etnicidades) que de lucha de clases. Explica, por ejemplo, al referirse al gamonalismo, heredero de la feudalidad colonial:

> El término «gamonalismo» no designa sólo una categoría social y económica: la de los latifundistas o grandes propietarios agrarios. Designa todo un fenómeno. El gamonalismo no está representado sólo por los gamonales propiamente dichos. Comprende una larga jerarquía de funcionarios, intermediarios, agentes, parásitos, etc. El indio alfabeto se pone al servicio del gamonalismo. El factor central del fenómeno es la hegemonía de la gran propiedad semifeudal en la política y el mecanismo del Estado. Por consiguiente, es sobre este factor sobre el que se debe actuar si se quiere atacar en su raíz un mal del cual algunos se empeñan en no contemplar sino las expresiones episódicas o subsidiarias (1979a: 37).

El párrafo contiene una explicación del gamonalismo como fenómeno que es específico de la región andina, integrando en esa aproximación múltiples factores que formarían parte de los debates postcoloniales muchas décadas después de Mariátegui: la complicidad entre lo que llama la «casta» latifundista y el aparato estatal, la relación entre cultura y política, hegemonía y subalternidad, clase y raza, la ética y la pragmática de la revolución socialista, y sobre todo la conciencia de la *colonialidad del poder* de que ha hablado Aníbal Quijano como estructuración profunda de las relaciones de poder que las independencias formales del colonialismo español no llegaron a cancelar. Muchos de estos aspectos de la problemática andina percibida por Mariátegui rebasan las categorías del marxismo, hibridizan el análisis político y dejan en evidencia las tensiones que conlleva la adaptación al registro de la especificidad latinoamericana de teorías pensadas para otras realidades políticas, económicas y culturales, en el contexto de la gran narrativa del capitalismo mundi

2. Expansión de la historicidad desde la que se piensa la cultura nacional. El pensamiento mariateguiano se articula a partir del reconocimiento de temporalidades que incluían tanto la reapropiación del pasado (particularmente de las instancias prehispánicas, representadas por las culturas incaicas) como un salto al futuro: la proyección utópica hacia el socialismo indoamericano. Su visión de la historia informa la

acción política: propone la recuperación de formas tradicionales de organización socio-económica que se potencian con un nuevo sentido al inscribirse en los estadios civilizatorios de la contemporaneidad.[2] En este sentido, Sara Castro-Klarén ha notado cómo la interpretación histórica mariateguiana, al introducir una historicidad que se remonta al período colonial y a la prehistoria incaica, realiza un efectivo cuestionamiento de la historiografía europea que había sido iniciado ya con el Inca Garcilaso de la Vega y Guamán Poma de Ayala. La apelación de Mariátegui a formas de memoria histórica que rebasan los límites temporales y espaciales del Estado-nación desestabiliza, asimismo, la universalidad y predictibilidad de los modelos europeos. Mariátegui «provincializa» –para usar la expresión de Dipesh Chakrabarty retomada por Castro-Klarén– el pensamiento europeo, movimiento que colocaría al pensador peruano como antecedente de la teoría postcolonial desarrollada en el contexto de la reflexión postmoderna (Castro-Klaren 2007: 352-353). No es el de Mariátegui, entonces, un simple historicismo que se refugie en fórmulas arcaizantes de retorno al pasado eludiendo los desafíos presentados por el cambio social en el Perú, sino un utopismo arraigado en la reinterpretación de tradiciones culturales capaces de influir productivamente sobre la acción política. Para Mariátegui, el materialismo histórico y dialéctico permite síntesis socio-históricas restaurativas y sin duda heterodoxas, en las que se logra, a un tiempo, recuperación y progreso, y en las que se hace posible la convergencia de socialismo y democracia, lo europeo y lo nacional, telurismo y universalismo, modernidad y tradición, contingencia y trascendencia. Aunque voluntarista en su interpretación histórica y política, la visión mariateguiana no elude el diálogo con la filosofía política de su tiempo ni con las condiciones concretas que caracterizaban el escenario político peruano.[3]

---

[2] Antonio Cornejo Polar anotó en este sentido que Mariátegui sustenta la idea de que sólo desde una posición revolucionaria puede realmente potenciarse la tradición, convirtiéndola en «historia viva» (1994b: 58).

[3] Sin entrar a discutir aquí el tan debatido problema de «el marxismo de Mariátegui» (quien se declara, en más de una ocasión, «marxista convicto y confeso»), valga indicar que su proyecto de «peruanizar» el marxismo –para usar aquí la idea de Raimundo Prado R. expuesta en el artículo recogido por Sobrevilla Alcázar (1995: 51)– constituye uno de los más pioneros y productivos esfuerzos de pensar la especificidad latino-

En éste, como en otros sentidos, Mariátegui se apoya en la teoría organicista de Oswald Spengler, quien en *La decadencia de Occidente* (1918-1923), había teorizado sobre el proceso de plenitud y muerte de las civilizaciones. Como es sabido, Spengler consideraba que después de haber pasado la fase cultural, de armonía y plenitud, Europa se encontraba en mitad de la fase civilizatoria (que había empezado con Napoleón). En esta etapa, los crecientes conflictos sociales, los levantamientos de masas y las crisis económicas anunciaban el colapso inevitable de las culturas del Viejo Continente, el cual se encaminaba rápidamente a la fase final, imperialista, donde los Césares llevarían a cabo luchas de poder a nivel planetario, conduciendo a las sociedades al deterioro y la desaparición. Esta concepción, que es a la vez diagnóstico y pronóstico de las culturas europeas, potencia en el mundo hispano la convicción de que a las nuevas naciones americanas correspondía el papel histórico de convertirse en el repositorio de la civilización occidental. Esto podía lograrse a partir de una reacción anticapitalista y de la reactivación de

americana poniendo en función de ésta (y no a la inversa) teorizaciones europeas. Con razón indicó en su momento Aricó, como recuerda Dussel, que los *7 ensayos* son «la única obra teóricamente significativa del marxismo latinoamericano» (Sobrevilla Alcázar 1995: 31). En su libro, Sobrevilla Alcázar ofrece un breve resumen de las principales posiciones que, hasta el momento, se habían elaborado sobre las relaciones entre Mariátegui y el marxismo, sus grados de heterodoxia, romanticismo, «confusionismo» y utopismo, sus relaciones con el APRA y la socialdemocracia, sus deudas con Nietzsche, Sorel, Bergson, Croce, Lenin, Freud y Gramsci. Ver también Sobrevilla Alcázar (2005). Aníbal Quijano, por su parte, contextualiza «el marxismo de Mariátegui» según los desafíos de su tiempo. Su hipótesis es que Mariátegui elabora «una propuesta autónoma tanto frente a ese historicismo chato y positivismo pávido que él encontraba en la socialdemocracia europea de su tiempo, como frente al llamado bolcheviquismo y al marxismo-leninismo, sobre todo tal como éste comenzaba a desarrollarse desde mediados de los años veinte» (1995: 41). Cabe recordar siempre en estos debates que varias obras claves del marxismo fueron publicadas después de la muerte de Mariátegui, como los *Grundisse*, la *Ideología alemana*, los *Manuscritos económico-filosóficos de 1844*, lo cual, como indica Quijano, resalta aún más la importancia y originalidad de muchas de las intuiciones políticas y económicas del pensador peruano (ibíd.: 42). Tampoco conoció las cuatro redacciones de *El Capital*, como demuestra Dussel. Según este filósofo, eso permitió a Mariátegui orientarse más bien a la praxis política y «oponerse al positivismo, al materialismo ingenuo y aun a las filosofías de la historia propias del idealismo italiano –pero también al etapismo y a la visión unilineal de la historia del mismo Lenin» (1990: 282).

culturas ancestrales, como las del Incario, las cuales impulsarían, según Mariátegui, el protagonismo del indio, quien en los escenarios del capitalismo periférico se perfilaba como nuevo actor social, cuya fuerza laboral era esencial para el desarrollo de los procesos de industrialización. Así, dentro de esta nueva historicidad mariateguiana se replantea el mito del *origen* americano, que no será ya ubicado ni en el descubrimiento ni en la formación del Estado-nación, sino en el surgimiento ancestral de las culturas prehispánicas. Se incorpora el presente a una nueva teleología: la meta del socialismo, articuladora del pensamiento y de la acción política.[4]

3. A través de su visión de la historia y de su concepción del lugar que ocupa América Latina a nivel internacional, Mariátegui propone una lectura pionera del occidentalismo como vertiente que combina dos direcciones sólo aparentemente irreconciliables en el contexto de una modernidad emancipada: la primera, la del eurocentrismo, como espacio hegemónico que sobreimpuso sobre las culturas vernáculas y criollas formas de dominación tendientes a absorber el particularismo regional y a subsumirlo en la lógica y en las necesidades cognitivas y reproductivas del capitalismo.[5] La segunda, la que reconoce el flujo civilizatorio que

[4] Siguiendo el análisis que realiza Bolívar Echeverría de las tesis de Walter Benjamin en su libro *Valor de uso y utopía*, la idea misma de temporalidad debe ser repensada por el pensamiento socialista, que se plegó a la concepción liberal de esa categoría sin llegar a proponer su transformación sustancial. La noción de progreso que es intrínseca a la concepción liberal de la modernidad supone un desenvolvimiento temporal «homogéneo y vacío» que «mira el transcurrir de la vida como una serie de alteraciones que siguen una trayectoria rectilínea y ascendente; alteraciones que acontecen dentro de un receptáculo, el tiempo, que no es tocado por ellas y al que ellas no afectan». Esta «apreciación instrumentalista y espacialista del tiempo histórico como un lugar indiferente o ajeno a lo que acontece en él» crea una «aversión progresista a la tradición», que Mariátegui –podemos especular aquí– trata de rescatar abriendo «una dimensión [...] hacia el pasado» (Echeverría 1998: 138-139) que le permite reformular heterodoxamente la historicidad andina incorporando productivamente la premodernidad a la utopía del socialismo indoamericano (se retoman libremente en esta nota reflexiones de Echeverría 1998: 133-141).

[5] Conviene recordar aquí la crítica que Mariátegui hace de lo regional como una instancia cooptada por el centralismo estatal, instancia que debe ser repotenciada y resignificada, para activar entonces, a este nivel, las agendas locales (ver, por ejemplo, 1979b). En el presente ensayo se habla de *lo regional* en relación con la «región andina» o con lo que Ángel Rama llamara «el área cultural andina».

comienza con la conquista. En efecto, Europa proveía, desde el descubrimiento, modelos políticos, económicos y culturales para América Latina, algunos de los cuales servían para implementar la opresión de los sectores subalternizados por la dominación criolla. Otros, sin embargo, tenían, como el marxismo, un indudable valor emancipatorio y, adaptados a las condiciones y necesidades de América Latina, eran capaces de repotenciar elementos latentes en la sociedad andina, provenientes de culturas indígenas –el comunitarismo incaico o «comunismo primitivo», por ejemplo–.[6] Aunque esas formas de organización social de tradición indígena habían sido casi completamente arrasadas por el colonialismo y por la república aristocrática, muchos de sus principios pervivían en el *ayllu*, en la estructura de sentimientos que aún alentaban a las comunidades traicionadas por las independencias criollas y que, según Mariátegui, constituían un sustrato inescapable para la construcción de proyectos liberadores en la región andina. Mariátegui percibe claramente las líneas históricas que configuran lo que Wallerstein llamaría luego el «sistema-mundo» organizado desde 1492 a partir del colonialismo europeo, el cual consolida, con el tránsito mercantil trasatlántico, la centralidad y hegemonía del capitalismo en el mundo occidental, dando así lugar al surgimiento del mundo moderno (Quijano/Wallerstein 1992).[7] Esa perspectiva crítica y selectiva del occidentalismo permite a Mariátegui pensar las realidades de la región andina como una especificidad estrechamente articulada a contextos y dinámicas mayores. En «Lo nacional y lo exótico», indica: «la mistificada realidad nacional no es sino un segmento, una parcela de la vasta realidad mundial» (1979b: 26), concepto en el que insistirá a lo largo de toda su obra. El intento del

[6] Según Cornejo Polar, esta idea de un «comunismo incaico», aun siendo técnicamente insostenible, habría servido a Mariátegui de base para pensar la «nacionalización del socialismo», es decir, la vinculación orgánica entre historia andina e historia occidental (1994: 58-60).

[7] Dice al respecto Dussel: «Sin clara conciencia del "sistema-mundo" [Mariátegui] usa la categoría "feudal" para caracterizar la economía peruana en su conjunto. En efecto, si "los colonizadores se preocuparon casi únicamente de la explotación del oro y de la plata peruanos [Ensayo 1] es porque por la España "moderna", mercantilista, el Perú se integraba al "sistema-mundo," aportando con México el primer "dinero mundial": la plata (y en menor medida el oro). No era un sistema económico feudal, pero sí periférico» (Dussel 1995; cit. en Sobrevilla Alcázar 1995: 32, n. 26).

Amauta por definir el proceso de *peruanización* consiste justamente en la inscripción de lo nacional en espacios mayores, y es representativo de la voluntad internacionalista y de la conciencia de los procesos de integración político-económica que estaban teniendo lugar en ese momento tanto en el mundo capitalista como en el socialista.[8] La atención a modelos macroestructurales permite al pensador peruano superar las limitaciones de la ideología nacional, y pensar en términos geoculturales y geopolíticos más amplios y fecundos. Apunta, así, Mariátegui, refiriéndose al nacionalismo:

> El nacionalismo aprehende una parte de la realidad, pero nada más que una parte. La realidad es mucho más amplia, menos finita. En una palabra, el nacionalismo es válido como afirmación pero no como negación. En el capítulo actual de la historia tiene el mismo valor del provincialismo, del regionalismo en capítulos pretéritos. Es un regionalismo de nuevo estilo (1979c: 51).

Mariátegui llega a percibir que si el moderno sistema-mundo se inaugura en «el largo siglo XVI», constituyendo a las Américas como entidades geosociales diferenciadas, el siglo XX que se inicia después de la Primera Guerra Mundial con la rearticulación del sistema de dependencia que tiene como centro la hegemonía de Estados Unidos reformula el postcolonialismo impactando a las ex colonias europeas con nuevas formas de dominación imperialista –las del capitalismo transnacionalizado– que se agregan al «colonialismo supérstite» derivado del dominio español. Mariátegui tiene también conciencia de la posicionalidad periférica del mundo postcolonial, marginal incluso dentro de la narrativa liberadora del materialismo histórico que, como se verá luego, enfoca los problemas del mundo no-industrializado recién en los escritos más tardíos de Marx, posteriores a 1860, y en términos que aún siguen siendo criticados desde dentro y fuera de esa filosofía.

4. Paradojas de una modernidad irrenunciable. La consideración de los rasgos que singularizan a la región andina (relaciones neofeudales de producción, centralidad de la cuestión racial como elemento que *inter-*

---

[8] Ésta es, probablemente, la única forma de totalización (concepto que se analizará en el capítulo «Ideología de la transculturación» de este ensayo) que escapa a los desgloses que Mariátegui percibe y teoriza a nivel nacional.

viene en la lucha de clases, presencia de elementos de socialización natural en las culturas autóctonas que preceden a todo proyecto de socialización programática, etc.) se combinan, en Mariátegui, con la reflexión sobre la modernidad y sobre el modo de inserción de la especificidad latinoamericana en el espacio civilizatorio transnacional. En el pensamiento de Mariátegui, modernidad y colonialidad son considerados aspectos intrínsecos a la lógica universal del capital y fenómenos históricos inescapablemente articulados a la identidad continental.

Señalando las posiciones sostenidas por Luis E. Valcárcel en *Tempestad en los Andes* (1927), respecto a los legados del mundo occidental, Mariátegui indica que, en su opinión, «ni las conquistas de la civilización occidental ni las consecuencias vitales de la colonia y la república, son renunciables», y recuerda un comentario que le suscitara el libro anterior de Valcárcel, *Del ayllu al imperio* (1925):

> Valcárcel va demasiado lejos, como casi siempre que se deja rienda suelta a la imaginación. Ni la civilización occidental está tan agotada y putrefacta como Valcárcel supone. Ni una vez adquiridas su experiencia, su técnica y sus ideas, el Perú puede renunciar místicamente a tan válidos y preciosos instrumentos para volver, con áspera intransigencia, a sus antiguos mitos agrarios. La conquista, mala y todo, ha sido un hecho histórico. La República, tal como existe, es otro hecho histórico. Contra los hechos históricos, poco o nada pueden las especulaciones abstractas de la inteligencia ni las concepciones puras del espíritu. La historia del Perú no es sino una parcela de la historia humana. En cuatro siglos se ha formado una realidad nueva. La han creado los aluviones de Occidente. Es una realidad débil. Pero es, de todos modos, una realidad. Sería excesivamente romántico decidirse hoy a ignorarla (*Mundial*, septiembre de 1925; cit. en Mariátegui s/f).

Retomando las críticas que la Escuela de Frankfurt hace a Marx cuando indica que éste no llega a avanzar más allá de la Ilustración en la desmitificación de la técnica ni en la idealización de la vida moderna, se podría subrayar aquí que Mariátegui se mantiene también apegado al *ethos* romántico de la modernidad entendida como una progresión histórica cuyo curso puede ser corregido (para incluir, por ejemplo, la acción transformadora de los nuevos actores sociales), pero no eludido ni despreciado en aras de una reivindicación arcaizante o nativista de tradiciones y modos premodernos de producción y socialización.[9] Se teje entonces en torno al tema de la modernidad una malla de sueños y prevenciones que, a través de un verdadero ejercicio de imaginación histórica, explora formas posibles de retener la promesa del progreso tecnológico, la urbanización, la industrialización y la institucionalidad, desplazando los riesgos de homogeneización, europeización y mercantilización de las relaciones sociales.[10] Sin embargo, Mariátegui entiende claramente que la colonialidad –«el colonialismo supérstite», en sus palabras– constituye, como diría Mignolo, «el lado oscuro de la modernidad» (2007), o sea, una dimensión inseparable de ésta, y un rasgo definitorio, sin duda contradictorio y polémico pero ya ineludible, en la sociedad contemporánea.

---

[9] Con respecto a las críticas frankfurtianas a la teoría marxista en torno al tema de la modernidad, Bolívar Echeverría señala lo siguiente: «Fuertemente influido, en contra de su estirpe hegeliana, por la visión del progreso técnico propia del Iluminismo francés que permeaba al Industrialismo inglés de su época, Marx no avanzaría en verdad en el camino de una crítica radical de la forma natural del mundo y de la vida en la época moderna. El ejemplo más claro es el que muestra a un Marx acrítico ante la idolatría de la técnica, confiado, como los filósofos del siglo XVIII, en que el desarrollo de las fuerzas productivas habrá de ser suficientemente poderoso como para vencer la "deformación" introducida en ellas por su servicio histórico a la acumulación del capital» (1998: 65). Aunque Echeverría reconoce que la Escuela de Frankfurt está discutiendo una concepción de la vida moderna que no estaba presente en el horizonte de Marx, entiende que el tema debe ser retomado para pensar la problemática de la modernidad desde nuestras actuales circunstancias. Sobre este punto, Kohan indica que «[e]l tratamiento marxiano de la modernidad se apoya implícitamente en un tipo de racionalidad dialéctica de neta herencia hegeliana. Intenta nutrirse –no siempre sin problemas y con no pocas contradicciones– tanto de la visión ilustrada, cientificista y moderna, como de la constelación cultural romántica, anticapitalista y crítica de la modernidad (recuérdese la huella del joven Goethe, para dar sólo un ejemplo en este último sentido)» (1998: 220). Dussel analiza también el tema de la modernidad aunque desde una perspectiva postmarxista cuando elabora su noción de *transmodernidad*.

[10] Las elaboraciones en torno a la desacralización y reencantamiento del mundo que marcan el pasaje de *El Manifiesto Comunista* –que Kohan alude como *Manifiesto* «modernista» (1998: 224)– a *El Capital* giran en torno al tema del fetichismo de la mercancía como noción central para el desarrollo de una teoría del valor. Esta teoría permite a Marx una visión crecientemente desmitificada del progreso y una concentración en los procesos de reificación, opresión y alienación que la modernidad trae aparejados. Como es obvio, sobre Mariátegui influye más la visión «modernista» del marxismo, ya que no llegó a conocer –aunque, podría pensarse, sí a intuir– algunos de los desarrollos marxistas publicados con posterioridad (ver nota 3 de este ensayo). Sobre los desplazamientos ideológicos que van de *El Manifiesto Comunista* a *El Capital*, ver Kohan (1998: 219-225). Sobre marxismo y modernidad, ver Löwy (1992).

Las tensiones entre emancipación y dependencia, clase y raza, tradición y modernidad, instituciones estatales y comunitarismo indígena, heterogeneidad y nación, europeización y telurismo, ocupan así el centro neurálgico del pensamiento de Mariátegui.[11] Éste concibe la contemporaneidad periférica no como un subproducto del capitalismo central ni como una anomalía arcaizante dentro de los proyectos civilizatorios del occidentalismo, sino como una realidad diferenciada, impactada desde sus orígenes por la violencia de la dominación colonialista, que el marxismo no pudo prever ni teorizar en su momento. Al mismo tiempo es justamente la conciencia social que se elabora a partir del materialismo histórico la que funcionará como plataforma para una inscripción *otra*, alternativa, de las formaciones sociales neocoloniales dentro del vasto espacio de la modernidad. Ésta es, para Mariátegui, como hemos visto, una dimensión irrenunciable, con tal de que las tensiones que atraviesan el proyecto moderno puedan ser articuladas a través de un proceso de descolonización del Estado y sus instituciones.[12] Sin embargo, cabe recordar también que no tiene por qué haber una sola modernidad, sobre todo cuando se trata de un modelo absorbido en áreas periféricas, por poblaciones con tradiciones, necesidades y deseos sustancialmente diferentes de los que guiaron el surgimiento y fortalecimiento de los paradigmas de modernización y progreso en el capitalismo cen-

---

[11] Será justamente la articulación que Mariátegui es capaz de concebir entre tradición y modernidad la que le permite resolver otros antagonismos y concretar propuestas nuevas que atienden a la especificidad del mundo andino. Según Cornejo Polar, «Mariátegui obviaba las voluntariosas e improbables predicciones del indigenismo más duro, que presuponía el futuro como un desarrollo de lo indígena, con la menor cantidad posible de contaminaciones foráneas, y en cambio producía una imagen convincente en la que lo nuevo, cualquiera que fuera su procedencia, se injertaba en el viejo tronco de la tradición nacional y lo hacía reverdecer» (1994b: 60).

[12] En el contexto andino, otras aproximaciones llegarían a conclusiones semejantes, al tratar de comprender la cuestión nacional y el comportamiento de las clases dirigentes y de las masas oprimidas en sociedades dependientes, multiétnicas y multiculturales. En el contexto boliviano, por ejemplo, el «*estado aparente*» al que se refiere René Zavaleta Mercado, retoma la idea de la cualidad fantasmática del Estado criollo-señorial, en el que predominan lógicas elitistas y aristocratizantes que no contemplan la naturaleza plural del sujeto nacional-popular en la región andina, y que imponen una ilusión de unidad y cohesión sobre la heterogeneidad de formaciones sociales marcadas a fuego por la violencia de la dominación colonialista y las dinámicas de la resistencia popular.

tral. Así, algunos han propuesto la idea de que Mariátegui percibía claramente la posibilidad de lo que ha venido a llamarse, en debates actuales, una «modernidad alternativa». Aníbal Quijano, por ejemplo, percibe en la obra de Mariátegui los fundamentos de un proyecto de modernidad que no pasaba por los ejes del occidentalismo eurocéntrico ni se plegaba a los lineamientos del capitalismo, sino que introducía una racionalidad *otra* en la interpretación de la historia y de sus posibles transformaciones, capaz de articular tradición y progreso, modernidad y premodernidad.[13] Cornejo Polar destaca, a su vez, la apuesta mariateguiana a favor de una modernidad andina, que no fuera copia de la eurocéntrica ni requiriera, como Mario Vargas Llosa sugiere en alguna de sus declaraciones, un proceso de desindigenización.[14]

5. Redefinición del sujeto colectivo. Utilizando categorías actuales, podría decirse que Mariátegui concibe al sujeto colectivo como a aquél que es agente y destinatario principal del cambio político y social en el Perú. Su pensamiento se mueve, en este sentido, entre dos extremos presentes en el horizonte ideológico de su tiempo. El primero, representado por el concepto de *masa*, entendido como conglomerado amorfo –«abigarrado», según Zavaleta Mercado– que posee una capacidad potencial de lucha y conlleva un acervo fermental de tradiciones y experiencias comunitarias. El segundo, el concepto fuertemente estructurado de *ciudadano*, elaborado como clave simbólico-institucional de los imaginarios nacionalistas. De cara a la ortodoxia marxista que ubicaba en la clase obrera el protagonismo revolucionario, Mariátegui debe redefinir la cuestión del sujeto social teniendo en cuenta el aún incipiente desarrollo de la diferenciación de clases en el Perú de la época. Por un lado, la burguesía nacional no se encontraba aún, en los años de Mariátegui, suficientemente diferenciada de la clase señorial y terrateniente, ni

[13] Ver, al respecto, Cornejo Polar (1994b) y Beigel (2003: 207-208).

[14] Reproduzco aquí la cita de Vargas Llosa aparecida en *Hispania* (traducción de la nota que Vargas Llosa publica dos años antes en *Harper's Magazine*) discutida por Cornejo Polar, tal como éste la presenta en su artículo: «Dice [Vargas Llosa]: "tal vez no hay otra manera realista de integrar nuestras sociedades que pidiendo a los indios pagar ese alto precio [esto es, 'renunciar a su cultura –a su lengua, a sus creencias, a sus tradiciones y usos– y adoptar la de sus viejos amos']; tal vez el ideal, es decir, la preservación de las culturas primitivas de América, es una utopía incompatible con otra meta más urgente: el establecimiento de sociedades modernas"» (1994b: 60, n. 10).

había podido desarrollar, por lo mismo, su propia agenda reivindicativa a nivel económico y político. Por otro lado, el proletariado peruano carecía aún del nucleamiento e identidad política necesarios para poder liderar un movimiento revolucionario, mientras que el campesinado, considerado por el marxismo –al menos hasta el «último Marx», secundario como vanguardia política– era mayoritario dentro de los sectores explotados en la región. Todos estos hechos exigen un ajuste creativo y heterodoxo de la doctrina marxista por parte del Amauta.[15] Hacia fines de 1915 Mariátegui es fuertemente impactado por los levantamientos de Rumi Maqui, que comenzando en Puno bajo el liderazgo de Teodomiro Gutiérrez Cuevas activan como una «onda sísmica», según dice Mariátegui, al campesinado de Puno. Mariátegui lo interpreta utópicamente como un movimiento restaurador detrás del cual se levanta la figura emblemática del Inca, que liga pasado y presente, contingencia y trascendentalismo, impulsando el ideal de la revolución incaica. A través de ésta, el impulso espontáneo y discontinuo de la masa se organizaría como acción política, proceso indicativo de la importancia y potencial de los sustratos populares que miran al Inkario como una forma idealizada de comunitarismo agrarista que se opone a la nación criolla (Flores Galindo 1980: 40-41).

Entre el nacionalismo burgués y la latencia subversiva de la multitud, el Amauta percibe la necesidad de una nueva concepción de sujeto nacional-popular capaz de redefinirse como antagonista de la máquina disciplinadora del Estado criollo y sus instituciones. Entiende, al mismo tiempo, que lejos de estar guiado por un sector social preestablecido, el proceso revolucionario responde más bien a las circunstancias históricas concretas y a los rasgos que caracterizan a cada formación social. El esclarecimiento del lugar que ocupa la noción de sujeto en la obra de Mariátegui conduce, obviamente, al análisis de su específica concepción de las clases sociales y de la adaptación que el pensador peruano realiza

---

[15] A partir de este hecho, Mariátegui elabora su posición acerca de la *transición socialista*, entendiendo que a medida que la clase obrera se va desarrollando, va produciéndose una paulatina proletarización del Estado. Como se sabe, el carácter de clase de la revolución es uno de los puntos de divergencia entre la perspectiva de Mariátegui y las posiciones más ortodoxas presentes en la III Internacional. Sobre la relación de «historia local y coyuntura mundial» que informa estos ajustes, ver Quijano (1979).

del marxismo para el caso particular de su país. Por un lado, Mariátegui se aparta de la teoría marxista en cuanto al papel crucial de las burguesías nacionales en el proceso revolucionario y en las luchas antiimperialistas, y de la definición del proletariado como el sujeto prioritario de la revolución. Mariátegui propone, en este sentido, una visión plural y aglutinante de sectores sociales que incluye y rebasa los límites del proletariado industrial, haciéndose extensiva a trabajadores agrícolas, miembros de las comunidades indígenas, empleados, estudiantes, intelectuales, mineros, educadores, etc., que forman parte de la que llama «la clase productora», o sea, todos aquellos que podían llegar a constituir un frente de lucha, un «sujeto plural histórico» amplio y variable, constantemente redefinido por la praxis y por las circunstancias político-sociales.[16] Ubicada conflictivamente entre el aparato ideológico del aprismo, por un lado, y el de la ortodoxia marxista, por otro, la definición del sujeto nacional-popular que surge del proyecto mariateguiano debe ser entendida como respuesta al populismo de Leguía y, particularmente, al principio de interpelación integrativa, no clasista, sobre el cual se erige esa corriente.[17] El proletariado no es, pues, el sujeto primario de la revolución, sino uno de sus componentes sociales y políticos. La posición mariateguiana, que atiende así a la condición multicultural de las sociedades andinas y a la contingencia histórica que iba dictando sobre la marcha las alianzas y negociaciones posibles entre los distintos sectores, se opone a cualquier polaridad de clases que redujera el conflicto social a un antagonismo mecánico. Reconoce, más bien, la naturaleza híbrida de las formaciones sociales andinas, que presentan elementos que no pudieron estar contemplados por la ortodoxia marxista, orientada mayormente a la teorización del conflicto de clases en sociedades

---

[16] Ver, en este sentido, Beigel, «La relación entre el proyecto mariateguiano y los sujetos sociales» (en 2003: 188-199). Sobre la relación clase-sujeto-nación, ver, en un espectro teórico más amplio, Laclau (1986) y Quijano (1993).

[17] Ver, al respecto, el capítulo dedicado a «Crisis y populismo en América Latina» así como «Indigenismo y nacionalidad en el Perú» en Moraña (1984). Es muy conocida, asimismo, la divergencia de Mariátegui en relación con la dirección estalinista presente en la III Internacional, particularmente en lo referido a la interpretación del imperialismo en América Latina y su vínculo con la lucha de clases. Mariátegui entendía el fenómeno imperialista como manifestación de la fase final del capitalismo (expansión transnacionalizada del capital, alianza internacional de la burguesía contra el proletariado).

avanzadas en la Europa del siglo XIX. El gamonalismo, la relación entre raza y explotación, la preponderancia social del campesinado y la tradición comunitarista del indio dan ejemplo de elementos distintivos de la sociedad andina, que exigen modelos interpretativos sustancialmente diferentes de los que provee la ortodoxia revolucionaria. En pleno siglo XXI muchos de esos rasgos continúan enclavados en economías y en organizaciones sociales en las que estructuras neofeudales coexisten en inestable equilibrio con formas modernas de producción y de dominación política y social, y requieren aún, como en tiempos de Mariátegui, paradigmas específicos de interpretación y acción social. Al percibir y tratar de elaborar el significado e importancia de estos elementos distintivos de la realidad andina, Mariátegui contribuye creativa y heterodoxamente al debate en torno a la definición de los agentes primarios del cambio social, poniendo en entredicho la tendencia a identificarlos *a priori*, a partir de la teoría, como protagonistas de los movimientos colectivos orientados a la transformación social. Sugiere que, al menos en sociedades postcoloniales, no existe un único sujeto revolucionario que pueda ser adscrito a una posicionalidad fija en la pirámide social. Propone, más bien, una constelación de sectores sociales –lo que Dussel identifica como «el bloque social de los oprimidos» (1995: 36)– que se definen como sujetos revolucionarios a partir del modo en que viven y elaboran política e ideológicamente su particular inserción en el aparato productivo y a partir del modo en que se vinculan con los proyectos de transformación económica y social de su tiempo.[18] José Ignacio López Soria hablará, en este sentido, del surgimiento de una autoconciencia del proletariado que funciona como una «identidad sujeto-objeto» que

[18] Desarrollando esta línea de la reflexión mariateguiana pero aplicándose estrictamente al plano cultural, Cornejo Polar discutirá también la noción de sujeto reconociendo el cuño romántico de este concepto en la modernidad, comparando las cualidades que se le atribuyen a los usos simplificadores de la categoría marxista de clase social. Según Cornejo Polar, también esta noción es vulgarmente utilizada con acepciones niveladoras que le atribuyen una coherencia interna, «identitaria», que no se ajusta a las complejidades culturales de los contextos a los cuales se aplica. Cornejo Polar elabora, más bien, una noción de «sujeto complejo, disperso, múltiple [...] que efectivamente está hecho de la inestable quiebra e intersección de muchas identidades disímiles, oscilantes, heteróclitas», definición que intenta «desmitificar al sujeto monolítico, unidimensional y siempre orgulloso de su coherencia consigo mismo» (1994a: 20-23).

es esencial para la formación de la conciencia de clase y que está intrínsecamente ligada a las relaciones de poder y a las condiciones materiales de existencia histórica de los trabajadores (1981: 34).

6. Lo anterior nos conduce a un aspecto que es fundamental en la visión mariateguiana: la crítica del concepto de totalidad, tanto en lo que se refiere a la concepción del Estado-nación como en lo concerniente a la definición del sujeto nacional-popular a que aludo en el punto anterior. Desde una perspectiva dependentista, Aníbal Quijano anotó en su momento la importancia fundamental que tiene la noción de *heterogeneidad* en Mariátegui como deconstrucción de la visión unitarista y homogeneizante que informa los proyectos de construcción nacional en América Latina y particularmente en el Perú.[19] El concepto de heterogeneidad no supone, en la perspectiva de Mariátegui, una noción meramente descriptiva de la diversidad social y cultural de la sociedad andina, sino el reconocimiento de la naturaleza estructuralmente conflictiva que caracteriza las relaciones entre los distintos sectores sociales en la región. En la medida en que ese rasgo es constitutivo de formaciones sociales compuestas por culturas múltiples que suponen etnicidades, tradiciones, intereses y visiones del mundo no sólo diferentes sino antagónicas con respecto a los sectores criollos dominantes ya desde antes de la colonia, cualquier proyecto emancipatorio debía basarse en el reconocimiento y reivindicación de los sustratos populares, nunca efectiva y productivamente articulados en la organización republicana.[20] Dussel

[19] En el Perú, a partir de la teorización mariateguiana, Aníbal Quijano sería de los primeros en advertir la potencialidad política del concepto de heterogeneidad como herramienta teórica para deconstruir la ideología nacionalista y las formas de dominación sobre las que ésta se asienta. Quijano se ha referido, así, a la «tensión de la intersubjetividad» que a partir del trauma de la colonización europea, caracteriza a los imaginarios latinoamericanos (1988: 58). En el plano cultural, Antonio Cornejo Polar realizaría, a partir de los años setenta, una utilización productiva del concepto de heterogeneidad al campo cultural y particularmente literario, poniendo énfasis sobre el carácter no dialéctico de la conflictividad regional. Sobre los usos y evolución del concepto de heterogeneidad en Cornejo Polar, ver Moraña (1996).

[20] En un sentido similar al de Mariátegui, otros analistas de la cuestión andina intentaron también teorizar la multiplicidad etno-cultural de la región *vis-à-vis* de los proyectos de consolidación nacional, teniendo en cuenta que éstos suponen la unificación en torno a las instituciones del Estado, la homogeneización de la ciudadanía, etc., y que tales condiciones contradicen la naturaleza multifacética de las formaciones sociales

habla del papel fundamental que Mariátegui asigna a las categorías principales de clase, etnia, pueblo y nación, elaboradas a partir de las especificidades de la sociedad andina. Como el autor de los *7 ensayos* reconoce, esas categorías no pueden aplicarse puras al análisis de la región, ya que si bien constituyen parte de la epistemología dominante y del vocabulario tradicional de las ciencias sociales, chocan contra la realidad de hibridaciones y trans-temporalidades que rebasan los límites conceptuales que habitualmente se adjudica a esos términos.[21]

La conflictividad estructural que Mariátegui advierte como rasgo principal de las sociedades andinas no se limita, entonces, a los lugares que cada sector ocupa en las formaciones sociales de la región, sino que alcanza también a los parámetros cognitivos que corresponden a cada

---

andinas, marcadas por la desigualdad social desde la colonia. Fernando Calderón, refiriéndose a esto, indica que en el caso boliviano, en efecto, «fueron muy importantes los estudios sobre la cuestión nacional que realizaron Sergio Almaraz Paz y René Zavaleta Mercado, preocupados como estaban por comprender el problema de la constitución nacional y las vinculaciones entre las fuerzas externas y los procesos internos. El primero interesado más en la crítica al comportamiento psico-social de las nuevas clases dirigentes; el segundo más obsesionado por las fuerzas de las masas, pero ambos instalados en el tema de cómo construir una nación en un país dependiente en medio de una sociedad abigarrada». Sin embargo, agrega Calderón, «[e]s curioso cómo Almaraz y Zavaleta no lograron analizar la cuestión nacional desde la óptica del pluralismo socio-cultural, especialmente respecto del problema étnico y campesino pero también urbano y regional, temas por lo demás tan afines al pensamiento gramsciano y a la construcción de una democracia pluralista» (1991: 157). Zavaleta Mercado (1986) elabora su concepto de «sociedad abigarrada» (en muchos sentidos similar a la idea de «heterogeneidad» que establece Mariátegui y de «totalidad contradictoria y no dialéctica» de Cornejo Polar) para referirse a la complejidad de la formación social boliviana, en la que se aglutinan diversas temporalidades, modos de producción, e imaginarios que no se encuentran coherente o productivamente articulados a la «totalidad» de la nación. Al estudiar la obra de Zavaleta Mercado, Luis Tapia asocia, en una laxa relación, el concepto de sociedad abigarrada al barroquismo, tal como éste es definido por Carpentier ya que, según Tapia indica, «el barroco es un tipo de producción cultural que se hace sobre las condiciones del abigarramiento social» (2002: 320). Esta aproximación tiende a «naturalizar» ese abigarramiento como una *cualidad* de lo americano quitando fuerza, a mi criterio, al concepto de contenido más político, de Zavaleta.

21 Como Dussel indica, para dar un ejemplo, «las comunidades indígenas no son clase ni nación-Estado, sino etnias o naciones originarias, anteriores a los Estados criollos-mestizos del capitalismo dependiente y deben ser tratados como sujetos autónomos en los niveles político, económico, cultural, educativo, religioso, etc.» (1995: 37).

tradición cultural, y a las modalidades axiológicas que de ellos derivan. En este sentido, Mariátegui no sólo elabora temprana y fervorosamente la noción de *diferencia* que se constituiría en uno de los conceptos claves del postcolonialismo y en general del pensamiento postestructuralista y postmarxista desde los años ochenta, sino que promueve la articulación de *diferencia y desigualdad* como elementos centrales para una crítica de la nación burguesa y la modernidad y para un efectivo avance hacia el socialismo.[22] Si la *diferencia* instala la cuestión socio-cultural como aspecto inescapable del debate ideológico al reconocer la naturaleza *pluri-multi* de las sociedades y culturas latinoamericanas, el énfasis en la *desigualdad* social recalca la base económica y política sobre la que se apoya la nación criolla ya desde la colonia y cuyos privilegios, jerarquías y exclusiones legitimaría la República.[23] Esa noción impide limitar el

---

[22] Es importante retener aquí la distinción realizada por Homi Bhabha entre las nociones de diversidad y diferencia cultural. La noción de *diversidad cultural* apunta a un «objeto epistemológico» («la cultura como objeto de conocimiento empírico», mientras que el concepto de *diferencia cultural* designaría un proceso de enunciación de la cultura como «conocible», o sea, un proceso de significación vinculado a la producción de campos de fuerza e identificación social. Para Bhabha, la noción de diversidad cultural, apoyada en el relativismo, da lugar a elaboraciones liberales en torno a las políticas de multiculturalismo. «La diversidad cultural es también la representación de una retórica radical de separación de las culturas totalizadas que viven incontaminadas por la intertextualidad de sus localizaciones históricas, a salvo en el utopismo de la mítica memoria de una identidad colectiva única» (1994: 34; mi traducción). Bhabha quiere más bien llamar la atención sobre los problemas relacionados con la *diferencia cultural* como espacio en el que se producen luchas de poder en las que se manifiestan esfuerzos por ejercer supremacía cultural o autoridad cultural en los procesos de identificación cultural (dominación epistemológica). Las puntualizaciones de Bhabha tienen utilidad para la reflexión sobre la concepción cultural(ista) mariateguiana, que reconoce la necesidad de establecer modelos, tradiciones, sistemas de referencia alternativos a los dominantes y que logra percibir el drama histórico de la diferencia y la desigualdad allí donde las perspectivas liberales sólo alcanzan –en el mejor de los casos– a reconocer la evidencia de lo diverso (ibíd.: 31-39).

[23] Según Quijano: «Determinadas sociedades se establecen como un orden de dominación entre grupos sociales portadores de universos culturales distintos estructuralmente, no sólo en cuanto a los elementos que las constituyen, a su modo de ordenamiento interno, sino también a su orientación valórico-cognitiva básica [...]. La categoría "heterogeneidad estructural" fue acuñada en América Latina, después de la Segunda Guerra Mundial, para dar cuenta del modo característico de constitución de nuestra sociedad, una combinación y contraposición de patrones estructurales cuyos orígenes y

debate al mero reconocimiento de las distintas vertientes que componen las culturas latinoamericanas y a la necesidad de encontrar armonía o síntesis que pudieran resolver los antagonismos sociales, instalando más bien la discusión en el terreno del conflicto social, en el cual se enfrentan beligerantemente sectores sociales con agendas encontradas y frecuentemente irreconciliables. Es a partir de esta conciencia de la *diferencia* que Mariátegui podrá advertir las divergencias entre Estado y nación que aquejan a las formaciones sociales latinoamericanas hasta el día de hoy. El Estado, en tanto núcleo político-administrativo de autoridad y poder, es visto así como la instancia necesaria para la institucionalización de la unidad deseada, la administración de políticas identitarias y la centralización de proyectos sociales. La nación, por su lado, es conceptualizada como el espacio de territorialización de sujetos que coexisten conflictivamente bajo el sistema criollo de dominación nacional. De los desfases entre ambas instancias –Estado y nación– resultan las constantes rupturas de la institucionalidad, las experiencias autoritarias y el debilitamiento progresivo de la sociedad civil que ha caracterizado la historia regional. En otras palabras, determinado por la matriz eurocéntrica de la que surge, el concepto de nación adoptado e implementado a través de la dominación criolla desde la Independencia, no se adapta a las condiciones multiculturales y multiétnicas que caracterizan a la región andina. La incapacidad del Estado para gestionar con políticas identitarias la *diferencia* cultural y responder con transformaciones estructurales profundas al drama de la *desigualdad* socio-económica impide pensar la formación social andina tanto a nivel regional como nacional en términos de organicidad, totalización, armonía o síntesis. Para Mariátegui, el socialismo, arraigado en vertientes que representan las tradiciones e intereses de los sectores populares, es la única forma no ya de cuestionar sino de *intervenir* de manera radical a la república bur-

naturaleza eran muy diversos entre sí». Como Quijano consigna, el concepto de heterogeneidad estructural es usado por él mismo en su libro *El proceso de urbanización en América Latina* (1966) y por Aníbal Pinto en *Tres ensayos sobre Chile y América Latina* (1971) (Quijano 1988: 28-29). Mirko Lauer se hace eco de esta genealogía del concepto de heterogeneidad, cuyo uso en la sociología antecede a su aplicación en el campo de la crítica literaria (Lauer en Velázquez Castro 2002: 140; agradezco a Sergio R. Franco esta referencia). Sobre la coexistencia conflictiva de sectores sociales y culturas que proceden de diversas tradiciones, ver asimismo Quijano (1980: 28).

guesa y de elaborar productivamente el conflicto social buscando soluciones que no impongan una homogeneización programática de la sociedad andina ni se detengan en el sueño utópico de un consenso democrático que sólo sería indicativo de la capitulación de los pueblos indígenas y otros sectores explotados de la sociedad andina.

7. Redefinición de la intersubjetividad y de su función en los procesos de transformación social y rearticulación de las relaciones Estado/sociedad. Para la construcción de la utopía de un socialismo indoamericano, Mariátegui confiere especial relevancia a la coexistencia conflictiva de múltiples universos simbólicos que obligan a la elaboración de un discurso emancipatorio capaz de interpelar a los distintos estratos y sectores sociales y de articularlos en torno a una agenda común. La constitución socio-cultural discontinua y disgregada que caracteriza a la región obviamente desborda los parámetros de la racionalidad instrumental iluminista, requiriendo una reconstrucción del sentido histórico de la modernidad y una modificación sustancial de sus modelos cognitivos y de sus formas de acción social. En su intento por redefinir el sujeto nacional-popular en el Perú, Mariátegui analiza el papel del mito y de la religión, es decir, de los fenómenos de creencia, como elementos dinamizadores de la acción política.[24] Entre esos elementos se

---

[24] Según Mariátegui indica en el prólogo al libro de Valcárcel, el valor del mito había sido ya descubierto por George Sorel como reacción al «mediocre positivismo» del socialismo de su tiempo. Mucho se ha escrito acerca de la influencia de George Sorel y, a través de él, de Henri Bergson y el pragmatismo, en la obra del Amauta. Estas influencias, así como las de Benedetto Croce y Miguel de Unamuno, conectan con la inclinación mística del primer Mariátegui y con sus intereses éticos y estéticos, que con frecuencia lo conducen a una teorización heterodoxa sobre cuestiones socio-culturales y sus vinculaciones con la política. Como es sabido, la polémica obra de Sorel, con la cual Mariátegui entra en contacto durante su estadía en Italia y a la cual cita profusamente en sus escritos, también gozaba de la admiración de Gramsci. Pasando de su etapa monárquica al marxismo, Sorel contrapone al racionalismo y utopismo de Marx los principios del cristianismo, profundizando sobre las implicaciones morales de la política y sobre la legitimidad de la violencia revolucionaria. Desde esas bases elabora una variante radicalmente heterodoxa del marxismo: el anarcosindicalismo o sindicalismo revolucionario. Considera la decadencia de la civilización como un mal que afecta a todos los niveles de la sociedad occidental, y termina oponiéndose al materialismo histórico, al materialismo dialéctico, al internacionalismo y a cualquier afiliación partidista del proletariado. De acuerdo con los principios de la I Internacional, entiende que los trabajadores constituyen una clase autónoma que se redimirá históricamente a partir de su propia dinámica

encuentra el optimismo revolucionario, la «fe heroica» que, a partir de una valoración realista de las circunstancias históricas, permite a los actores sociales reconocerse en una agenda común y combatir por un orden nuevo.[25] De ahí la importancia que Mariátegui confiere al ya mencionado ensayo de Valcárcel, *Tempestad en los Andes*, al que considera un libro profético (con «algo de evangelio y algo de Apocalipsis»), en el que se consignan los mitos que alientan los imaginarios e inspiran las acciones de las comunidades indígenas. En el comienzo del ensayo titulado «El problema del indio. Su nuevo planteamiento» Mariátegui indica, citando a Valcárcel:

> No es la civilización, no es el alfabeto del blanco, lo que levanta el alma del indio. Es el mito, es la idea de la revolución socialista. La esperanza indígena es absolutamente revolucionaria. El mismo mito, la misma idea, son agentes decisivos del despertar de otros viejos pueblos (1979a: 35, n. 1).

De ahí también la importancia concedida al sentimiento mesiánico como componente fundamental para lograr la adhesión de la masa y para impulsar el «idealismo materialista» que guiaba el proyecto revolucionario. Tanto en los *7 ensayos* como en *Defensa del marxismo*, Mariátegui elabora el carácter «esencialmente religioso» del comunismo como herramienta no sólo de superación de la injusticia social y de solidaridad interclase, sino de elevación espiritual de los pueblos.[26] A la luz de deba-

---

revolucionaria, sin vinculación con las instituciones establecidas, incluidos los partidos políticos. Otros autores, como Michael Löwy, han visto más bien a Mariátegui como representante de un «marxismo romántico» que indicaría la crisis de la racionalidad instrumental instaurada con el Iluminismo y la búsqueda de una dimensión que articule presencia y deseo, realidad e ideal, integrando elementos arcaizantes de la premodernidad en el proyecto socialista. Ver, al respecto, Löwy (1993), así como la entrevista a este pensador realizada por Néstor Kohan (s/f).

[25] Como es sabido, el lugar de la creencia es reconocido también por los libertadores como un elemento fundamental en la activación de la masa y en su participación en los proyectos independentistas. Bolívar afirma, por ejemplo, en la «Carta de Jamaica», al referirse a la importancia de la Virgen de Guadalupe en la independencia de México, que «el entusiasmo político ha formado una mezcla con la religión, que ha producido un fervor vehemente por la sagrada causa de la libertad».

[26] Para Mariátegui, ese «libro profético» que es *Tempestad en los Andes* anuncia un mesianismo político a partir del indigenismo. Sobre la «espiritualización del marxismo»

tes y teorías más actuales, mucho podría decirse sobre la relación que Mariátegui establece entre mito y política, creencia y cambio social. Este tipo de articulaciones, también traducible en los dualismos materialidad/espiritualidad o particularismo/universalidad, indican una polaridad de base cristiana que atañe a la «lógica de la espectralidad» analizada por Derrida y otros deconstructores del marxismo. Baste decir que el tema sienta las bases para un debate sobre las posibilidades de una «ontología sin fantasmas» y sobre la discusión del marxismo, implícita en Mariátegui, en tanto «escatología mesiánica» (la idea de la teoría y la praxis revolucionaria –emancipatoria– como «promesa», con sus consecuentes connotaciones ético-existenciales).[27]

Como antes se indicara en este ensayo, otro elemento fundamental en el análisis de las relaciones intersubjetivas que Mariátegui redefine a través de su obra es la incorporación del tema de la diferencia cultural y de los elementos étnico-raciales que atraviesan la formación social andina, y que el Amauta ve como esencial para la constitución de la peruanidad incluyente concebida desde los horizontes ideológicos del socialismo. La *diferencia* implica, en Mariátegui, no solamente la incorporación de la noción filosófica de alteridad y la percepción de una *otredad* retórica, sino la delimitación de una posicionalidad histórica y política concreta, éticamente *situada* en relación con las relaciones de poder y las alternativas político-ideológicas de una época.[28] Desde esa concepción de la diferencia, busca definir la identidad social sin esencialismos; a

---

en Mariátegui, ver Beigel (2003: 208-211), Paris *et al.* (1973), Guadarrama González (1994), así como Quijano (1979: li-lvi), quien discute, entre otras interpretaciones, la de Paris.

[27] Esta discusión implica una reinterpretación de Mariátegui, que aún está por hacerse, a partir de la deconstrucción que hace Derrida del marxismo y de las teorizaciones que desde Derrida se han realizado sobre el tema de la emancipación. Ver, al respecto, por ejemplo, los comentarios de Laclau a *Espectros de Marx* (1996). Sería asimismo productivo establecer interrelaciones crítico-teóricas entre Mariátegui y Benjamin, sobre todo en lo vinculado al modo en que conciben la modernidad, y en lo relacionado con la elaboración heterodoxa del marxismo que ambos realizan en distintos, pero convergentes, registros.

[28] Puede verse, al respecto, Fernández Díaz (1991), que elabora sobre el tema de subjetividad/otredad en la visión revolucionaria de Mariátegui, así como sobre la importancia histórico-ideológica de la revista *Amauta*.

partir de la materialidad de que se nutren la experiencia y la conciencia social.[29] El método mariateguiano articula dialécticamente espiritualidad y materialidad, con atención principal a las relaciones de poder y sin perder de vista los elementos subjetivos que integran y modelan lo social y que permiten entender lo que el Amauta llama «el humanismo absoluto de la historia».

Aníbal Quijano alude a esta nueva forma de concebir las relaciones sociales y las estructuras de dominación que se implantan a nivel planetario justamente a partir de la conquista de América y del consecuente fortalecimiento del capitalismo mundial (Quijano 1991). Al hablar del sistema de «clasificación social» y de su influencia en el pensamiento mariateguiano, Quijano entiende que en la categoría de raza tiene en el autor de los *7 ensayos* un sentido bidimensional que «se refiere simultáneamente a las características biológicas y a la historia civilizacional particulares de un grupo humano» (Quijano 1993: 17). Esto le permite entender la articulación raza/poder tanto en el aspecto de la explotación económica (feudalización, gamonalismo) como en su naturalización a nivel de los imaginarios colectivos. Las identidades sociales y las relaciones intersubjetivas son así resultado de las estructuras y las dinámicas de dominación que van rearticulándose históricamente y que es necesario guiar hacia la utopía integrativa del socialismo. Esta integración no es, en la visión de Mariátegui, sinónimo de centralismo ni de homogeneización, sino que apunta a la crisis de un sistema de privilegios y legitimación del poder y consecuentemente, como aventura Quijano, hacia formas *otras* de organización estatal (estados plurinacionales, nuevos Estados-nación, etc.) que puedan rebasar al modelo eurocéntrico y estar más de acuerdo con las necesidades y particularismos de la sociedad andina.

[29] Cabe recordar, en este sentido, las posiciones expresadas por Mariátegui en *Defensa del marxismo*, donde polemiza con el social-demócrata belga Henri de Man. Entre otras cosas, el libro expone las ideas de Mariátegui sobre la función del proletariado, la dimensión subjetiva de la lucha social y los ejes ideológicos que definirían su «filosofía de la praxis», rebatiendo las posiciones reformistas y desencantadas de De Man y los argumentos sobre el determinismo y voluntarismo del marxismo, siempre enfatizados por los detractores de esta filosofía.

Hacia una descolonización del Estado

Junto a la crítica de la nación como estructuración totalizante, impuesta sobre la heterogeneidad de las culturas que componen las formaciones sociales en la región andina, crítica que se vincula al más amplio cuestionamiento de los paradigmas excluyentes y estamentalistas de la modernidad eurocentrista, Mariátegui enfatiza la necesidad de transformar el orden estatal a partir de estrategias que articulen productivamente las necesidades, tradiciones y expectativas del sujeto social plural que define en sus ensayos, destacando el papel protagónico que correspondía a las comunidades indígenas en la lucha social. Es obvio que, en su opinión, el Estado no coincide con la nación: no representa los intereses multiculturales de la población nacional, ni puede satisfacer las necesidades de los sectores marginalizados desde la colonia, ni eliminar los privilegios de la elite blanco-criolla que controlaba los medios de producción y administraba, desde los aparatos ideológicos del Estado, una concepción verticalista, homogeneizante y reduccionista de la identidad peruana.[30] Desde la perspectiva del Amauta, la descolonización del Estado implicaba, ante todo, revertir las estructuras de dominación que fueran impuestas desde la conquista y que se prolongaran en la República reafirmando la hegemonía oligárquica.[31] Este proceso de descolonización, impulsado ya años antes por Manuel González Prada, suponía, en gran medida, una *etno-racialización* del Estado, como principio crítico-

---

[30] Esta divergencia entre Estado y nación es advertida también, en el caso boliviano, por el ya mencionado Zavaleta Mercado (ver nota 12), quien advierte las contradicciones de una *nacionalización sin igualación* y descubre en la *desarticulación* social el carácter más definitorio de la «abigarrada» sociedad andina. Al respecto Rossana Barragán indica, al referirse al libro de Luis Tapia *La producción del conocimiento local*: «Tapia nos recuerda que cuando Zavaleta hablaba de formación social abigarrada se refería no sólo a la coexistencia de distintas temporalidades, de distintas formas políticas en un mismo espacio, sino fundamentalmente a la desarticulación que existía entre estos factores conformantes del entramado social. La desarticulación de estas formas sociales es lo que principalmente define su carácter abigarrado» (s/f: 3).

[31] En palabras de Guillermo O'Donnell, «[e]l Estado garantiza y organiza la reproducción de la sociedad *qua* capitalista porque se halla respecto de ello en una relación de complicidad estructural [...]. La sociedad capitalista es un sesgo sistemático y habitual hacia su reproducción en tanto tal: lo mismo es el Estado, aspecto de ella» (cit. por Dussel 1990: 281, n. 112).

interpelativo y también como plataforma político-reivindicativa desde la cual fuera posible construir un nuevo proyecto de nación, pensado como estructura abierta, pluricultural y multiétnica.[32] El programa mariateguiano implica así no la negación del concepto de raza, sino su resignificación y politización radical. El concepto de raza se convierte en uno de los ejes de la visión mariateguiana, ya que permite la comprensión tanto del sistema de clasificación social sobre el que se organiza la sociedad criolla desde la colonia, como la perpetuación hasta el presente de esos mismos principios, jerarquías y privilegios.[33]

Apoyándose en Gramsci, Mariátegui concibe al Perú como el producto de diversas instancias de dominación que culminaron en un «colonialismo doméstico» imposible de analizar sin comprender que la categoría de clase está atravesada tanto por la problemática etno-racial como por elementos de subjetividad colectiva. Estos factores que conforman la intersubjetividad comunitaria están fuertemente arraigados en tradiciones, memoria histórica, creencias, mitos, etc., o sea, en elementos del pasado indígena que constituyen un conglomerado de rasgos diferenciales en la región y que denotan la existencia de un sujeto social que existe beligerantemente en las afueras de la tradición blanco-criolla.[34] Sin embargo, vale la pena enfatizar que aun partiendo de la con-

[32] Es bien conocida la admiración que sentía Mariátegui por González Prada y la influencia que tuvo sobre el autor de los *7 ensayos* la prédica fervorosa de su predecesor, en cuya palabra, según Mariátegui, se encuentra el germen del nuevo espíritu nacional. A pesar de la orientación anarco-positivista del autor de *Pájinas libres*, Mariátegui sostiene que con González Prada empiezan a superarse las limitaciones de la colonia y se efectúa la entrada al período cosmopolita. Asimismo, con ese autor se reconoce por primera vez en el Perú el papel de la masa como fuerza social y la debilidad de cualquier proyecto de nación que desconozca su importancia y sus necesidades. Dice González Prada en el célebre discurso del Politeama de 1888: «No forman el verdadero Perú las agrupaciones de criollos y extranjeros que habitan la faja de tierra situada entre el Pacífico y los Andes; la nación está formada por las muchedumbres de indios diseminadas en la banda oriental de la cordillera». Ver, en González Prada (1985), principalmente *Pájinas libres* (1894) y *Nuestros indios* (escrito en 1904 y publicado póstumamente).

[33] Sobre la relación entre colonialidad y raza, ver los desarrollos que a partir de Quijano realiza Walter Mignolo en su definición de la *diferencia colonial*. Ver asimismo Quijano (1997 y 2006b).

[34] «Al explorar las vinculaciones político-intelectuales entre Gramsci y Mariátegui, Timothy Brennan ha notado cómo este último parece traducir la noción gramsciana de

ciencia plena de la importancia que el problema etno-racial tiene en la región andina, tanto en su concepción del Estado nacional como en su más amplia visión internacionalista, Mariátegui se aparta de una solución nativista, que se mantuviera cerrada a todo contacto con corrientes de pensamiento y experiencias políticas ajenas a la cuestión indígena, y que pudiera manifestarse como renuente a posibles alianzas supranacionales. Su pensamiento se orienta más bien hacia el reconocimiento de la relación, que él califica de «obvia», entre movimientos indígenas y movimientos revolucionarios a nivel planetario. La temporalidad de las culturas vernáculas se reactiva en el presente, combinándose con los elementos de una modernidad que debe ser domesticada, asimilada a las necesidades del sujeto social específico que Mariátegui concibe como aquél que hunde sus raíces en las etapas prehispánicas, sufre la depredación colonialista primero y oligárquico-republicana después, y emprende finalmente el camino hacia el socialismo, en busca de la restitución de sus derechos y de su dignidad humana.

De este modo, la instancia nacional tiene como base la *ruina* –para usar aquí el concepto benjaminiano– de la prehispanidad, y la fragmentación del tiempo-espacio que se impone con las sucesivas olas modernizadoras a partir de la conquista:

> El Perú es todavía una nacionalidad en formación. Lo están construyendo sobre los inertes estratos *indígenas*, los aluviones de la civilización occidental. La conquista española aniquiló la cultura incaica. Destruyó el Perú autóctono. Frustró la única peruanidad que ha existido. Los españoles extirparon del suelo y de la raza todos los elementos vivos de la cultura indígena. Reemplazaron la religión incásica con la religión católica romana. De la cultura incásica no dejaron sino vestigios muertos. Los descendentes de los conquistadores y los colonizadores constituyeron el cimiento del Perú actual (Mariátegui 1979b: 26).

No se puede pasar de la aniquilación de lo autóctono a la construcción de lo nacional sin una configuración identitaria incluyente que

---

colonialismo doméstico al Perú, de modo que el lenguaje de clase lleva los ropajes de raza y etnicidad, y donde cada una de estas categorías corresponde a una sub-población cuyas propias historias y tradiciones poseen un potencial desigual para sentar las bases de una aún no realizada cultura nacional» (Young 2001: 199; mi traducción).

incorpore a la sociedad civil la *diferencia* (y no sólo celebre la *diversidad*) entendiéndola como *desigualdad* radical y convirtiendo entonces al Estado en una instancia restitutiva, descolonizadora:

> Una política realmente nacional no puede prescindir del indio, no puede ignorar al indio. El indio es el cimiento de nuestra nacionalidad en formación. La opresión enemista al indio con la civilidad. Lo anula, prácticamente, como elemento de progreso. Los que empobrecen y deprimen al indio, empobrecen y deprimen a la nación. Explotado, befado, embrutecido, no puede el indio ser un creador de riqueza. Desvalorizarlo, depreciarlo como hombre equivale a desvalorizarlo, a depreciarlo como productor [...]. Cuando se habla de la peruanidad, habría que empezar por investigar si esta peruanidad comprende al indio. Sin el indio no hay peruanidad posible (Mariátegui 1979b: 32).

El tema de la «peruanidad», que conecta con el mito romántico de la «esencia» de lo nacional, aparece aquí presentado como proceso y, sobre todo, como deseo. Como Neil Larsen analizara, la nación peruana sería así, en la perspectiva mariateguiana, una forma en busca de su contenido, una configuración de carácter histórico, político y administrativo que no termina de apropiarse productivamente de los elementos que la constituyen (lengua, costumbres, formas culturales diversas y antagónicas), los cuales coexisten inorgánicamente en el interior de la formación social que los abarca. Como proceso discontinuo, inconcluso, quizá sin completitud posible, la peruanidad debe aprehender e integrar las diversas vertientes que componen el «alma» nacional a través de un proceso emancipatorio y descolonizador que ofrezca al pueblo indígena y a los demás componentes de la nación peruana plataformas epistemológicas (cognoscitivas y representacionales) incluyentes y abiertas a las problemáticas planteadas por la *diferencia* y la *desigualdad* que caracterizan a la sociedad andina desde la colonia. Sólo así los elementos autóctonos, marginalizados o subalternizados por los proyectos dominantes podrán integrarse productivamente a la estructuración republicana y reivindicarse como componentes orgánicos de lo nacional.[35]

---

[35] Larsen identifica el tema de lo nacional como uno de los debates centrales del latinoamericanismo. En su opinión, la reflexión sobre este punto se realiza a partir de una «estéril oscilación» entre dos formas de reificación o de mitificación ideológica: por un lado, la «falacia esencialista», donde la nación se corresponde con algo dado, con un

Los «puntos ciegos» del marxismo: colonialismo, nación, colonialidad

Los aspectos hasta aquí analizados muestran la aguda percepción mariateguiana de la complejidad y especificidad de la región andina y dejan en evidencia la creatividad del Amauta en la interpretación y aplicación de la teoría marxista a la problemática latinoamericana. Como es sabido, la doctrina socialista no ofreció todas las respuestas a los problemas que el capitalismo tardío plantea en nuestra época, ni cubrió aspectos que son claves para la emancipación de sectores marginalizados en sociedades postcoloniales. Consecuentemente, fenómenos socio-económicos propiamente latinoamericanos (como el gamonalismo, la coexistencia de modos modernos y premodernos de producción, y el desarrollo de formas concretas de dependencia en áreas periféricas del capitalismo) y fenómenos políticos (como el proceso de formación del Estado-nación en el mundo postcolonial, el nacionalismo, el populismo, etc.) reclamaron un tratamiento a la vez original y tentativo por parte de Mariátegui.

Además de las elaboraciones que ha recibido el tema de la nación en relación con la teoría marxista, es ya un lugar común reconocer que Marx no llegó a comprender a cabalidad el sentido de las independencias latinoamericanas, ni la misión histórica de los libertadores como figuras claves para la desarticulación del colonialismo «formal» en Latinoamérica.[36] En este sentido, los conocidos juicios de Marx sobre Simón

objeto empírico inerte e inmediato, que se relaciona de modo transparente y mecánico con los imaginarios colectivos; por el otro, la «falacia textualista» donde el concepto de nación es entendido como un constructo variable y contingente, «efecto» o «ilusión» derivado de las narrativas que cada cultura genera a partir de sus imaginarios. La perspectiva de Mariátegui entregaría una alternativa a esas disyuntivas, al combinar la materialidad de lo nacional –que no *precede* pero sí *preside* las elaboraciones ideológicas– y la dimensión ideológica (representacional), a partir de la cual se expresan los imaginarios colectivos con una dimensión temporal (de desarrollo histórico e integración de temporalidades simultáneas) y con la elaboración sobre el poder como instancia determinante para la articulación de elementos sociales y políticos en la constitución de *lo nacional.*

[36] Como es sabido, en su nota sobre Simón Bolívar (solicitada por Charles Dana, director del *New York Daily Tribune* en 1857, como contribución a las biografías que se incluirían en la *New American Cyclopaedia*), Marx expresa sus críticas a la emancipación latinoamericana, considerando que se trataba de una serie de movimientos que representaban los intereses de la elite criolla y favorecían una orientación aristocratizante del

Bolívar, a quien el filósofo prusiano considerara, entre otras cosas, mero instrumento de la elite criolla, constituyen sólo uno de los elementos que con más frecuencia utilizan quienes se empeñan en descalificar sin más a esa teoría por sus «usos» políticos concretos o por quienes se esfuerzan, más constructivamente, por analizar la real vigencia del marxismo para la realidad latinoamericana de nuestros días. Entre estos últimos, Santiago Castro-Gómez, por ejemplo, ha llamado la atención sobre el hecho de que la realidad neocolonial no es teorizada por el marxismo por encontrarse fuera del espectro social europeo hacia mediados del siglo XIX. No sería sino en los escritos del último Marx que se encontrarían reflexiones sobre el fenómeno del colonialismo y aun en esos casos, según el crítico colombiano, ese fenómeno no aparecería sino como un «efecto colateral de la expansión europea», o sea, como un estadio *necesario* para el surgimiento de las burguesías y la incorporación de América a la Historia Universal. La periferia latinoamericana se habría situado entonces, para Marx, en un momento histórico anterior al europeo en cuanto a desarrollo económico, político y social –un estadio preburgués, precapitalista, premoderno– en el que sobrevivían aún formas de explotación y prácticas estamentales instauradas por la colonización y perpe-

poder político, con rasgos de bonapartismo. Marx estima que estos movimientos desviaban la agencia revolucionaria tanto de las burguesías nacionales como de las clases populares, las que eran percibidas por él como sujetos primarios de la revolución popular. El juicio de Marx, que pasa por alto la problemática mayor del colonialismo e incluye imprecisiones biográficas, así como exaltados juicios históricos e improperios sobre la persona de Bolívar, a quien en carta a Engels del 14 de febrero de 1858 Marx califica de «cobarde, brutal y miserable», ha dado pie a múltiples polémicas y ha sido utilizada como argumento por los detractores del marxismo. Como Aricó y otros señalan, el propio Marx corregiría muchos de esos juicios en escritos más tardíos. Es interesante notar que en la misma carta ya mencionada, Marx incluye una observación sobre el carácter mítico del movimiento bolivariano que conecta en varios niveles con la idea de mito como motor de la historia, que manejaría luego Mariátegui: «La fuerza creadora de los mitos, característica de la fantasía popular, en todas las épocas ha probado su eficacia inventando grandes hombres. El ejemplo más notable de este tipo es, sin duda, el de Simón Bolívar». Del contexto de esa frase se deduce que la noción de mito es utilizada aquí por Marx en sentido derogatorio. Sobre la correspondencia de Marx a Engels, ver Radditz (1981) y, sobre las circunstancias que rodearon la producción de la polémica nota de Marx sobre Bolívar y acerca de la relación entre los juicios de Marx y el pensamiento hegeliano de los «pueblos sin historia» (Aricó 1980: cap. 8).

tuadas por la elite criolla. Otros críticos aventuran otras explicaciones, como, por ejemplo, Alfonso Sánchez Vázquez, que ha llamado la atención sobre ciertas evoluciones en la obra de Marx que no siempre alcanzaron a tiempo al lector latinoamericano, como sería el caso de las relaciones entre imperio y colonia, dando lugar a la idea de que el marxismo excluye en sus teorizaciones a las naciones periféricas. Sánchez Vázquez indica que, a partir del análisis de formaciones sociales no industrializadas, la categoría de «pueblos históricos» occidentales se expande con la consideración de pueblos oprimidos, en los que Marx reconoce la necesidad de liberación nacional como una condición imprescindible para la revolución socialista.[37] Es decir, encara la problemática de la *descolonización* aunque no la desarrolla ni caracteriza bajo esta denominación.

Muchos están de acuerdo en que es justamente en estos vacíos o fisuras de la doctrina donde se inserta y fortalece el marxismo latinoamericano y particularmente el aporte pionero de Mariátegui. Habría correspondido a éste la complementación de la teoría marxista con una reflexión capaz de incorporar la realidad regional a la gran narrativa del materialismo histórico. En esta dirección han analizado las formas específicas en que el pensador peruano complementa o retoma las tesis marxianas, por ejemplo, en *Defensa del marxismo*, y las articulaciones que establece entre las realidades regionales y la gran narrativa del materialismo histórico.[38] Si el colonialismo es claramente para Mariátegui la matriz principal de la dominación imperial y la primera instancia de entronización de América dentro de la égida del gran capital, la nación será entendida como el espacio en que se gestan y organizan los conflictos sociales en relación con las instituciones del Estado. Al mismo tiempo, la nación es también el ámbito en el que se configuran las estrategias de resistencia y de liberación popular, al menos en una primera instan-

[37] Eric Hobsbawm también realiza importantes aportes para corregir la idea de que el marxismo se limita a teorizar sobre el caso de naciones industrializadas, dejando fuera de toda consideración las áreas periféricas («Introducción» a Marx/Hobsbawm 1989; cit. por Beigel 2003: 207). Kohan analiza también extensamente este punto en *Marx en su (Tercer) Mundo* (1998).

[38] Debe mencionarse, en este sentido, la obra de Adolfo Sánchez Vázquez, Michael Löwy, José Aricó, Alberto Flores Galindo, Oscar Terán, Bolívar Echeverría, Néstor Kohan, Robert Paris, Fernanda Beigel, Francis Guibal, Alfonso Ibáñez, David Sobrevilla Alcázar, José Ignacio López Soria, entre otros.

cia, antes de su eventual internacionalización. De lo que se trata, para Mariátegui, es de comprender y elaborar estas articulaciones que están en la base de las transformaciones sociales que tienen lugar en las primeras décadas del siglo XX, marcado a nivel internacional por instancias tan importantes como la Revolución Mexicana, los levantamientos estudiantiles de Córdoba, la consolidación de la hegemonía estadounidense, la Primera Guerra Mundial, el crack financiero de 1929, la expansión del populismo..., sin perder de vista problemas estructurales congénitos en América Latina, como la cuestión multiracial, la continuidad de la colonialidad que se mantiene entronizada en los proyectos modernizadores, etc.

A partir de Mariátegui, Aníbal Quijano desarrollaría el tema de la colonialidad, que sería luego retomado por críticos de las dos Américas preocupados por efectuar una deconstrucción del occidentalismo y la modernidad, y por recuperar el tema de la raza, que Quijano trabaja como clave de los ya mencionados sistemas de «clasificación social» que se instauran con la dominación colonialista. Como el mismo Quijano reconoce, ya en Mariátegui la reflexión sobre ese tema se orienta en una primera instancia hacia el enjuiciamiento de la conquista y la colonización como procesos de desmantelamiento de las civilizaciones autóctonas e instalación de formas de explotación de individuos y recursos naturales que se perpetuarían a lo largo de siglos. En efecto, lejos de desaparecer con las independencias a principios del siglo XIX, la colonialidad se prolonga, como advierte Mariátegui, en las distintas etapas de consolidación republicana, filtrándose en todos los niveles de organización económica, política y social en las nuevas naciones.

Los *7 ensayos* están atravesados por el análisis de lo que Mariátegui llama el *coloniaje* (por ejemplo, en «El problema de la tierra») y por el estudio de las modalidades que asume en ese período la producción andina. Mariátegui se refiere allí al colonialismo que afecta, entre otros niveles, a la agricultura costeña en el Perú, sentando las bases para una reflexión dependentista sobre la economía nacional. Entiende Mariátegui que los intereses del país están subordinados a las necesidades de los centros hegemónicos del capitalismo que imponen condiciones desventajosas a las economías periféricas, proveedoras de materias primas y consumidoras de manufacturas elaboradas en las naciones industrializadas. Indica en «El problema de la tierra»:

> La economía del Perú es una economía colonial. Su movimiento, su desarrollo, están subordinados a los intereses y a las necesidades de los mercados de Londres y de Nueva York. Estos mercados miran en el Perú un depósito de materias primas y una plaza para sus manufacturas. [...] Nuestros latifundistas, nuestros terratenientes, cualesquiera que sean las ilusiones que se hagan de su independencia, no actúan en realidad sino como intermediarios o agentes del capitalismo extranjero (1979a: 99).[39]

Mariátegui registra efectos similares en su análisis de la evolución económica, la instrucción pública, la religión, etc., y los discute en relación con aspectos muy concretos de la organización del poder político-económico en el Perú como la supervivencia del gamonalismo, ya mencionado, estructura arcaizante de poder y control de los medios de producción que está en la base de lo que Mariátegui identifica como «el problema del indio». El socialismo se percibe así como *restitución*, es decir, como la instancia que devuelve al indígena su relación productiva y espiritual con la tierra, vínculo que fuera desmantelado por el colonialismo español, y que al restablecerse conferiría a las formas de socialidad campesina el sentido comunitario perdido con la adopción de modos de producción capitalista.

Entre el concepto de *coloniaje* usado por Mariátegui para nombrar una etapa o un momento de la dominación colonialista y la noción de *colonialidad del poder* desarrollada por Quijano, media la crítica de la modernidad que permite relativizar los efectos de la emancipación y dejar en claro la continuidad de estructuras de poder, privilegios y exclusiones institucionalizados por la elite criolla a partir de la Independencia. Las referencias de Mariátegui al «colonialismo supérstite» abren sin duda el camino para los desarrollos posteriores en torno a ese problema que la nación moderna naturalizó con el asentamiento del liberalismo y el desarrollo de economías capitalistas dependientes en América Latina. Como Mariátegui percibe con acierto, el Estado- nación surge, entonces, ligado a esas continuidades, que obviamente no están presentes en las naciones más desarrolladas del contexto europeo, que el marxismo teoriza preeminentemente.[40] En respuesta a Luis Alberto Sánchez,

---

[39] Los *7 ensayos* se citan por la edición de la Empresa Editora Amauta.

[40] En otra parte he desarrollado las posiciones de Mariátegui con respecto a la «cuestión nacional», tema que constituye, para algunos, otro de los puntos ciegos del

Mariátegui plantea la cuestión nacional vinculada a la condición colonial de América Latina en los siguientes términos:

> El nacionalismo de las naciones europeas –donde nacionalismo y conservatismo se identifican y consustancian– se propone fines imperialistas [fascismos]. Es reaccionario y antisocialista. Pero el *nacionalismo* de los pueblos coloniales –sí, coloniales económicamente, aunque se vanaglorien de su autonomía política– tiene un origen y un impulso totalmente diverso. En estos pueblos, el nacionalismo es revolucionario y, por ende, concluye con el socialismo. En estos pueblos la idea de nación no ha cumplido aún su trayectoria ni ha agotado su misión histórica (cit. por Dussel 1990: 282).

Es muy importante recordar que Mariátegui combina, en torno al tema de la nación, dos posiciones sólo aparentemente contradictorias. Por un lado, es indudable su comprensión de la importancia estratégica –político-ideológica– de la organización nacional y de las instituciones del Estado como punto de referencia ineludible de las luchas sociales y reivindicaciones populares. La nación es la contracara «emancipada» de la colonia: la puerta de la historia abierta hacia el futuro de la liberación. Pero, por otro, la nación burguesa, que es la que está en la mira del pensamiento crítico de Mariátegui, trae aparejadas sus propias formas de dominación y exclusión. Esto es lo que hace necesario el segundo movimiento en el pensamiento de Mariátegui: el que inspira su radical desmontaje de los mecanismos de control y subalternización de los sectores populares que tienen lugar en el seno de la nación criolla. Respecto a ésta, no escapa a Mariátegui la falta de representatividad que en ella tienen los intereses y culturas populares por parte de las instituciones del Estado, las cuales sólo responden al mandato de las elites y, en más

---

marxismo y, al mismo tiempo, uno de los elementos neurálgicos para la adaptación de esa filosofía a América Latina. Ver, al respecto, Moraña (1984; «Mariátegui y la "cuestión nacional": un ensayo de interpretación» en 1997: 153-163; y 2004). Baste insistir en que, a mi criterio, Mariátegui realizó aportes mayores a la reflexión sobre lo nacional así como una pionera vinculación entre esta categoría y las nociones de diversidad, diferencia y desigualdad social que he venido discutiendo en este artículo y que serían centrales en la teorización postcolonial a partir de las últimas décadas del siglo XX. Sobre la cuestión nacional en América Latina y la teoría marxista, ver Echeverría (1981) y la nota 36 de este capítulo.

amplia medida, a la lógica del capitalismo internacional y a los valores que de éste derivan y que aseguran su perpetuación. El «nacionalismo» de Mariátegui, al igual que su «liberalismo», es, si se quiere, una *función* de su realismo político y del consecuente reconocimiento de la necesidad de comprender a fondo la razón de ser y el funcionamiento de las estructuras existentes, tanto a nivel material como simbólico, como instancia imprescindible para su transformación radical. Como Enrique Dussel ha señalado, en Mariátegui la «filosofía de la revolución» estaría impregnada de realismo psicológico y sociológico, ya que esa *realidad* está antes que las teorías, el mito antes que la racionalidad abstracta, el mundo espiritual del trabajador antes que la pura materia, el socialismo antes que el comunismo, el indigenismo antes que la abstracta lucha proletaria europea, los sindicatos antes que el partido (1995: 27).

Y más aún: antes que la utopía, tan esencial en el pensamiento mariateguiano, está el reconocimiento de la realidad social (las estructuras que la componen, los intereses que la sustentan, las subjetividades que la constituyen), es decir, su profunda comprensión del *ser social* (históricamente constituido) a partir del cual se determina y desarrolla la conciencia política.

Resignificaciones culturales

Es imposible resumir aquí los innumerables aportes que Mariátegui ha realizado a la redefinición de la cultura nacional, tanto «hacia adentro», como crítica de los procesos de homogeneización cultural y centralismo estatal, como «hacia fuera», al enfatizar la importancia de lo nacional como instancia de tránsito hacia el continentalismo, el occidentalismo y el internacionalismo, momentos bien diferenciados de la articulación del Perú, de la región andina y de América Latina, a la «escena contemporánea» y al sistema-mundo. La cultura es, en efecto, en la obra de Mariátegui, plataforma ineludible de las luchas sociales y políticas: la arena en la que se dirimen los procesos de formación de identidades colectivas y las dinámicas –económicas, ideológicas, sociales y políticas– que los atraviesan. El crítico cubano Roberto González Echevarría considera a Mariátegui «el Walter Benjamin de las letras latinoamericanas» (1985: 34), es decir, alguien capaz de percibir con rigor y originalidad los lazos que unen cultura local, historia y producción literaria, y de penetrar los desafíos y contradicciones de la modernidad desde una posicionalidad ex-céntrica que potencia la perspectiva crítica. Con anterioridad, Antonio Melis había explorado ya la relación entre Benjamin y Mariátegui, afirmando que pueden encontrarse convergencias notables entre los dos pensadores sobre todo en la reivindicación del irracionalismo y en la importancia concedida por ambos a la subjetividad como elemento movilizador de la conciencia social (1999: 49-51). De la misma manera, la preocupación que tanto Benjamin como Mariátegui conceden a la materialidad de la cultura (las condiciones concretas de producción y recepción cultural, los elementos técnicos como factores fundamentales en la concepción y reproducción del arte, la posicionalidad del intelectual con respecto a los partidos, instituciones culturales, etc.) apunta a concepciones similares del producto simbólico, coincidentes también en su heterodoxa articulación con el pensamiento marxista y en el rechazo a toda forma de realismo artístico que, por estrecho y prescriptivo, termine por anular los impulsos liberadores de la fantasía. Todo esto apunta hacia una revolucionaria concepción de la cultura que, pese a la distancia histórica que separa la obra de Mariátegui de contextos actuales, permite percibir múltiples líneas de conexión que ayudan a pensar circunstancias del presente a partir de tradiciones vivas y fermentales. Para ilustrar algunos de los aportes de la visión cultural de Mariátegui vinculados a temáticas actuales, baste mencionar aquí los siguientes aspectos:

a) Para comenzar, la concepción de la cultura es una de las preocupaciones más constantes en la obra de Mariátegui, a partir de la cual se define y organiza su pensamiento político. Como se indicara antes en este trabajo, lejos de limitarse a la mera constatación de la diversidad cultural, Mariátegui percibe esta dimensión de lo social como estrechamente vinculada al tema de la justicia social y a la necesidad de adoptar una posición crítica respecto a los modelos de producción de conocimiento en sociedades postcoloniales y multiculturales. Para Mariátegui, la reivindicación de epistemologías alternativas y saberes locales, ideas que hoy circulan como moneda corriente en los debates postcoloniales, era una condición *sine qua non* para la construcción del socialismo y para la apropiación de una modernidad que integrara las diversas tradiciones andinas.[41] La coexistencia de tradiciones y culturas bien diferenciadas dentro de los parámetros político-administrativos del proyecto liberal del Estado-nación, implicaba no sólo, como bien percibe Mariátegui, la pugna de agendas encontradas y de cosmovisiones con frecuencia antagónicas con respecto a las formas dominantes de conocimiento y representación. Reivindicar formas de creencia y religiosidad propias de las culturas vernáculas y vincular creencia y productividad (lo que Mariátegui realiza a partir de George Fraser, Waldo Frank, etc.), recuperar el significado de la vinculación entre individuos y naturaleza, reafirmar la importancia de la cultura popular y el lugar que ocupan en los imaginarios colectivos la experiencia, el pasado y la comunidad, eran todos aspectos de una visión de las relaciones sociales que el proyecto andino-criollo había desplazado cuando no arrasado desde la iniciación de las Repúblicas. Reconocer esos niveles de funcionamiento social era, en el pensamiento mariateguiano, una forma de *intervenir* en los discursos del poder a partir de una visión política que implicaba, ante todo, una «filosofía de la praxis» en la que la teoría era concebida como un *momento* de la acción política, nunca como su reemplazo. Asimismo, aunque la racionalidad mariateguiana no es en absoluto ajena a la concebida por el Iluminismo –que en Mariátegui constituye, sobre todo, una instancia de superación dialéctica de la colonia y del pensamiento controlado por la alianza entre Iglesia y Estado– es evidente que su ideario incluye múltiples elementos que son irreductibles a los parámetros filosóficos, políticos y culturales de la Europa ilustrada. Su conciencia de la especificidad latinoamericana ciertamente apela a un universo intelectual abierto a *otras* epistemologías y requiere una diversificación de fuentes y de cánones, de estilos y lenguajes, que los modelos recibidos como parte de la modernidad eurocéntrica no pueden proveer. También es *otra* su noción de la ética, ya que es *otro* el sujeto al que ésta se dirige primordialmente, *otros* los protocolos ideológicos y filosóficos que la definen y *otra* su concepción de los valores que deben regir las relaciones entre individuos, y las de éstos con las instituciones. [42]

---

[41] Acerca de los saberes locales, particularmente en Bolivia, ver Tapia (2002), quien a su vez se nutre de las elaboraciones de Zavaleta Mercado (1986).

[42] Para algunos críticos, la epistemología alternativa que se perfila en la obra de Mariátegui se distancia tanto de la racionalidad burguesa y su culto a la razón derivado

b) En el mismo sentido, Mariátegui realiza un pionero aporte al campo de lo que hoy se conoce como multiculturalismo, particularmente en lo referido a la definición de políticas identitarias. La dualidad quechua-español que Mariátegui percibe con razón como una de las claves de las formaciones sociales andinas y de su desarrollo cultural e histórico es, como él mismo reconoce, apenas una punta de témpano con respecto a la amplitud y complejidad étnico-cultural de la región. Quechua, aymara, español representan códigos dominantes en esa área cultural e introduce a la problemática mayor de la dominación interna por la cual las culturas que predominan marginan o subalternizan a sectores sociales que no han logrado reivindicar su especificidad ni ejercer suficiente presión sobre los procesos de reconocimiento identitario a nivel nacional. Tanto las vertientes que se desprenden de los troncos principales de las culturas quechua y aymara en la región andina, como la cultura negra y las de procedencia oriental, principalmente la china, de tan notoria presencia en el Perú, reciben menos atención que la indígena (entendida como el *colectivo* que sobreentiende la multiplicidad de etnias que lo integran) en la obra de Mariátegui, lo cual ha sido objeto de numerosas críticas. Podría afirmarse, en este sentido, que, preocupado por definir y enfatizar la agencia indígena como vanguardia revolucionaria, Mariátegui realiza un análisis parcial y selectivo de la *diversidad* cultural (entendida como sistema plural de *diferencias* y *desigualdades*), limitando así, en cierta medida, la capacidad desestabilizadora de este elemento con respecto a los proyectos uniformizantes y homogeneizadores de la nación burguesa. En todo caso, la contribución de Mariátegui al tema de la multiplicidad cultural y de la importancia política de este fenómeno en el pensamiento revolucionario es fundamental tanto en su momento como en sus proyecciones históricas. Su concepción de las implicancias políticas del multiculturalismo permite entender la noción de subjetividad más allá de todo determinismo de clase, raza o género, como una categoría flexible, relacional, y no necesariamente gestionada desde las instituciones del Estado o a partir de los discursos

del Iluminismo, como de la ortodoxia estalinista. Según Arroyo Reyes, «[Mariátegui] supo intuir las bases de una racionalidad alternativa tanto a la racionalidad dominante, capitalista y eurocéntrica, como a la racionalidad reduccionista y tecnocrática que ya por ese momento se imponía en la Rusia de Stalin» (s/f: s/p).

dominantes. A través de la etno-racialización implícita en su visión política, Mariátegui logra atravesar la categoría de clase y descentrar al sujeto revolucionario pluralizando la agencia y la agenda política, es decir, haciendo del proletariado *uno* de los agentes revolucionarios y de la clase *una* de las categorías del análisis social. Las posiciones de sujeto son móviles, fluctuantes y producto tanto de las condiciones que condicionan el *ser social* en un momento determinado como de las opciones que el individuo realiza como parte de su responsabilidad social y política. Tales posiciones se van articulando de diversa manera a nivel étnico, social, político, económico y cultural, y según se defina la relación del sujeto con los proyectos ideológicos de su tiempo.

c) En el contexto de su ideario político y de su adscripción a la «filosofía de la praxis», la atención que presta Mariátegui a las relaciones entre estética y política no puede sino ser de carácter pragmático –o, cabría decir, programático (implicando con esto una vinculación estrecha entre la interpretación del producto simbólico y el proyecto de emancipación política)–, aunque el pensador peruano está lejos de caer en reduccionismos y mecanicismos interpretativos. Castro-Klarén ha juzgado, con acierto, que el gesto de lectura y enjuiciamiento que Mariátegui lleva a cabo en su «proceso» a la literatura, emprendido en los *7 ensayos* pero presente también en muchos de sus textos ensayísticos y en el programa de la revista *Amauta*, produce un alegato en contra de la *ciudad letrada* como espacio productor y reproductor de ideología. Debería enfatizarse lo obvio: que este alegato es producido *desde adentro*, también, del reducto letrado, es decir, como una operación crítica que asume una perspectiva beligerante con respecto a las restricciones y elitismo de la «alta» cultura pero que está marcada a fuego por esos mismos protocolos epistemológicos, lo que hace de Mariátegui ese «hombre de frontera» (Flores Galindo 1980: 377), en quien se conjugan afiliaciones ideológicas, vertientes culturales y sensibilidades encontradas, que dan a su pensamiento la tensión agónica que lo caracteriza. Esta situación es indicativa de las pulsiones que atraviesan no sólo la obra de este pensador latinoamericano sin duda excepcional, sino la cultura «criolla» en su totalidad, en tanto producto de imaginarios colonizados por el pensamiento eurocéntrico y de instituciones y/o procesos de producción que representan a la «alta» cultura urbana, burguesa, patriarcal, etc. El pensamiento que concibe y trabaja en pos de la descolonización de los imaginarios implica, a no dudarlo, un *tour de force* tanto intelectual como ideológico, cuyos conflictos inherentes no deben ser ignorados o minimizados. Desde esa posicionalidad compleja pero políticamente esclarecida, Mariátegui percibe las constantes y profusas «contaminaciones» entre «alta» cultura y cultura popular, así como los intercambios y empréstitos que tienen lugar entre los diversos sistemas que coexisten tensamente en la polifacética sociedad andina. Advierte asimismo la necesidad de historizar el desarrollo cultural a partir de modelos que no reduzcan los procesos a etapas verificables en las culturas metropolitanas ni a principios rígidos de vinculación entre imaginación y realidad, ideología y estética. La organicidad de la cultura nacional es una meta difícil de alcanzar habida cuenta de las fragmentaciones profundas que afectan a toda sociedad postcolonial. De ahí que la tripartición fluida y sin límites temporales fijos que Mariátegui propone para el estudio de la literatura peruana atienda sobre todo a los vínculos que la producción simbólica guarda con las condiciones mismas de elaboración cultural y con las relaciones que el Perú mantiene con el entorno internacional. Literatura *colonial*, *cosmopolita* y *nacional*, constituye la fórmula para un ordenamiento que no busca reducir sino liberar el discurso como producto de una creatividad que sólo puede servir para fundar lo propio una vez que se ha liberado de los yugos colonizadores y se ha nutrido de la multiplicidad de registros y modelos que ofrece a *lo-nacional-en-formación* el mundo universal de la cultura. Al hablar de César Vallejo, a quien considera fundador de la literatura peruana y, al mismo tiempo, digno integrante del canon prestigioso de la «literatura mundial», Mariátegui lo distancia de todo folclorismo: por la voz de este poeta al mismo tiempo atípico y paradigmático habla un sujeto transnacionalizado que es a la vez individual y colectivo, nacional y universal, autóctono pero articulado a las vanguardias europeas, que potencian el nacimiento de una nueva sensibilidad. Con la voz de la vanguardia se expresa una subjetividad desgarrada y potente, desolada y al mismo tiempo plena, rebosante, capaz de interpelar desde el lirismo a la audiencia diversificada de su tiempo, alterado por las contradicciones radicales del capitalismo mundial puestas en evidencia con la Guerra Mundial. Mariátegui entiende que el momento histórico que le tocó vivir marca una coyuntura decisiva en América Latina, caracterizada por la búsqueda de alternativas sociales y de nuevas formas simbólicas desde las que representar la fragmentación de la racionalidad burguesa y el drama de las amplias poblaciones marginadas por los proyectos modernizadores. En Vallejo, como en Arguedas, el lenguaje constituye una *praxis* descolonizadora; la imaginación –histórica, poética– es *agencia* que transita de lo individual a lo comunitario, que se nutre de la realidad para denunciarla y, quizá, superarla.[43] Mariátegui percibe los flujos que atraviesan la cultura peruana, derivados de la condición postcolonial de América Latina: oralidad/escritura, mito/historia, quechua/español, localismo/ cosmopolitismo, occidentalismo/preoccidentalismo (es decir, culturas colonizadas *versus* vertientes vernáculas no asimilables a los modelos europeos), elementos *todos* que constituyen al sujeto polifónico y desgarrado que habita el mundo andino.

«El Walter Benjamin de las letras hispanoamericanas» incorpora así en sus reflexiones comentarios sobre el efecto general de la tecnología y en particular sobre el cine en los imaginarios de la época, refiriéndose en muchas ocasiones a los entrecruzamientos entre ciencia, arte y técnica que caracterizan ya a las primeras décadas del siglo XX y que el futurismo, entre otras corrientes, elabora de manera polémica.[44] Pero quizá la mayor originalidad de Mariátegui en el proceso de resignificaciones culturales es su temprana conciencia de la relación saber/poder, que incorpora a las dinámicas interculturales el problema de la *desigualdad* en las luchas por la hegemonía representacional. Más que dual, o simplemente

---

[43] Cornejo Polar interpreta sagazmente la idea mariateguiana del cosmopolitismo como «una acumulación de capital simbólico-tecnológico, con obvias connotaciones de internacionalización, de la que surgirá la literatura nacional, como re-encauzamiento de esas energías…», es decir, como la forma en que se realiza «la convergencia entre el indigenismo y el socialismo» (1994b: 61-62).

[44] Ver, en este sentido, el estudio de Kraniauskas (2003), que articula el pensamiento de Mariátegui, el cine de Charles Chaplin y las ideas de Walter Benjamin, atendiendo al desarrollo del arte fílmico como una forma de globalización que da pie a Mariátegui para reflexionar sobre el desarrollo histórico en sus relaciones con el avance de la ciencia y la crítica de la modernidad. Ver asimismo Melis, «Chaplin, arte aristocrático y arte democrático» (1999: 283-284). Sobre este aspecto de la sensibilidad cultural de Mariátegui y sus interpretaciones de los movimientos artísticos que surgen en el período interbélico, cabe recordar la matizada interpretación que Mariátegui hace de las vanguardias como síntomas de una crisis de la civilización occidental en el Viejo Mundo, percibiendo la capacidad de éstas para desestabilizar las bases de la cultura burguesa, mérito que no caracteriza al futurismo *à la* Marinetti que despierta adhesiones fascistas en la Europa de la época y contra el cual Mariátegui expresa, en más de una ocasión, sus prevenciones.

diversa, la cultura peruana es para Mariátegui una cultura múltiple, *abigarrada* –para usar el término de Zavaleta Mercado– y contradictoria, donde sistemas plurales coexisten en constante conflicto, en *agonía*, a partir del trauma originario de la conquista, que marcó una entrada anómala y para siempre desaventajada al espacio excluyente del occidentalismo. Mariátegui es consciente de que la distancia que existe entre cultura letrada y realidades representadas –es decir, lo que Cornejo Polar llamara, siguiendo por la ruta abierta por el Amauta, la *heterogeneidad* de las literaturas andinas– crea inevitables distorsiones en la producción simbólica de esa área cultural. Así alude, por ejemplo, a la «estilización e idealización» del indio, romantizado por visiones elaboradas por intelectuales urbanos que aun simpatizando con la causa indígena no pueden sino ofrecer imágenes mediadas de las experiencias e imaginarios de este sector social, el cual se encontraría aún en tránsito, en tiempos de Mariátegui, hacia instancias de autoreconocimiento y autorepresentación simbólica. El indigenismo es, así, una «literatura mestiza» transicional, que supera al indianismo sin lograr vencer la ajenidad al universo que opera como referente de las formas simbólicas elaboradas para representarlo desde la perspectiva criolla. El gran desafío sería entonces, para el artista criollo, acortar la distancia que lo separa del mundo representado, entender el estatus, en gran medida irreductible, de la cultura indígena, respetar los términos, reclamos y especificidad de esa *otredad* que está aún luchando por hacer escuchar su propia voz en la sociedad criolla y por reivindicar sus valores, principios y modelos de conocimiento en el contexto de la modernidad eurocéntrica que fuera impuesta con la colonización y rearticulada con las sucesivas modernidades. El mérito de Mariátegui es el haber penetrado la racionalidad y el irracionalismo de los modelos dominantes, el haber socavado las bases mismas de la utopía burguesa y el haber visibilizado la lucha de intereses que subyace en los procesos representacionales y en las políticas identitarias que la sociedad criolla propicia en ejercicio de su hegemonía.

A modo de conclusión

Como cierre provisional de estas notas, cabría solamente insistir, con Mariátegui, en las sustanciales diferencias que existen entre la tradición y el tradicionalismo, entre el acervo de vertientes que nutren inescapablemente los procesos de (re)conocimiento en América Latina y las tendencias conservaduristas y, con frecuencia, retrógradas que al invocar aquéllas sin matices ni actualizaciones, o al interrogarlas anacrónicamente, propician una visión estática de los procesos vivos en nuestras sociedades, o descalifican irreflexivamente todo cuerpo de ideas que no responda puntualmente a preguntas actuales. La historia latinoamericana más reciente, que muchos identifican con la postmodernidad, está atravesada por «movimientos antisistémicos» que han superado los parámetros de la política tradicional (nacionalista, partidista, ligada al liderazgo sindical y a las instituciones que se instalaran con la república criolla). Estos movimientos son a veces interpretados como experiencias inéditas en la historia latinoamericana. Sin embargo, gran parte de los principios en torno a los cuales se articula la lucha colectiva en la actualidad tiene, a pesar de su especificidad histórica, mucho en común con los procesos analizados por Mariátegui, los cuales remiten a relaciones de poder y de organización socio-económica que, entronizadas en distintos regímenes políticos, se han prolongado a través de los siglos perpetuando privilegios e injusticias sociales. A la luz de los tópicos en torno a los cuales viene girando la crítica postcolonial, resulta muy notoria la intuición histórica que despliega el autor de los *7 ensayos* en cuanto a la crisis del Estado-nación como categoría primaria del análisis cultural y a la articulación *diferencia/desigualdad* como catalizador de los movimientos sociales, cuestiones ya aludidas en este trabajo. Asimismo, su crítica ideológica al indigenismo, tanto como la que se ha venido aplicando al mestizaje y, de manera más amplia, a la ideología del progreso, el orden y el consenso social, ha avanzado mucho desde los tiempos de Mariátegui. Podría afirmarse que, con razón, se ha venido aplicando la «hermenéutica de la sospecha» a todo discurso o proyecto que tienda a reducir los *antagonismos* político-económicos a la mera constatación de *diversidad* cultural en las formaciones sociales de América Latina, y a afirmar como *desideratum* colectivo la eliminación del conflicto social antes que su *elaboración productiva*. Los cambios que se registran en América Latina sobre todo a partir del fin de la Guerra Fría son notorios y significativos, y no pueden ser minimizados. La caída del socialismo de Estado ha erosionado el pensamiento de izquierda, que recién empieza a dar signos de recuperación. Los embates de la globalización y el neoliberalismo han acelerado el vaciamiento político del Estado y sus instituciones, incrementando hasta grados antes desconocidos la capacidad de presión de las compañías transnacionales y de las empresas que manejan el flujo de capital financiero a nivel mundial. Los regímenes de trabajo flexible y el aumento de las migraciones han relativizado notoriamente la importancia de la territorialidad, así como de la lengua y la historia comunes–como asiento de las identidades nacionales, y creado nuevas formas de «afiliación» de los sujetos a la sociedad de pertenencia o de adopción.[45] Todo esto crea modificaciones sustanciales en los procesos de formación de identidades, en cuanto al papel de la memoria histórica en la configuración de imaginarios colectivos y en lo relacionado a las formas de interacción y participación que los sujetos conquistan o proyectan como parte de su *ser con otros*. De este modo, es innegable que muchos fenómenos actuales escapan, como no podía ser de otra manera, a lo que el Amauta pudo concebir en el plano de las transformaciones etno-culturales en la región andina. Para dar solamente un ejemplo que es claramente identificable en el caso peruano, las dinámicas de *cholificación* que se registran en los Andes desde finales de la Segunda Guerra Mundial han producido, como Aníbal Quijano ha señalado, un proceso de desindianización que obviamente Mariátegui no pudo predecir. A la vez, han dado como resultado una notoria hibridación de la cultura criolla-señorial, principalmente urbana, reforzando la marginalidad de amplios sectores que quedan atrapados entre fuerzas sociales y políticas de muy diverso signo.[46] En palabras de Quijano, en el Perú

> [u]na amplia parte de la población que no se des-indianizó fue víctima de la guerra sucia entre el terrorismo de Estado y el de Sendero Luminoso entre 1980 y 2000. Según el *Informe* de la *Comisión de la Verdad y la Reconciliación*, la mayoría de los más de 60 mil asesinados en ese período eran precisamente campesinos indígenas (2006a: 19-20).

Situaciones como éstas obligan a expandir el análisis de la región andina hasta incluir categorías, métodos y principios que puedan alcan-

[45] Ver, al respecto, «Identidad y nación: ¿más de lo mismo?» en Moraña (2004).

[46] Sobre las dinámicas de discriminación y marginalidad que se asocian al fenómeno de cholificación, ver Nugent (1992).

zar a los nuevos sujetos sociales y a los nuevos problemas suscitados por las formas postmodernas de subjetividad y socialización, y a reivindicar todo discurso que se afinca en la ética de las relaciones comunitarias y lucha en contra de la desigualdad social y de la impunidad política. Las nuevas dinámicas sociales que se registran en América Latina, caracterizadas por la importancia de fenómenos como la migración a nivel tanto intra- como transnacional, los efectos de la violencia política, el narcotráfico, etc., imprimen transformaciones sustanciales en la subjetividad individual y colectiva que la obra de Mariátegui no pudo contemplar.[47] Ello no resta vigencia a su trabajo. Más bien, leído con la necesaria perspectiva histórica, éste sigue asombrando por sus múltiples y agudas intuiciones y proyecciones, y constituyendo un desafío para lecturas que sean capaces de articular continuidades y variantes en el estudio de la historia cultural de América Latina, resistiendo la tentación de desechar sin más un pensamiento que entregó mucho más que consideraciones contingentes sobre un momento histórico determinado, y también mucho más que reflexiones particularistas sobre un área cultural específica pero a muchos niveles paradigmática, de «Nuestra América».

Podría concluirse entonces, en base a lo anterior, que la importancia y significación de la obra de Mariátegui son inseparables de los procesos de redefinición del pensamiento de izquierda no solamente en América Latina, sino en el que aún se reconoce como espacio del occidentalismo. Gestada poco después del primer centenario de las independencias latinoamericanas, la obra de Mariátegui es, así, en los diversos registros analizados, una reflexión crítica que llega hasta nosotros todavía acompañada por la admiración que despiertan sus logros conceptuales e ideológicos, y por la polémica que provocan, aún en nuestros días, sus propuestas e interpretaciones históricas. Hay quienes se han planteado cuál ha sido, en realidad, la influencia directa de Mariátegui sobre el pensamiento y los procesos políticos del Perú, concluyendo que aun reconociéndose la enorme importancia de este autor, su «vigencia» sería inexistente, si entendemos por tal la conexión concreta de sus análisis y propuestas con procesos actuales y con la acción de líderes políticos y pensadores de la región andina. En ese sentido, Mariátegui no habría tenido, en puridad, seguidores significativos. En

---

[47] Ver, al respecto, el análisis de Cornejo Polar sobre «el sujeto migrante» (1996).

los últimos años, David Sobrevilla Alcázar, por ejemplo, ha intentado desglosar los aspectos que constituirían «lo vivo y lo muerto del pensamiento de Mariátegui». Considera que tanto el marxismo en general como el pensamiento del autor de los *7 ensayos* en particular proveen un insuficiente tratamiento de la relación base/estructura y absolutizan la categoría de la clase como base para el análisis político, aproximaciones que, según este crítico, requerirían fuerte matización desde nuestra perspectiva actual. También cuestiona la adhesión de Mariátegui a la que llama «la vía muerta del socialismo»: la valoración soreliana del mito como elemento dinamizador de los imaginarios colectivos, a la que se ha hecho referencia antes en este estudio (2005: 424). Sobrevilla reafirma, sin embargo, la necesidad de «preservar el componente ético del marxismo» que el pensamiento mariateguiano ha enfatizado, y reconoce que algunos análisis de Mariátegui siguen teniendo validez, como los vinculados a la dualidad entre la occidentalización de la costa peruana y el conservadurismo de las regiones quechuahablantes de la sierra, o los que dan preeminencia al problema económico sobre los culturales, políticos, religiosos o educativos, en el análisis de la cuestión indígena. Para Sobrevilla el mayor reto que debe enfrentar el pensamiento de izquierda en el Perú es el de «ir con Mariátegui más allá de Mariátegui» (ibíd.: 426), es decir, el de lograr dinamizar el pensamiento de uno de los más sólidos fundadores del marxismo latinoamericano convirtiéndolo no en un esclerosado repertorio de propuestas y fórmulas político-ideológicas, sino en la plataforma para nuevos planteamientos que respondan a los desafíos de los nuevos tiempos.[48] A su vez, José Ignacio López Soria entrega en su *Adiós a Mariátegui. Pensar el Perú en perspectiva post-*

[48] Sobre el tema de la discutida vigencia de Mariátegui, abundan no sólo los planteamientos críticos sino los encomiásticos. Para ver algunos ejemplos de estas evaluaciones, consultar, por ejemplo, Melis, Sobrevilla, Guibal y otros críticos clásicos de la obra mariateguiana. En cuanto a otras apropiaciones de Mariátegui en el contexto peruano, puede verse, por ejemplo, la conferencia que el líder senderista Abimael Guzmán pronunciara en la Universidad de San Cristóbal de Huamanga (Ayacucho), en 1968 (<http://www.geocities.com/comunismoenperu/mariategui68.htm>). Sobre los usos que realizó de la obra de Mariátegui el maoísmo y particularmente Sendero Luminoso, ver, por ejemplo, Escárzaga (2001, agradezco a Sergio R. Franco esta referencia). Otro resumen de las distintas posiciones en cuanto al marxismo y a la vigencia de Mariátegui es provisto por Gustavo Flores Quelopana (<http://librosperuanos.com/articulos/gustavo-flores9.html>).

moderna (2007) un análisis de la cuestión nacional que comienza por reconocer que los contextos actuales requieren una hermenéutica diversa a la que resultara de las certezas y mitos de la modernidad. A partir de este punto, López Soria presenta modelos de interpretación de la sociedad peruana que no es del caso discutir aquí, pero que buscan abrir el debate a un «diálogo intercultural» donde «la palabra del otro» pueda ser, en efecto, escuchada más allá de los espejismos y utopías de una modernidad fallida y/o abortada tanto en la sociedad andina como en el resto de América Latina. Su «Adiós al discurso moderno en el Perú» superpone, así, a la crítica de la modernidad, una interpretación demasiado tradicional de la obra de Mariátegui, en la que subvalora, a mi criterio, intuiciones, propuestas y análisis que constituyeron un verdadero salto hacia el futuro, ideológico y epistemológico, en el pensamiento latinoamericano. La obra del autor de los *7 ensayos*, *Peruanicemos al Perú* y tantos otros textos es un claro antecedente de muchas de las propuestas que el mismo López Soria incluye en sus ensayos, incluso de su inscripción del análisis social en una «perspectiva postmoderna» que el pensamiento en puridad «moderno» de Mariátegui prefiguró de variadas maneras, aunque por supuesto sin apelar a estas denominaciones, en su momento histórico, cuando percibe las tensiones que atraviesan el deseo burgués (criollo-señorial) del Estado-nación, cuando atiende a cuestiones multiculturales y pluriétnicas como base para la comprensión de lo social y lo político, y cuando advierte que América Latina no se puede salvar sin sus indios. El «Adiós a Mariátegui» de López Soria que logra *épater* a un sector de la crítica y llamar la atención, en consecuencia, sobre los planteamientos de fondo de sus ensayos, no se sostiene sin una lectura tradicionalista de la obra de Mariátegui, quien, sin embargo, se habría identificado gozosamente con la excelente fotografía de Carmen del Prado que desde la carátula del libro de López Soria nos convierte en objetivo para la mirada de los nuevos sujetos que ya ajustan el lente para captar nuestra otredad.

Si en efecto se está produciendo, como algunos afirman, «una reorganización postmoderna de la colonialidad» también es cierto que hay en nuestra época señales notorias de la recuperación gradual del pensamiento político en distintos contextos y a distintos niveles.[49] La presen-

---

[49] El argumento es sustentado por Castro-Gómez, quien, oponiéndose a las posiciones presentadas por Hardt y Negri, propone que ante la hegemonía actual del capitalis-

cia, sobre la arena de las luchas políticas latinoamericanas, de los movimientos sociales, los procesos de cholificación en la región andina, los desafíos de la globalización, la activación de sectores sociales invisibilizados por la modernidad que hoy articulan agendas reivindicativas poniendo a prueba la flexibilidad y la capacidad de cooptación de las instituciones del Estado, así como la reemergencia y revisiones internas del marxismo, al que en la actualidad vemos negociando trabajosamente en los contextos del neoliberalismo y apelando a un populismo de Estado, cuyo poder de seducción y cuyas inclinaciones demagógicas se conocen de sobra en América Latina, constituyen variantes de un proceso que hunde sus raíces en la colonia y nos obligan a relativizar el triunfalismo de las independencias formales que terminaron con el colonialismo «histórico» a comienzos del siglo XIX. Nos conducen, también, a enfrentar los desafíos de la liberación desde los desencantados horizontes de un presente en el que ya son claros tanto las limitaciones y fracasos de la modernidad como los embates de nuevas formas de hegemonía político-económica a nivel planetario. En mi opinión, desde esta nueva etapa de la historia latinoamericana, la reflexión del Amauta interpela aún a los imaginarios políticos de la región, donde la espectralidad de la izquierda reencarna nuevamente en el cuerpo social, enfrentando a la teoría con la ineludible materialidad de los procesos y de los agentes que habitan las sociedades periféricas de América Latina.

---

mo y de sus modelos epistemológicos, hegemonía que arranca de la idea de la supuesta superioridad étnica y cognitiva del colonizador, es necesario lograr una «democracia epistémica» que admita formas alternativas de conocimiento y saberes emanados de culturas no occidentales (2007a).

TERRITORIALIDAD Y FORASTERISMO: LA POLÉMICA ARGUEDAS/CORTÁZAR REVISITADA

I

En mayo de 1984, en una de las últimas entrevistas que concediera poco antes de su muerte, respondiendo a las preguntas de Paul Rabinow, Michel Foucault elabora algunas ideas, sin duda controversiales, sobre el género de la polémica. Tratando de distanciarse de esa práctica intelectual a la que caracteriza como básicamente superficial, teatral y lúdica, Foucault sostiene que quien polemiza lo hace a partir de una posición de privilegio –cualquiera que ésta sea– a la que no desea renunciar. De acuerdo con el filósofo francés, más que como interlocutores quienes participan en una polémica se construyen mutuamente como adversarios: la mera existencia de la posición antagónica constituye una amenaza que debe ser eliminada. Según Foucault, la polémica elabora un escenario premeditadamente hiperbólico que obstaculiza la búsqueda de la verdad. Sobre todo en debates de carácter político (y, podría afirmarse, todo debate en torno a temas culturales e ideológicos adquiere, necesariamente, ese cariz), la polémica funciona, según él, como un medio para definir alianzas y reclutar adeptos; aquel que se opone a la posición presentada por su contrincante es colocado en el lugar del enemigo. Ninguna idea realmente nueva –afirma Foucault– surge de las polémicas, ya que los participantes se sienten reclamados por un principio de coherencia que deben defender hasta sus últimas consecuencias, el cual termina atrapando a los participantes del debate en sus redes retóricas.[1]

[1] En el artículo titulado «Can Polemic be Ethical?» Jonathan Crewe responde a las opiniones emitidas por Michel Foucault en la entrevista mencionada con Paul Rabinow. Crewe recuerda que «polémica» (del griego *polemos*, *polemikos*) significa guerra o combate, vinculándose así con el espíritu general de lo bélico: implica agresividad, y supone, sobre todo, una identificación pasional con el tema en disputa. Según Crewe, en su

La polémica que nos ocupa confirma, en gran medida, estas observaciones. Podría argumentarse que ninguna verdad emerge de ella, particularmente si entendemos por tal un saber absoluto, demostrado e innegable. Sería desacertado, sin embargo, no admitir que del intercambio –sin duda teatralizado y por momentos agresivo– entre ambos escritores, no surge una forma de (re)conocimiento que consiste, justamente, en demostrar que la búsqueda de una verdad con respecto a los tópicos abordados –una que zanje la cuestión debatida de una vez para siempre– es no sólo improcedente sino quizá indeseable. Los temas centrales del debate (la relación entre cultura y política, la naturaleza de la función intelectual en la América Latina posterior a la Revolución Cubana, la tensión entre localismo y cosmopolitismo, etc.) son abordados a partir de zonas de experiencia cultural bien diferenciadas (y sin duda legítimas, cada una en su registro). Por otra parte, ambas perspectivas revelan visiones subjetivas que pueden ser contrastadas, aunque es obvio que esa contraposición no requiere ni admite la aniquilación del contrincante. Dicho esto, debe hacerse una serie de consideraciones que explican, a mi juicio, las razones que ameritan el regreso al intercambio Arguedas/Cortázar desde el horizonte de debates y de teorizaciones más recientes. De modo preliminar, cabe hacer un breve resumen del panorama textual y contextual en que se inscribe el intercambio entre estos escritores.

II

Iniciado en mayo de 1967 con la carta abierta a Roberto Fernández Retamar elaborada desde Francia por Julio Cortázar y publicada en *Casa de las Américas* en ese mismo año,[2] el diálogo entre Arguedas y el autor

---

rechazo de la polémica como género (un rechazo que debe ser leído como un posicionamiento anti-sartreano [*anti-engagement*] y, a la vez, como un *statement* pacifista de protesta contra la violencia desplegada en Argelia, Vietnam, etc.), Foucault demuestra sobre todo su preocupación por la ética del discurso que lo lleva a desasociar cultura y violencia, defensa de las ideas y aniquilación del enemigo.

[2] La carta de Cortázar que inicia el debate responde a la solicitud de Roberto Fernández Retamar de que Cortázar diera sus opiniones sobre la situación del intelectual latinoamericano en la coyuntura posterior a la Revolución Cubana. Fue escrita en Saignon, Fran-

de *Rayuela* se inserta en un ambiente cultural e ideológico fuertemente marcado por el deterioro acelerado de regímenes democráticos en América Latina y por la presencia de movimientos de liberación nacional en todo el continente. Este entorno llevaba a replantear, entre otras cosas, problemas vinculados a la función intelectual y a las relaciones cultura/política, temas que habían sido redefinidos ya en el contexto de la Guerra Fría y, de manera más específica, a partir del triunfo de la Revolución Cubana. El debate aludido, que se prolongaría hasta mediados de 1969, abarca el período marcado, entre otras cosas, por el Mayo francés, la matanza de Tlatelolco y el avance de la represión predictatorial en el Cono Sur. El descalabro económico y el autoritarismo rampante iban dando por tierra para entonces con el mito utópico que había servido para conceptualizar la experiencia social desde el romanticismo, y que la narrativa del boom reciclaría desde sus fundamentos liberales.[3] El inicio de la polémica coincide con la publicación de *Cien años de soledad* (1967) de Gabriel García Márquez, texto cumbre de la novelística latinoamericana de esos años, en el cual cristaliza, podría decirse, un sistema poético, una estrategia editorial y un talante ideológico que, en toda su innegable diversidad, subyace a muchos de los conceptos que se analizarán en este artículo.

En su carta-respuesta a Fernández Retamar, Cortázar intenta reflexionar sobre la condición del intelectual latinoamericano, como solicitara el crítico cubano, partiendo de la especificidad de su propia situación de escritor instalado en Europa y tomando en consideración el impacto que ese hecho habría tenido en el desarrollo de su literatura. Apelando a una serie de premisas que tocan puntos neurálgicos de lo que podría llamarse el espíritu de la época, Cortázar se define como «un ente moral» y como «un hombre de buena fe» que a pesar de su alejamiento voluntario de la Argentina en 1951 ha mantenido contacto con América Latina

cia, el 10 de mayo de 1967, y publicada en la revista cubana *Casa de las Américas* en ese mismo año.

[3] Hernán Vidal define el mito utópico como «la concepción romántica de las historias nacionales como peregrinación entre dos polos, barbarie y degradación americana, entrada a la civilización europea transferida a América» (1976: 51). De manera complementaria, el mito adánico supone que «el cuerpo americano llegará al estado utópico mediante un corte radical con el pasado» (ibíd.: 53).

desde una perspectiva que caracteriza como «mucho más europea que latinoamericana, y más ética que intelectual» (Cortázar 1967: 6). Contrapone la visión «planetaria [que] opera por conjuntos y por síntesis» –la cual dice haber adquirido al colocarse «al margen de la circunstancia local»– a «los intelectuales de escarapela y banderita» que le reprochan su alejamiento de la patria, y también a los escritores que trabajan alentados por una «misión nacional». Afirma, en una frase que Arguedas recibió como un ataque personal:

> El telurismo [...] me es profundamente ajeno por estrecho, parroquial y hasta diría aldeano: puedo comprenderlo y admirarlo en quienes no alcanzan, por razones múltiples, una visión totalizadora de la cultura y de la historia, y concentran todo su talento en una labor «de zona», pero me parece un preámbulo a los peores avances del nacionalismo negativo cuando se convierte en el credo de escritores que, casi siempre por falencias culturales, se obstinan en exaltar los valores del terruño contra los valores a secas: el país contra el mundo, la raza (porque en eso se acaba) contra las demás razas. [Este proceso] puede derivar en una exaltación tal de lo propio que, por contragolpe lógico, la vía del desprecio más insensato se abra hacia todo lo demás. Y entonces ya sabemos lo que pasa, lo que pasó hasta 1945, lo que puede volver a pasar (ibíd.: 8).

Las nociones de totalización e internacionalismo –por oposición a las de regionalidad, que implica, en este contexto, fragmentación, localismo, especificidad, y nacionalismo– forman parte de la retórica de la izquierda cultural de esos años. La cultura es concebida como un espacio integrado y participativo capaz de producir y proveer visiones de conjunto, organizadas a partir de los grandes paradigmas filosóficos de la modernidad. El ideal al que remite la visión de Cortázar depende de un concepto de historia universal que no es ajeno a los modelos eurocentristas –etnocentristas– que se aplicaran en América Latina desde la organización de los Estados nacionales. Desde esa perspectiva, la inscripción del intelectual en el centro del gran sistema cultural occidentalista garantizaría la superación de valores contingentes a partir del trascendentalismo humanista que reivindica para sí un universalismo ético-estético que abarca y sobrepasa la circunstancialidad de lo local. La –sin duda excesiva– alusión al nacional-socialismo presentado como incremento natural de la adhesión a «los valores del terruño» y de la «exaltación [...] de lo propio» muestra la posición defensiva de quien se siente obligado a justificar su excentricidad con respecto a la escena latinoamericana asestando el primer golpe en el punto neurálgico de la ideología, con toda seguridad la zona más sensible en el imaginario de la época. La ligereza con que el argentino decide ignorar, desde su asentamiento parisino, la importancia de lo local y con la que asimismo despacha el tema de la raza, es reveladora de su propio condicionamiento cultural como ciudadano de uno de los países más europeizados y pretendidamente «blancos» de América Latina.

Las respuestas de Arguedas, tanto a los conceptos vertidos por Cortázar en el citado documento inicial como al reportaje que la revista *Life en Español* concediera al argentino y publicara el 9 de abril de 1969, aparecen integradas, respectivamente, al *Primer* y *Tercer diario* que forman parte de *El zorro de arriba y el zorro de abajo* (1971).[4] Esta inclusión, que como ha observado Mónica Bernabé convierte a Julio Cortázar en un «lector in fabula» integrado al proceso de composición de ese texto (2006: 18, n. 22) permite también a Arguedas fundamentar su propia situación de discurso: la que se afianza en el contacto directo con las culturas representadas en sus textos y con los actores que pasan de la realidad andina al texto literario a través de los bordes permeables de una escritura concebida como inseparable del entorno regional del que surge.[5] El intercambio entre ambos escritores se cierra con el «Inevitable comentario...» publicado por Arguedas en *El Comercio* (1 de junio de 1969) aunque sus ecos continúan haciéndose presentes en la obra crítica de otros autores y de manera muchas veces implícita, en debates actuales.[6]

---

[4] Un resumen de argumentos anteriores junto con una versión de los comentarios de Arguedas que aparecerían integrados en el *Tercer diario* apareció en el semanario uruguayo *Marcha*.

[5] El procedimiento hibridiza asimismo el discurso novelesco, al combinar elementos autobiográficos e históricos a la ya heterogénea trama del texto arguediano, cuya naturaleza ficcional, testimonial y etnográfica, y cuya intertextualidad con *Dioses y hombres de Huarochirí* traducido por el mismo Arguedas al castellano, han recibido mucha atención por parte de la crítica. Para una edición crítica y un panorama sólido de relecturas de *El zorro de arriba y el zorro de abajo*, ver la edición crítica coordinada por Ève-Marie Fell (1992). Para una interpretación del texto dentro de los parámetros de la cultura andina y en relación con las vinculaciones entre oralidad/escritura, ver Lienhard (1990).

[6] Ver, por ejemplo, Vargas Llosa (1996). El presente artículo explora justamente la continuidad de los tópicos que ocuparon a Arguedas/Cortázar en debates actuales.

III

En una atmósfera polarizada no sólo entre *establishment* y resistencia popular sino dentro del seno mismo de la izquierda latinoamericana, el enfrentamiento entre dos de los más notorios escritores del momento fue leído como una guerra de posiciones en la que se estereotipaban, no sin una considerable dosis de (melo)dramatismo, las tendencias ético-estético-ideológicas que atravesaban el sistema cultural de la época. En Arguedas y Cortázar se situaron, desde el comienzo, versiones contrapuestas de esas orientaciones, como si se tratara de peticiones de principio excluyentes y autónomas. El debate se estructuró como un problema de legitimación profesional, en el que subyacían, sin embargo, otras cuestiones relacionadas con la constitución del mercado cultural y con los conceptos mismos de autor (o Autor) y creación (o Creación) como categorías que registraban ya la crisis de lo que Aníbal Ponce había llamado, varias décadas antes, «humanismo burgués». La polémica Arguedas/Cortázar venía a comprobar que la categoría propuesta varias décadas antes por el crítico argentino no había sido reemplazada aún por un concepto convincente que estuviera más a tono con el compromiso ideológico que abrazaba por esos años la intelectualidad de izquierda, no, ciertamente, por un «humanismo proletario» capaz de potenciar la función de otros actores y otras dinámicas de producción cultural en América Latina. Lo que es más, el debate dejaba en claro que, más allá de lo que hubiera podido esperarse en esos años ideológicamente revulsivos, desde cualquiera de las posiciones enfrentadas en la polémica, la conciencia sobre el capital simbólico que representaba el campo de lo estético más bien tendía a fortalecer la institucionalización literaria que a cuestionarla, reforzamiento que alcanzaría con la orquestación editorial del boom su momento de máximo esplendor. A nivel más teórico, el debate se vinculaba también a otras áreas polémicas: el problema de la adscripción de América Latina a la modernidad, el alcance y sentido de los procesos de transculturación, la definición de campos intelectuales *à la* Bourdieu, y la problemática relación entre intelectual y Estado nacional.

En ambos contrincantes se articulaban, además, otros campos de significación. Cada uno representaba los rasgos reconocidos en general como característicos de sus respectivas áreas culturales: el cosmopolitismo europeizante, gozosamente *light* del argentino –«me considero sobre todo como un cronopio que escribe cuentos y novelas sin otro fin que el perseguido ardorosamente por todos los cronopios, es decir su regocijo personal», diría Cortázar en la carta abierta que inicia la polémica (1967: 5)– y el telurismo militante y atormentado del peruano –«desde que empecé a escribir las primeras líneas de ayer la nuca me oprime hasta desequilibrarme. Estoy haciendo un esfuerzo muy grande para hablar con una mínima limpieza, como para que estas líneas puedan ser leídas. Así somos los escritores de provincia, éstos que de haber sido comidos por los piojos llegamos a entender a Shakespeare, a Rimbaud, a Poe, a Quevedo, pero no el *Ulises*», señalará Arguedas en su primera respuesta de la revista *Amaru*.

Como se ha indicado antes, la polémica articula la posición de ambos escritores en torno a la relación entre lo nacional y lo foráneo o, más precisamente, entre la labor intelectual desplegada *in situ*, dentro del territorio nacional, y la desarrollada en el exterior. Arguedas, que ha pasado a representar dentro de los estudios latinoamericanos el prototipo del productor cultural postcolonial, defiende el vínculo entre su asentamiento «provinciano», la marginalidad social en países aún marcados por privilegios de clase, raza, etc., e, implícitamente, el acceso a saberes locales. Cortázar, por su lado, fundamenta los beneficios de la distancia en la labor intelectual, indicando que «una visión supranacional agudiza con frecuencia la captación de la esencia de lo nacional» (Arguedas/Cortázar 1969: 29). No pasa desapercibida en estas posiciones la tensión –por no decir la paradójica contradicción– entre la temática de la dispersión transnacional causada por el fenómeno del exilio y los esfuerzos de apropiación de la «esencia de lo nacional», desde las distintas posiciones ocupadas por ambos escritores, concepto que constituye uno de los principios centrales del discursos identitario del liberalismo latinoamericano. Es como si la nación (que los movimientos de liberación buscaban transformar radicalmente) y, sobre todo, su «esencia» transhistórica se mantuvieran aún como la principal plataforma de legitimación ideológica para la intelectualidad de izquierda.

Sin embargo, la adscripción espacial –geocultural– que parece ocupar el primer plano del debate (escritores trabajando *in situ*, sedentariamente, desde sus realidades nacionales *versus* intelectuales «nómades», expatriados por exilio político, diáspora sexual o migración económica, deslinde que no se realiza, sin embargo, de manera explícita) es menos clara de lo que parece. Adentro/afuera comenzaba a ser ya en esos años una distinción que, aun resultando retóricamente operativa, no llegaba a dar cuenta de la complejidad que caracterizaba la circunstancia histórica del período. Para entonces, lo que ya estaba en juego era el estatuto mismo de las culturas nacionales entendidas no sólo como plataformas para la definición de identidades colectivas sino también como el lugar legitimado («natural») de producción y consumo intelectual. Sin duda este concepto, que colocaba al Estado y sus instituciones como los principales gestores, reproductores y administradores de discursos identitarios –de «cultura nacional», en sentido amplio– era correlativo a la concepción liberal de la nación como espacio articulador de la ciudadanía dentro de los límites político administrativos demarcados por las categorías de lengua, historia común y territorialidad compartida, que habían sido aplicados para la organización de las sociedades postcoloniales en América Latina a partir de la emancipación. Pero los exilios político-económicos que se incrementan a fines de los años sesenta pondrían en jaque esta estructuración, al desplazar al ciudadano desde sus coordenadas propias (lengua, público, tradiciones, afiliaciones socio-culturales) hacia las adoptadas en el proceso de su reterritorialización.

En efecto, el fenómeno de emigración masiva plantea en la práctica, ya desde esos años, el problema del lugar de enunciación o de la posición de discurso –que la crítica cultural descubriría teóricamente muchos años después– a partir de una serie de preguntas referidas a los límites de lo nacional. Esta noción de base presentaba también otras interrogantes acerca de la pertenencia de productores y productos culturales al país de origen o al de adopción, y sobre la experiencia migratoria como variante significativa en la interpretación de la experiencia creadora y en el proceso de formación de identidades individuales y colectivas. Puede decirse que, para América Latina, en los años a los que nos estamos refiriendo nace la experiencia de disemiNación que Homi Bhabha pondría sobre el tapete muchos años después para referirse a procesos de (des)(re)territorialización y a su impacto sobre la función intelectual en sociedades postcoloniales. Surge, asimismo, la noción de frontera como concepto estructurador a nivel no sólo cultural sino también político-ideológico. El nacionalismo, que es quizá la estructura de sentimientos más significativa y problemática de la modernidad, sólo puede ser elaborado por exclusión y contraposición, a partir de la conciencia del otro, o sea de la diferenciación y de los límites entre la identidad y lo que se sitúa más allá y se resiste a la asimilación. Aunque la noción de ciudadanía implica, a este nivel, un innegable grado de universalidad, el nacionalismo interpela a un sujeto acotado y específico –«contingente» y «accidental», dirá Bhabha– desde el punto de vista histórico y geocultural. Las fronteras problemáticas de la modernidad se asientan justamente en las ambivalentes temporalidades y espacialidades que coexisten en la nación-Estado. Bhabha se pregunta: «How do we plot the narrative of the nation that must mediate between the teleology of progress tipping over into de 'timeless' discourse of irrationality?» (1994: 142). Bhabha percibe, como el mismo Arguedas en su propio registro, la ineludible articulación entre arcaísmo y modernización en el proyecto nacional periférico, y la tensión perpetua, irresoluble, entre las posiciones de sujeto que los contrincantes de la polémica latinoamericana representan y –quizá innecesariamente– radicalizan. Es como si la polémica hubiera existido para ilustrar desde la plena modernidad los conflictos y desfases de la modernidad post-, y para reivindicar, en última instancia, la heterogeneidad no-dialéctica que Cornejo Polar descubriera como matriz de la socialidad andina y que puede expandirse a la totalidad latinoamericana: diversos sistemas socio-culturales que coexisten en una temporalidad combinada y cuya naturaleza consiste no en la superación del conflicto –en la búsqueda de una armonía imposible– sino en su elaboración permanente.[7] De igual modo, en esta misma línea crítica, podría decirse que en Cortázar se representa de manera casi paradigmática la índole dual del migrante y la necesidad de este sujeto de articular pérdida y reinserción cultural, el aquí y el allá, las contradictorias relaciones con la lengua y la comunidad propias y adoptadas, las nociones de identidad y diferencia, territorialidad y forasterismo, o sea la multiplicidad y sincretismo que distintas localidades imponen a la subjetividad postnacional. La nación moderna está hecha de la acumulación de sus fragmentos, de las disyunciones, fisuras y tensiones que el nacionalismo ha querido ignorar con su proyecto de homogeneización liberal, pero que han resurgido en los escenarios postcoloniales en los

[7] Sobre el tema de la heterogeneidad, ver Cornejo Polar (1989a y 1994a). Para una interpretación de la evolución de este concepto, ver Moraña (1995a).

que la noción holística de totalización cultural ha sido reemplazada con conceptos que reivindican, más bien, la multiplicidad de proyectos, posicionamientos y subjetividades.

IV

Sería desacertado pensar, sin embargo, que el debate Arguedas/Cortázar se limita, sin más derivaciones, al enclave puntual de los contrincantes en el adentro/afuera de sus respectivas culturas nacionales. De manera indirecta, la contraposición de opiniones en torno a la legitimidad conferida por el lugar de enunciación alcanza también a las respectivas poéticas, es decir, a las perspectivas epistemológicas y a los sistemas de representación que caracterizan la obra de ambos autores. Arraigada en el telurismo andino y nutrida por tradiciones y mitos del mundo indígena, la literatura arguediana se plantea como una alternativa al occidentalismo: reivindica las visiones y matrices conceptuales de pueblos devastados por el colonialismo que sobreviven en los márgenes de la nación moderna. Las poéticas transculturadas de escritores como Arguedas, Roa Bastos o Asturias integran el «irracionalismo» o el elemento mágico como marca simbólica diferencial que corresponde a formas alternativas de conocimiento y de inserción social, y también como modalidades otras de vinculación con la modernidad periférica de América Latina. En ese sentido, la novela cumbre de Gabriel García Márquez, *Cien años de soledad*, aparecida en el mismo año en que se inicia la polémica Arguedas/Cortázar, puede ser vista como el proyecto estético de releer los avatares de la historia latinoamericana en la clave de una fabulación que se apoyaba en recursos alternativos a –aunque, podría alegarse, también cooptados por– la racionalidad burguesa, para conocer el mundo y actuar sobre él. Pero no todos los escritores apuestan a la síntesis como conciliación estético-ideológica. Algunos, como Arguedas o Cortázar, prefieren intentar legitimarse como representantes de posiciones más polarizadas y situar en lugares diversos el plus de la fabulación y de la ideología. En estos casos, donde se apuesta a contenidos más unívocos, el problema de la territorialidad resulta fundamental. Dice Jean Franco, respecto a Arguedas y Roa Bastos, por ejemplo:

> [...] perseguidos por el espectro del anacronismo y el de ser sombras de la cultura europea estos escritores basaban sus reclamos de originalidad latinoamericana en los fragmentos y supervivencias en sus sociedades de culturas no-occidentales, y en la tradición de «maravillas» que retrotraían a la conquista y al descubrimiento (Franco 2002: 161; mi traducción).

Más adelante, señala, refiriéndose a *El zorro de arriba y el zorro de abajo*, de José María Arguedas, y a *Mulata de Tal,* de Miguel Ángel Asturias:

> [...] el poder de lo indígena deriva de su territorialidad, una territorialidad que tiene connotaciones sagradas. Esto significa que [los] estilos [de Arguedas y Asturias] no fueron fácilmente exportados a aquellas áreas de América Latina en las que los indígenas fueron suprimidos o exterminados. En este caso «lo mágico» se encuentra en otra parte (ibíd.: 173).

En Cortázar, «lo mágico» es una forma de lo urbano, pero se relaciona a una urbanidad abstracta, deshistorizada y transnacionalizada, que capta lo esencial de la modernidad y lo reviste de manierismos regionales que negocian su inserción en el gran sistema –auto-legitimado– de la literatura mundial y la cultura primermundista que la contiene. A modo de ejemplo, podría alegarse que en «la Maga» de *Rayuela*, por ejemplo, importa menos la condición rioplatense del personaje que el afrancesamiento de su entorno, es decir, que la articulación de lo nacional con los paradigmas –y los lugares comunes– de una modernidad europeizada.[8] A través de estos recursos, Cortázar mueve la literatura hacia el otro espacio donde no puede ser considerada «subdesarrollada» y donde está fuera del alcance tanto del universalismo abstracto como de la cruda referencialidad (Franco 2002: 6).

De modo que la territorialidad del escritor se articula a su estética. Pero hay más. Si la literatura funciona, como plantea Jean Franco, como

---

[8] *Rayuela* se inicia con la siguiente frase, que define al personaje por su ubicuidad y descentramiento: «¿Encontraría a la Maga? Tantas veces me había bastado asomarme, viniendo por la rue de Seine, al arco que da al Quai de Conti, y apenas la luz de ceniza y olivo que flota sobre el río me dejaba distinguir las formas, ya su silueta delgada se inscribía en el Pont des Arts, a veces andando de un lado a otro, a veces detenida en el pretil de hierro, inclinada sobre el agua» (1963: 15). Para una aguda crítica de *Rayuela*, ver Concha (1996).

el anti-Estado –«la fantasía como un territorio liberado» (ibíd.: 7)– la manipulación de la distancia (los grados de alejamiento con respecto al *locus* originario de lo nacional, pero también el valor simbólico que se le confiere) constituye ya no sólo un dato biográfico sino un dispositivo ideológico que define y legitima la función intelectual y sus productos.

Finalmente, como ha notado Mónica Bernabé, la división del campo intelectual de esos años es menos tajante de lo que parece. A través de la polémica Arguedas/Cortázar, sin embargo, el mundo aparece claramente repartido entre los escritores de adentro y los de afuera, entre los «provincianos» y los «forasteros» o extranjerizantes, los vocacionales o aficionados y los profesionales, los que incorporan a su poética los elementos populares, la tradición, la oralidad, el mito, y los que componen su mundo con los aportes de la modernización literaria y la experiencia de la exterioridad, los que entienden su obra como una aproximación estético-etnográfica a los universos representados y los que reivindican la autonomía de la ficción, los que practican un «etnocentrismo rural» o indigenista (Bernabé 2006: 13, n. 13) y los que se definen por su «cosmopolitismo eurocéntrico». Sin embargo, lo cierto es que, por un lado, la institucionalidad literaria los abarcaba a todos, aunque dentro del amplio campo de la producción literaria pudieran distinguirse proyectos bien diferenciados y sistemas ético-estético-ideológicos distintos y hasta contrapuestos.

V

De todos modos, el aparte de aguas que se produce en el contexto de la polémica sitúa en el espacio encabezado por Arguedas a otros escritores igualmente apegados al sustancialismo regionalista fundado en las fuentes de la cultura popular o indígena, la oralidad, el mito, las tradiciones y la naturaleza americana (Guimarães Rosa, Rulfo, Roa Bastos y el mismo García Márquez). Éstos forman parte del universo de los transculturados identificados por Rama como miembros de una misma legión. Del lado de Cortázar quizá la más notoria alianza se establece con Mario Vargas Llosa, a quien el escritor argentino nombra en sus intervenciones para fundamentar la legitimidad y la efectividad de su propio proyecto. En sus comentarios sobre la polémica, Vargas Llosa restaría importancia a los temas tratados y minimizaría su proyección sobre escenarios más actuales. Como es sabido, las respuestas de Arguedas a Cortázar fueron escritas en el período final de la vida de Arguedas, cuando éste se encontraba trabajando en el *El zorro de arriba y el zorro de abajo*, que quedaría inconcluso. Los conceptos vertidos por Arguedas están, a no dudarlo, impactados por la profunda depresión que lo aquejaba entonces y que el debate con el narrador argentino parece no haber hecho más que profundizar.[9] Esa circunstancia emocional fue utilizada por Vargas Llosa para desvalorizar la fuerza de los argumentos presentados por el autor de *Todas las sangres*, que habría perdido el debate frente a Cortázar, «quien transparentemente llevó la razón» (Vargas Llosa 1996: 43). Según el escritor peruano:

> Lo sucedido [en la polémica] interesa más como testimonio sobre el estado psicológico en que Arguedas escribió su última novela y los conflictos que lo llevarían a quitarse la vida, que como intercambio de propuestas intelectuales o de posiciones éticas y políticas, pues no hubo nada de esto: sólo se repitieron los archisabidos argumentos de la vieja oposición entre el arraigo y el exilio que recorre la literatura latinoamericana desde principios del siglo por lo menos (ibíd.: 34-35).

Con más rigor y perspicacia, otros críticos han leído de distinta manera la relación entre la vida/obra de José María Arguedas y el drama de la modernidad periférica en América Latina. Alberto Moreiras ve en el suicidio de Arguedas más bien el final simbólico de los proyectos transculturadores que Ángel Rama diseñara –con excesivo optimismo, según Moreiras– en su famoso artículo sobre el tema. Según Moreiras, los proyectos transculturadores habrían demostrado su inefectividad como negociación conciliadora entre modernidad y telurismo facilitando más bien el surgimiento de una «escritura de desapropiación» en la cual se textualiza la imposibilidad de construcción del Estado moderno en América Latina. Para Moreiras, la transculturación podría ser leída, sobre todo en el caso de los *Zorros* de Arguedas, no ya como un camino hacia el significado sino hacia el estallido del significado (2001: 190). El

---

[9] Ver las opiniones vertidas al respecto por Sybila Arredondo de Arguedas en la entrevista que concediera a Galo F. González, aludida por Vargas Llosa (1996: 34 y n. 19).

abismo cultural que separa las culturas indígenas de los proyectos político-sociales del occidentalismo –ese espacio indeterminado y ambiguo que atraviesan los procesos de transculturación– no puede ser zanjado por completo desde una estética que, como la de Arguedas, no puede más que definirse a partir el telón de fondo de la propia heterogeneidad del narrador con respecto al mundo representado, aunque los grados de consubstanciación del productor cultural con el conjunto de tradiciones, valores y formas de conocimiento del universo andino sean en este caso muchísimo mayores que los que informan cualquier otro proyecto indigenista en la región. Identificación, mimetismo, apropiación, réplica, ventriloquia son conceptos que pueden ser usados –y discutidos– en referencia al proyecto arguediano de representación del mundo indígena. Pero lo que es evidente es que en su obra la palabra poética siempre está revelando no sólo la voluntad de recuperación de ese mundo sino también la distancia cultural entre dos proyectos diversos de organización comunitaria y vivencia social –el mundo criollo y el indígena– dejando al descubierto el carácter doblemente residual de las culturas subalternizadas por el colonialismo y ubicadas en el margen del margen latinoamericano.

En la discusión con Cortázar, que con razón agudiza la crisis emocional de Arguedas, éste se enfrenta, como intelectual y creador, a un límite ético, epistemológico y representacional, para no mencionar el vivencial, inextricablemente entrelazado con los anteriores. Como él mismo percibe, la suya es una literatura de mediación, que al explorar a través de diversos procedimientos la diferencia andina no puede más que confirmar, una y otra vez, el drama histórico y cultural de la alteridad y la subalternidad a que los pueblos indígenas fueron condenados desde la conquista, así como el lugar exógeno del productor cultural que opera desde los protocolos y espacios de la cultura dominante. Si mestizaje y transculturación son formas post- y quizá neocolonialistas de asimilación a los modelos hegemónicos e incorporación a los paradigmas del occidentalismo, el proyecto arguediano marca el límite final –el abismo, el huaico– al que se enfrenta la ideología del progreso y la conciliación cultural de la modernidad en la periferia latinoamericana. Entendida como máquina de guerra (Moreiras 2001: 195), la transculturación no es una estrategia emancipatoria sino asimilativa: es el arma a través de la cual el poder dominante intenta cooptar la cualidad antagonística de la heterogeneidad –esa oposicionalidad no dialéctica de que hablara Cornejo Polar– con la promesa de una armonía imposible.[10] El tramado constituido por la vida/obra de Arguedas sólo puede desnarrativizar, desde su beligerante dualidad cultural, la historia nacionalista y liberal de América Latina, allí donde Cortázar cumple con renarrar –casi obsesiva y desfasadamente, podría decirse– desde su asentamiento parisino, el proyecto europeizante de las elites letradas.

Los riesgos de exotización del mundo representado, así como los de traducción cultural y exterioridad etnográfica no son ignorados por Arguedas, aunque sí sorteados con los recursos que brinda una sensibilidad excepcional, y un manejo inusual de las técnicas aportadas por la modernidad literaria, las cuales son filtradas y reacondicionadas a partir de las necesidades expresivas que el proyecto arguediano requiere y asume. Pero la misma institucionalidad literaria que sustenta la imaginación arguediana constituye en este autor (como, podría alegarse, en Miguel Ángel Asturias) un muro de resistencia que desafía implacablemente las poéticas que surgen de las «regiones internas» de América Latina. En Arguedas, oralidad y literatura, tradición y modernidad, mito e historia, márgenes y centros, palabra y silencio, asincronicidad y tiempo histórico, crean una tensión que alimenta y sostiene la poética. Pero esa misma tensión es la que, en última instancia, termina corroyendo los fundamentos mismos de la biopolítica individual y colectiva todavía sustentada por la utopía liberal de la conciliación entre los diversos sistemas que conflictivamente componen la sociedad andina. En esta economía de elementos, la autoaniquilación del autor metaforiza el cierre de un proyecto imposible, que no podía sino quedar abierto e inconcluso. Como el universo representado, la poética de la mediación sólo puede existir en suspensión, en el intersticio entre conocimiento y acción, conciencia y deseo.[11]

---

[10] Para otra interpretación de la teoría de la transculturación en relación con el contexto de la época en que fue reelaborada por Rama, y en relación con la problemática de las culturas nacionales, ver «Ideología de la transculturación» en Moraña (2001).

[11] Alberto Moreiras trabaja el tema del suicidio de Arguedas como final simbólico del realismo mágico. Uno y otro apuntan hacia la noción de apropiación imposible de una realidad personal y social que se resiste a ser capt(ur)ada y reducida por el proceso del conocimiento. La historia, individual y colectiva, impregnada de colonialidad, es igualmente inabarcable, ilegible e irrepresentable.

La polémica Arguedas/Cortázar toca en su borde más agudo el drama de la modernidad periférica de América Latina: pone en cuestión los límites del proyecto modernizador basado en la delimitación político-administrativa del Estado-nación, coloca sobre el tapete el problema de la ética intelectual advirtiendo las interrelaciones peligrosas entre producción cultural, mercado, territorialidad y mundo representado, y problematiza la noción misma de América Latina como totalidad, al llamar la atención sobre los diversos proyectos, fragmentos y localizaciones que la componen. Pero inserta, sobre todo, el drama de la colonialidad sobre el inescapable telón de fondo del occidentalismo. La mercantilización de lo simbólico y la fetichización de lo político –dos direcciones que los años sesenta contribuirían a consolidar– terminan produciendo la volatilidad de lo ideológico. En ese borde, en el cual todavía seguimos instalados, y al tiempo que otras voces de la brillante escena de la década de los sesenta se siguen diluyendo ante nuevas ofertas estéticas, la escritura truncada de José María Arguedas sigue recorriendo, afantasmada, los imaginarios de la postmodernidad, testimoniando la continuidad del drama histórico, político y social de América Latina y sugiriendo la necesidad de imaginar otros finales posibles para las narrativas del fracaso.

Ideología de la transculturación

Como es el caso con muchas nociones recurrentes dentro del campo de los estudios culturales latinoamericanos, la de transculturación ha persistido en el discurso crítico de las últimas décadas, en gran medida gracias al incesante proceso de recontextualización y resemantización que la articula a áreas, períodos, disciplinas y proyectos ideológicos diversos.[1] Como las nociones de hibridez, sincretismo, heterogeneidad, otredad, Neobarroco, y tantas otras que se inscriben dentro del mismo campo teórico, la de transculturación se fundamenta en el trasiego interdisciplinario que se propone dar cuenta de las dinámicas globales de un continente que debe a su condición neocolonial no sólo las tragedias de su historia sino también sus marcas de especificidad socio-cultural.

Sin caer en ningún tipo de fundamentalismo latinoamericanista, conviene sin embargo recordar que, como Rama sugiere en muchos de sus textos, aunque la crítica no constituye ni reemplaza a la obra criticada, sí la emplaza e interpela a partir de modelos teóricos que responden a su propia teleología.[2]

Si la crítica literaria no constituye el texto literario, sí lo institucionaliza como praxis cultural y como corpus, le superpone, para bien o para

---

[1] Como se sabe, la noción es tomada por Rama del libro del etnógrafo cubano Fernando Ortiz, *Contrapunteo cubano del tabaco y el azúcar* (1940), prologado por el antropólogo de origen polaco Bronislaw Malinowski, quien alaba el uso del término «transculturación» para hacer referencia a los intercambios culturales en las formaciones sociales latinoamericanas. El término corrige la noción de pérdida de la cultura original que sugiere la noción de «aculturación» y da cuenta de las nuevas síntesis y del proceso de construcción continua de las culturas neocoloniales.

[2] En su «Prólogo» a *La novela en América Latina. Panoramas 1920-1980*, Rama indica: «Ocurre que si la crítica no constituye las obras, sí construye la literatura, entendida como un corpus orgánico en que se expresa una cultura, una nación, el pueblo de un continente, pues la misma América Latina sigue siendo un proyecto intelectual vanguardista que espera su realización concreta» (1986: 15-16).

mal, organicidad a través de lecturas y palimpsestos interpretativos, convirtiendo el objeto de estudio en constructo ideológico. En este sentido, al relevar la obra o la praxis cultural de que se trate, la crítica ya no devela o revela su objeto, sino que más bien vela sus contenidos, su remota e inapresable intencionalidad, con la opacidad de su elaboración.

Si bien es cierto que la obra no existe socialmente antes ni afuera de esas operaciones interpretativas, también es cierto que éstas ilustran muchas veces más sobre el sujeto interpretante, sus coyunturas históricas, teóricas y personales, que sobre los objetos de esa interpretación.

El objetivo de estas notas es justamente reflexionar acerca de la teorización de Rama sobre la transculturación narrativa en tanto praxis crítica que se articula a las alternativas de una América Latina escindida por la polarización político-ideológica y la fracturación de los Estados nacionales a efectos de la represión dictatorial, los exilios masivos y la desarticulación de las estructuras de resistencia y organización popular.

Esta situación de discurso tiene un evidente impacto en las teorizaciones de la época. Por un lado entra en crisis la noción misma de culturas nacionales al tiempo que comienza a revisarse el papel del intelectual en los procesos sociales y políticos, las nociones de pueblo y ciudadanía así como los entrecruzamientos entre discurso poético, discurso crítico y discurso político.

En un imaginario latinoamericano marcado a fuego por la experiencia de la desterritorialización, la práctica de una represión dictatorial transnacionalizada sustituye de golpe la utopía renaniana de la nación como una «solidaridad en gran escala», «un plebiscito diario», «una comunión espiritual y psicológica» con la complicidad regionalizada del terrorismo de Estado. Quizá uno de los mayores desafíos de la conciencia latinoamericana de los setenta haya sido tratar de asimilar la imagen dislocada de un continente desagregado y ajeno de sí mismo, que se imagina sin embargo porfiadamente, a nivel nacional y continental, como comunidad posible, desde una posicionalidad carente de consenso, de territorio, situada «en ningún lugar».

Como se sabe, el concepto de transculturación surge en la obra de Rama a mediados de los años setenta, ante el desafío interpretativo que propone la narrativa neoregionalista (Arguedas, Rulfo, Guimarães Rosa, García Márquez) que ante los efectos de la renovación vanguardista pone en crisis en las décadas anteriores tanto el modelo mimético del realismo crítico como la opción fantástica del postmodernismo, reciclando e integrando innovativamente sus recursos estético-ideológicos.[3]

A través de su teorización a propósito de este fenómeno de transferencia o transitividad cultural, Rama explora las relaciones entre universalidad e identidad nacional, y las distancias y mediaciones que permiten a los autores de la transnacionalización una síntesis que elabora y promueve, sin desnaturalizarlos, los contenidos auténticamente americanos y vernáculos.

La cuestión nacional está, evidentemente, en la base de esta elaboración. ¿Qué componentes se articulan en los Estados nacionales de la modernidad, y a través de qué equilibrio de fuerzas va organizándose el imaginario colectivo desde la década de los años cuarenta? ¿Cómo opera la alternativa socialista con respecto a la matriz liberal de la que surge la modernización como proyecto de clase caracterizado por esa «pulsión de homogeneización» que Rama reconoce? Ante el cambio avasallante incorporado por la modernidad, ¿dónde situar los contenidos estables que conforman la nacionalidad? ¿Cómo se opera la labor letrada de representación popular? Pero, ante todo, ¿cuál es el asiento de «lo popular» dentro de la economía sectorial y de los intercambios socioculturales impulsados por el progreso y la urbanización? Más teóricamente, ¿cómo se constituyen y canalizan discursos contrahegemónicos y contraculturales en sociedades neocoloniales, constitutivamente híbridas, dependientes y marginalizadas?

Si bien el concepto de transculturación se enclava críticamente en la obra de Rama en el área de la literatura, su formulación y desarrollo obviamente se proyectan más allá de la textualidad narrativa, justamente a partir del momento en que la serie literaria es entendida como discurso y praxis cultural, como respuesta crítico-simbólica y proyecto ideológico ante la «aceleración modernizadora» (Rama 1982: 206).

El transvase mismo del término de transculturación del campo de la antropología al de los estudios literarios opera a su vez, disciplinariamente, una simbiosis que remeda la que el crítico observa en su objeto

[3] En *Transculturación narrativa en América Latina* (1982) Rama reúne artículos de los años setenta sobre el tema. Su estudio «Los procesos de transculturación en la narrativa latinoamericana» fue publicado originalmente en *Revista de Literatura Iberoamericana*, 5 (abril de 1974), Maracaibo (Venezuela), Universidad del Zulia, Escuela de Letras.

de estudio. El análisis de la transculturación narrativa ilustra, en efecto, el avance, dentro de los estudios latinoamericanos, de la antropología cultural como aproximación globalizante a las praxis y productos culturales del continente como superación del sociologismo lukacsiano tanto como de ciertas modalidades de formalismo ahistoricista.[4]

Contribuye a este cambio en el discurso crítico, por un lado, la polarización política de los setenta y, por otro, a nivel discursivo, la incidencia de la crítica de la industria cultural realizada por Horkheimer y Adorno, del estructuralismo francés (Lévi-Strauss, por ejemplo) y, según otros críticos, también de un marxismo sartreano muy en boga entre los intelectuales latinoamericanos a partir de la Revolución Cubana.[5]

Como critica de la modernidad, la teorización acerca de la transculturación narrativa parte de una serie de premisas que fundamentan la lectura global. La primera, que el neoregionalismo surge como respuesta cultural a la pugna entre las culturas urbanas y extranjerizantes, y las locales o regionales que Rama sitúa en el interior de las naciones latinoamericanas, reductos conservatistas y más o menos estables, portadores de la tradición y los contenidos vernáculos. La segunda, que en la visión de Rama la obra de los «transculturadores» crea «los puentes indispensables para rescatar a las culturas regionales» (1982: 207), que tienden a desnaturalizarse por efecto del influjo modernizador, percibido como el proyecto hegemónico y homogeneizante instrumentado por las elites urbanas.

Si el primer punto se dirige principalmente a diseñar los términos a partir de los cuales operaría la dinámica socio-cultural del medio siglo (de los años cuarenta a los sesenta), el segundo se encamina sobre todo a definir la funcionalidad del productor cultural, su «agencia» mediadora

---

[4] Sobre los intercambios disciplinarios y las influencias del estructuralismo y la crítica de la industria cultural en la teoría de la transculturación, ver de la Campa (1994) y Spitta (1995).

[5] Según Osorio, en la propuesta de Rama se percibe la influencia de la propuesta sartreana de contrarrestar con una concepción sintética el «espíritu de análisis» que caracteriza al pensamiento burgués, y por el cual se descomponen las totalidades en elementos simples. Según el crítico chileno, Rama habría retomado esta idea presentada en *Les Temps Modernes* como punto de partida para su crítica integradora y globalizante (Osorio 1985: 157). Schmidt se hace eco de esta opinión (1994-1995: 194).

y sintetizadora que organiza y racionaliza las fuerzas en conflicto mediante fórmulas de hibridación que absorben el cambio social y lo procesan a través de la formalización de un nuevo orden simbólico.[6]

Respecto a lo primero cabe decir que el diseño dicotómico del que parte el esquema de Rama no es, ni pretende ser, original. La ciudad como unidad y centro dominante, de irradiación de elementos foráneos que las elites aspiran a imponer como proyecto de clase, y el campo (el interior) como espacio idealizado que contiene los fundamentos permanentes de la identidad nacional, ámbito de la autenticidad, de la pluralidad y el preracionalismo anti-europeo, matiza sólo en grado las tesis sarmientinas (sobre todo a nivel axiológico), pero mantiene fijo el ideal nacionalista que la estrategia transculturadora ayudaría a preservar.

Como en muchas teorías afincadas en la condición neocolonial latinoamericana, el dualismo ciudad/campo remite al problema etnocéntrico, pero contiene asimismo el peligro de una inversión simétrica que sin suspender la polarización, transmute los valores asignados a uno y otro espacio.

El esquema que propone el espacio interior como utopía y como asiento de la identidad avasallada por la ciudad («letrada»), espacio del Logos y el Poder, autoriza en ese marco de lectura la visión de las dinámicas nacionales como ejemplos de colonialismo interno, procesos de réplica «a escala» de los imperialismos modernos, legitimando la perspectiva «nacional-populista» que informa la teoría de la transculturación. Al efectuar la síntesis, los transculturadores lograrían promover, en la visión de Rama, una conciliación que respeta la autentidad vernacular y los contenidos propiamente populares que integran la nación neutralizando los efectos de una modernidad a la vez niveladora y desigual.

Difiero en parte con la interpretación que califica de plano la propuesta de Rama como «nacional populista» (D'Allemand 1993), ya que la intención de regionalizar y aun de transnacionalizar el análisis crítico carga obviamente el énfasis en la perspectiva continentalista. Pero entiendo también que la estructuración básica del estudio de Rama parte

[6] Schmidt ha notado este aspecto de Rama en su análisis comparativo de la teoría de la transculturación y los conceptos de Cornejo Polar de «heterogeneidad» y «totalidad conflictiva».

en efecto de una problematización de lo nacional como matriz burguesa y liberal que recibe el impacto de los proyectos de modernización leídos, en este contexto, como antinacionales y foráneos.[7]

En todo caso, el esquema refuerza la fundamentación dependentista y difusionista tan divulgada en la década de los setenta y tan propicia al desarrollo de la antropología cultural que formaliza el constructo teórico «América Latina» (el Otro, el Tercer Mundo, el subalterno), que recién ahora comienza a entrar en crisis, con los reordenamientos económicos, sociales y teóricos del fin de siglo.

En cuanto al problema de la mediación transculturadora, evidentemente ésta tiene en la conceptualización de Rama un enclave distinto, que reconoce, me parece, su filiación ideológico-filosófica en un gramscismo de tremenda influencia en la izquierda intelectual latinoamericana de esos años.

Creo que el texto de Rama sobre la transculturación narrativa explora prioritariamente, más aún que las lecturas posibles de la narrativa neorregionalista y sus innovaciones y logros técnicos y temáticos, el lugar del intelectual dentro de los procesos de modernización, desde la perspectiva de un continente polarizado entre el sueño socialista abierto por la Revolución Cubana y alimentado por la activación de los movimientos de liberación nacional a nivel continental, y el recrudecimiento del autoritarismo y la intervención norteamericana en América Latina. En mi opinión, Rama escribe desde una posicionalidad conflictiva tributaria del mito del mesianismo de izquierda de los años setenta pero intrigada por analizar los grados posibles y las consecuencias probables de la cooptación del intelectual en sus nuevas modalidades de articulación con el Estado y las instituciones culturales, incluida la praxis de la literatura.

Entre vanguardia y criollismo Rama ve planteada no solamente la lucha por el poder representacional, ni tan sólo una nueva instancia en la redefinición de las identidades colectivas (sectoriales, regionales, nacionales o continentales), sino sobre todo el surgimiento de subjetividades transnacionalizadas que alteran el mapa cultural e ideológico

[7] D'Allemand contrapone la propuesta de Rama a la de Sarlo, viendo en esta última una superación de las restricciones «nacional-populistas» del crítico uruguayo preocupado por el tema de las identidades nacionales.

vigente hasta la primera postguerra. En otras palabras, advierte una forma diversa y a su juicio inédita de afiliación letrada a los proyectos múltiples de la modernidad, que cancela la distribución tradicional de roles, temas y usos de la lengua sobre la que se habían organizado hasta entonces las culturas nacionales.

Ni tan inédita en sus procedimientos ni tan diversa en su significación cultural a otras prácticas coloniales y neocoloniales, la transculturación enfatiza la mediación letrada como praxis de apropiación y representación de contenidos culturales exógenos e internos, que al confluir se integran dialécticamente dando lugar a totalizaciones que son más que la suma de sus partes. Partes que como consecuencia de esa fusión resultan ellas mismas definitivamente contaminadas por la alteridad: Hernán Cortés nombrado como «la Malinche» por los mexicas que reconocen al conquistador a partir de su relación con Malitzín, la «lengua» que instrumenta su penetración en el Imperio azteca, o los *Comentarios reales* como proyecto historiográfico de apropiación de códigos renacentistas y tradiciones incas, o el Barroco de Indias, como producción híbrida a través de la cual el letrado, portador de una modernidad racionalista, autoritaria y eurocéntrica, corroe los códigos imperiales con contenidos y formulaciones gestadas en el interior de las totalidades coloniales. Ejemplos múltiples de una transitividad cultural que está en la naturaleza misma de la condición (neo)colonial y en las narrativas de la otredad americana. Todas ellas emplazan a su modo la «originalidad» de los modelos culturales que penetran con el paquete del Poder en las culturas «interiores» del continente y que al modificarlo se modifican a su vez.

La novedad de los transculturadores del medio siglo consiste, según Rama, en la reducción de la distancia, en la producción de una escritura «desde adentro» que favorece el polo de los sujetos representados, respeta la identidad y legitima las influencias exógenas al utilizarlas para afinar el instrumento crítico y representacional.[8]

Coincido con Schmidt en que el énfasis del sistema literario latinoamericano como sistema unificado sobreimpone al objeto de estudio una

[8] Ver al respecto el análisis de Larsen *Modernism and Hegemony*, principalmente su apartado «Magical Realism Revised: From Transubstantiation to Transculturation» (1990: 54 y ss.).

organicidad reductivista que no contempla, como en la teoría de Cornejo Polar sobre heterogeneidad y totalidades conflictivas, la coexistencia de diversos sistemas a nivel nacional y regional, los cuales no pueden ser considerados como meras variantes del sistema hegemónico (sistemas populares o en lenguas nativas, subculturas urbanas, etc.). La subyacente ideología del mestizaje como fórmula conciliatoria y niveladora reduce en la teoría de Rama lo cultural a lo letrado, lo letrado a lo urbano, lo latinoamericano a lo hegemónico, reforzando en este mismo movimiento la posicionalidad del intelectual en los procesos culturales, como representador, traductor e intérprete del sustrato de lo popular, categoría teórica –ideológica– situada *a priori* en el espacio utópico del interior de la nación, vale decir, en la interioridad de la teoría.

Creo que el modelo de lectura que propone Rama con su estudio de la transculturación narrativa se completa en el análisis de *La ciudad letrada*, que recorre los procesos de institucionalización cultural de la Colonia a nuestros días en una exploración que sumariamente analiza los efectos y modalidades de la centralidad letrado-escrituraria, y la índole de sus protagonistas. Analiza también los vaivenes y procesos de la inversión simétrica de Horkheimer y Adorno del mito en iluminismo y del iluminismo en mito de la civilización burguesa a los que alude en su trabajo sobre la transculturación narrativa. Y vuelve sobre Borges, figura paradigmática de una modernidad cosmopolita y periférica que injerta, como había querido Martí «en nuestras repúblicas el mundo», a través de su universalismo orillero, híbrido, fronterizo y transculturado.[9]

El reclamo martiano, «pero el tronco ha de ser el de nuestras repúblicas», subyace intacto en la teoría de la transculturación, sólo que la fusión transculturadora que salva «el alma» nacional –como había querido Arguedas en su discurso de 1968 titulado «Yo no soy un aculturado»– con la representación desde adentro de contenidos populares matiza el antiimperialismo político de «Nuestra América» con un nacionalismo y un americanismo que se hacen cargo, como había recordado

[9] Osorio cita la conocida frase de Martí en su fundamentación de que la visión comprensiva de la literatura tiene en Rama notorios y conocidos antecedentes en la obra del poeta cubano, tanto como en la de Pedro Henríquez Ureña y Mariano Picón Salas (Osorio 1985: 157-158).

Mariátegui, de la inevitable matriz liberal de las nacionalidades latinoamericanas.

Las nociones de «aculturación», «desculturación», «neoculturación», «transculturación» que Rama baraja son, obviamente, más que variantes semánticas, etapas de un proceso que va de lo cosmopolita a lo genuinamente nacional, siguiendo aquí también la secuencia que Mariátegui reconociera al analizar los modos posibles de integración de lo popular y de lo exógeno en formaciones sociales no homogeneizadas ni étnica, ni económica, ni lingüística, ni políticamente.

En Rama, la estrategia transculturadora resuelve provisionalmente –culturalmente, simbólicamente– el drama de la modernidad, desesencializa el tema de la identidad y la otredad latinoamericana y canaliza las antinomias nacionales ciudad/campo, hegemonía/subalternidad, sin cancelar las problemáticas de fondo.

Puede aducirse, sin embargo, que el esquema es parcial (urbanista, letrado, nacionalista, funcionalista, dicotómico) y que el arrastre liberal de la propuesta de alguna manera falla por su base, en la identificación de lo popular con lo rural como reducto idealizado y permanente, que existe «en estado de naturaleza» en la periferia de los proyectos y de los centros modernizadores.

En lo esencial, la teoría de la transculturación explora a su manera un vacío principal juzgado por algunos la gran «anomalía» de la teoría marxista aplicada a América Latina: el de la formación de naciones en tanto etapas previas a la instancia internacionalista y el de la formación y coexistencia de diversos proyectos y subjetividades colectivas capaces de interpelar a la nación burguesa desde adentro.

El tema del estatuto de lo popular en las formaciones sociales de la modernidad y de la diseminación articulación de sus contenidos dentro de los discursos dominantes continúa siendo un desafío para la crítica cultural. La microsociología populista de García Canclini, como los análisis de la modernidad periférica en la obra de Beatriz Sarlo, intentan avanzar por el camino de la globalidad analizando las diversas formas culturales como respuestas horizontales a la modernización dando por tierra con el remanente dependentista y los enfoques cerradamente nacionalistas. Quizá nada de esto sería posible sin los aportes fundamentales de Ángel Rama, que desde la balcanizada América Latina de los años setenta trata de apresar utópicamente, desde «ningún lugar», la totalidad y la organicidad de las formaciones sociales del continente, el mismo Rama que en tantas de las teorizaciones actuales es un «interlocutor silenciado» pero de innegable fecundidad.[10]

[10] D'Allemand habla de Rama como el «interlocutor silenciado» en la obra de Beatriz Sarlo.

Violencia en el deshielo: imaginarios latinoamericanos postnacionales después de la Guerra Fría

And out in the Wild West,
–you have seen this movie before–
Four lone cowboys and their skinny ponies ride the range
And suddenly up over the ridge
A thousand Indians rise up around the edge of the plateau
Like they came out of nowhere
And there are only 4 cowboys
But the cowboys look at the Indians and they say:
«Lets go get'em».

Laurie Anderson

Al iniciar su libro *Mémoire du mal, tentation du bien: enquête sur le siècle* (2000), Tzvetan Todorov pasa revista a las atrocidades que marcaron la historia del siglo XX. Primera Guerra Mundial: ocho millones de muertos en los frentes, más de diez millones en la población civil, seis millones de inválidos; genocidio de armenios a manos de los turcos; tremendos saldos de muertos a consecuencia de las guerras civiles en la Rusia soviética. Segunda Guerra: 35 millones de muertos en Europa (por lo menos 25 en la Unión Soviética); exterminio masivo de judíos; bombardeos múltiples a poblaciones civiles en Alemania y Japón; sin olvidar el costo social de la liberación de las colonias. Todorov comienza su libro con una propuesta preliminar: si el siglo XVIII fue el Siglo de las Luces, el XX debería quizá ser conocido como el Siglo de las Tinieblas, un siglo donde la historia es indisociable del totalitarismo y la violencia, en sus diversas formas y contextos.

Latinoamérica siempre ha sido menos efectiva en la tarea de contar a sus muertos. Hasta el día de hoy, no hay métodos consagrados que permitan estimar con cierta exactitud el saldo del colonialismo (incluyendo la muerte por colonización de territorios, sobreexplotación, condiciones de vida infrahumanas, esclavitud) o el balance dejado por las intervenciones estadounidenses durante los siglos XIX y XX, ni hay números que registren las bajas producidas por los enfrentamientos de pandillas urbanas, las movilizaciones obrero-estudiantiles, la violencia policial, el narcotráfico, la violencia doméstica, las dictaduras o los levantamientos indígenas, ni hay cifras que acumulen el costo social –como suele decirse– de las batallas de la independencia, de la resistencia antiimperialista, antitotalitaria, las bajas guerrilleras, los que cayeron en la tortura, los que sucumbieron a la miseria escuchando las promesas de orden y progreso y hoy agonizan en los escenarios del neoliberalismo. No hay cifras que den cuenta de quienes han sido y siguen siendo víctimas de la violencia en Guatemala, Nicaragua, El Salvador, Chile, Argentina, Uruguay, Brasil, Perú, Bolivia, Colombia, Venezuela.

Estas reflexiones se enfocan en lo que podríamos llamar el microsistema de América Latina, particularmente en algunas de las dinámicas que en el contexto de la globalidad y el neoliberalismo acompañan la entrada del continente al nuevo siglo, aunque las consideraciones sobre la violencia como fenómeno social exceden, obviamente, los parámetros geoculturales de esta región. Deseo aquí sugerir solamente algunas bases para el análisis del significado que asume la relación entre nación, violencia y subjetividad en América Latina a partir del fin de la Guerra Fría y en el contexto de la globalidad.

A modo de introducción, habría que señalar que en sociedades postcoloniales, la violencia y el terror constituyen una iniciación traumática y de constantes reverberaciones en los imaginarios colectivos y en los procesos de socialización que siguen a las etapas de conquista y colonización de territorios. El antropólogo Michael Taussig se ha referido elocuentemente a estos procesos en muchas de sus obras. Indica, por ejemplo, en «Culture of Terror – Space of Death»:

> La construcción de la realidad colonial que ocurrió en el Nuevo Mundo ha sido y continuará siendo un tópico de inmenso interés y estudio –el Nuevo Mundo donde el indio y el africano fueron sometidos por un número inicialmente mucho menor de cristianos–. Cualquiera sea la conclusión que podamos sacar de cómo esa hegemonía pudo ponerse en práctica tan rápidamente, sería poco acertado dejar fuera de consideración o desestimar el papel del terror. Y con esto quiero decir pensar a través del terror, lo cual es además de un estado

> sicológico también un hecho social y una construcción cultural cuyas dimensiones barrocas le permiten que sirva como el elemento mediador por excelencia de la hegemonía colonial. El espacio de la muerte es uno de los espacios cruciales desde el que indios, africanos y blancos dieron nacimiento al Nuevo Mundo (2002: 212).

La violencia se encuentra, entonces, en el inicio mismo de la historia de América Latina, constituyendo una matriz que puede ser rastreada todo a lo largo de los siglos, bajo distintas formas de manifestación y representación. Sin querer con esto afirmar un fatalismo de la historia ni una visión determinista de las inclinaciones o recursos de una cultura, es importante retener estos hechos como elementos significativos, de alto valor no solamente histórico sino simbólico dentro de la narrativa identitaria de sociedades postcoloniales.

Al mismo tiempo, es imposible realizar una crítica histórico-político-filosófica de la violencia en América sin considerar las modernidades que desde el período colonial se impusieron a través de una práctica sistemática y articulada de violencia económica, social, cultural, epistémica, sobre las sociedades de la región. Desde que se asentara el dominio monárquico peninsular y se implementara la imposición de la cultura europea en tierras de ultramar arrasando con los territorios, comunidaes y espacios simbólicos de los pueblos prehispánicas, la occidentalización de América y la formación del Estado-nación nacen marcados por liderazgos e intereses de clase que apelan sistemáticamente a la violencia con el apoyo de discursos legitimadores de muy distinto orden que coinciden en la idea de que el progreso y la civilidad dependen de la reducción de todo rasgo, práctica o proyecto que no coincida con los intereses de los sectores dominantes. Así, desde los orígenes de la vida republicana, la práctica democrática y liberal implantada en América Latina propone sofísticamente la coincidencia absoluta entre Estado y sociedad, marginando e invisibilizando a grandes sectores que no se integran productivamente a la estructuración nacional. Con estos precedentes puede afirmarse entonces que la historia de América Latina es la historia de las múltiples e intrincadas prácticas y narrativas de la violencia que atraviesan sus distintos períodos y se entronizan a todos los niveles de la vida política y social de la nación moderna. Sin embargo, lo que hoy nos ocupa es el fenómeno de incremento de diversas formas de violencia ciudadana a nivel continental y las transformaciones que los modelos de ejercicio y conceptualización de la violencia han sufrido en las últimas décadas.

Así, aunque la historia de la violencia puede rastrearse a lo largo de la historia latinoamericana desde el descubrimiento, deseo referirme aquí específicamente a la indudable relación que existe entre las transformaciones que se registran desde la década de 1980 en los países periféricos de América Latina a nivel económico, político y cultural, y el incremento de la violencia que acompaña estos cambios a distintos niveles.

En lo económico, la imposición de políticas neoliberales ha logrado acorralar, en las últimas décadas, a las economías nacionales incrementando las áreas de marginación, de des- y subempleo. A los procesos de transnacionalización acelerada y masiva del gran capital e influencia creciente de las empresas transnacionales en la definición de políticas económicas y culturales, se suma la cancelación de canales institucionales para la presentación de demandas populares, eliminación de espacios de debate político, reafirmación de focos hegemónicos a nivel internacional, etc. El Estado benefactor, interventor, paternalista, ha ido cediendo lugar a una entidad desdibujada que hipoteca el bienestar de la mayoría a las necesidades de protección y de reproducción del gran capital.

Correlativamente, estos cambios propulsaron una redefinición de la idea de democracia, que se ajusta hoy en día a un modelo mucho más restrictivo y excluyente que el que sirviera para describir a los regímenes modernos: democracia = oligarquía + populismo. Según estudiosos del período esta redefinición se ha realizado a partir de estrategias tales como la ruptura de alianzas existentes entre elites reformistas y clases populares, el quiebre de movimientos alternativos que quedaron reducidos a estrategias acotadas de resistencia circunstancial y la destrucción de formas de liderazgo social y político a distintos niveles.[1] Se transfor-

[1] Greg Grandin, por ejemplo, en *The Last Massacre: Latin America in the Cold War* (2004), analiza la relación entre la Guerra Fría, los movimientos de izquierda y las transformaciones de la democracia liberal en América Latina, concentrándose en el caso de Guatemala. Su libro arguye que el terror de la Guerra Fría fortaleció las fuerzas antiliberales, contribuyó a la militarización y rompió el vínculo entre libertad e igualdad. La violencia que sigue a este período tiene que ver, según él, con la imposibilidad de desarrollar proyectos liberales dentro de los marcos de la democracia y con la frustración de muchos sectores excluidos que no encontraron como canalizar sus reclamos.

ma así radicalmente la relación entre sujeto y sociedad, entre política, ética y subjetividad, reemplazando los objetivos sociales por un individualismo consumista a veces aderezado de remozadas religiosidades tradicionales o de propuestas *new age*, que, prometiendo consuelo y trascendencia ante las traiciones de la modernidad, brindan una alternativa de socialización que posibilita eludir los desencantos y desafíos de la historia presente.

El vaciamiento político del Estado, el debilitamiento de las políticas partidistas y la disminución de alternativas ideológicas que permitan pensar lo social desde un afuera –aunque sea utópico– del neoliberalismo, ha incrementado el sentimiento de desprotección ciudadana. Esto se suma al desvanecimiento del Estado benefactor que rigiera con variantes hasta la primera mitad del siglo XX. Los imaginarios urbanos están atravesados por sentimientos de desamparo económico, agotamiento político e inestabilidad social. La «ciudadanía del miedo» de que hablara Susana Rotker, se corresponde con las evaluaciones que realizan politólogos y analistas sociales en las últimas décadas. Si, según la conocida frase de Raymond Aron, «con la Guerra Fría la guerra se hizo improbable y la paz imposible» (cit. por Keane 1996: 110), el fin de ese período ha producido *un desbalance en el equilibrio internacional del terror*. Hoy en día, a nivel internacional, «la paz se ha convertido en una guerra latente» (ibíd.: 132): hay un notorio aumento de tipos diversos de batallas internas a nivel nacional, conflictos grupales armados más o menos restringidos a ámbitos locales o transnacionalizados, movilizaciones indígenas, desestabilizaciones radicales y violentas del llamado orden democrático por sectores populares muchas veces desorganizados pero disidentes con respecto a los partidos en el poder, aumento del delito común con estrategias innovadoras tales como asaltos colectivos, secuestros..., movilizaciones de grupos armados que actúan en un plano subnacional (pandillas) o supranacional (narcotráfico), etc. Aun en sociedades que presentan índices de seguridad ciudadana mucho más altos que los que se registran en Colombia, Venezuela o México, el sentimiento colectivo se mantiene aferrado al miedo cotidiano a la idea de que «[u]n vagón de cualquier metro urbano puede convertirse, [como] dice Enzensberger, en una Bosnia en pequeño» (ibíd.: 113).

Ya nadie cree que la violencia de Estado ejercida a nivel nacional o internacional sea un momento imprescindible en el logro de la paz universal. Las numerosas y diversificadas manifestaciones de la violencia que quiebran la utopía de unificación, centralismo y control estatal de la nación moderna requieren nuevas nominaciones: los críticos sociales hablan de «conflictos de baja intensidad» (Van Creveld 1991), «guerra civil molecular» (Enzenberger 1994) o «guerras inciviles» (Keane 1996) que desgarran la trama de *lo social* indicando «el retorno de lo reprimido»: lo marginado, sometido o invisibilizado por la modernidad, que vuelve por sus fueros.[2]

Según Bolívar Echeverría, la opinión pública es hoy en día mucho más intolerante de lo que era hace un siglo en cuanto al empleo de la violencia contra el Estado, como si sólo a éste correspondiera legítimamente el uso de medios violentos para resolver los conflictos sociales, tanto a nivel nacional como internacional. El Estado neoliberal tendría así carta blanca en el monopolio de recursos extraordinarios que conducirían, más tarde o más temprano, a la conquista de la «paz perpetua»:

> En principio el uso de la violencia que monopoliza el estado de la sociedad civil burguesa está ahí para garantizar el buen funcionamiento de la circulación mercantil (1998: 99).[3]

De manera que hay una complicidad inconfesada entre capitalismo y violencia o, para decirlo de otra manera, entre consumo y «orden», entendido este último como el control, a cualquier costo, de las dinámicas sociales. Echevarría define violencia como

> La calidad propia de una acción que se ejerce sobre el otro para inducir en él por la fuerza –es decir, *à la limite*, mediante una amenaza de muerte– un comportamiento contrario a su voluntad, a su autonomía, que implica su negación como sujeto humano libre (ibíd.: 106).[4]

---

[2] Ver «La sociedad incivil» en Keane (1994: 91-108).

[3] Bolívar Echeverría ha tratado el tema de la violencia en varias de sus obras. Ver, por ejemplo, el capítulo «Violencia y modernidad» en *Valor de uso y utopía* (1998: 94-118) y «De violencia a violencia» en *Vuelta de siglo* (2006: 59-80).

[4] Keane define violencia como «aquella interferencia física que ejerce un individuo o un grupo en el cuerpo de un tercero, sin su consentimiento» y que es siempre «un acto relacional en que [la] víctima no recibe el trato de un sujeto cuya alteridad se reconoce y se respeta, sino el de un simple objeto potencialmente merecedor de castigo físico e

De esta manera, puede afirmarse que la violencia es inherente al proyecto mismo de la modernidad, que

> puso a la sociedad humana, en principio, como constitutivamente insaciable o infinitamente voraz y, al mismo tiempo, a la riqueza como siempre faltante o irremediablemente incompleta. [De este modo] repuso el escenario «primitivo» de la violencia [el esquema arcaico de la escasez absoluta], pero quitándole su dimensión dialéctica o *paideica* y dejándole únicamente su dimensión destructiva; es un escenario que no admite solidaridad alguna entre «verdugo» y «víctima» y que no se abre hacia la perfección sino hacia el deterioro (ibíd.: 113-114).[5]

El ataque a las torres gemelas del World Trade Center consolidó esta relación entre capital y terror que viene mencionándose, y la alianza siniestra entre formas primitivas de violencia (el suicida como mártir) y alta tecnología. El simbolismo de este acto de terrorismo no pasó desapercibida para nadie y ha contribuido a dar al hecho un valor icónico dentro de la historia occidental, impulsando una gran cantidad de temas vinculados a la globalización, las problemáticas interculturales, el fundamentalismo religioso y los «afueras» del capitalismo tardío, o si se quiere, sus límites internos. Al mismo tiempo, innovaciones de vocabulario han surgido para captar aspectos del fenómeno que el lenguaje común no alcanza a formular. Adriana Cavarero, por ejemplo, propone el término «horrorismo» para marcar el énfasis de las repercusiones de actos de terror a nivel comunitario:

---

incluso de destrucción» (1996: 61-62). Obviamente, muchas otras formas de violencia (sicológica, emocional e incluso institucional, como Foucault reconoce) requieren expandir estas definiciones.

[5] Sobre la relación violencia/escasez (que es como decir violencia/mercancía, violencia/modernidad, violencia/capitalismo, Bolívar Echeverría agrega: «Las formas arcaicas de la violencia destructiva no sólo no desaparecen o tienden a desaparecer en la modernidad capitalista sino que, por el contrario, reaparecen refuncionalizadas sobre un terreno doblemente propicio, el de una escasez que no tiene ya ninguna razón de ser y que sin embargo, siguiendo una "lógica perversa", debe ser reproducida» (1998: 116). Y en *Vuelta de siglo*: «La violencia fundamental en la época de la modernidad capitalista –aquella en la que se apoyan todas las otras, sean éstas heredadas, reactivadas o inventadas– es la "violencia de las cosas mismas": de las cosas convertidas en "mundo de las mercancías capitalistas" y de las cosas en tanto que medios de producción subsumidos realmente a la forma capitalista» (2006: 73).

> Acuñado en evidente polémica con el término «terrorismo» el nuevo vocablo [«horrorismo»] busca cruzar dos cuestiones. Por un lado, funciona como una refutación del vocabulario político que todavía se esfuerza en adaptar la violencia actual a los viejos conceptos de «terrorismo» y «guerra». Por otro lado, se propone como una jugada teórica que reclama la atención sobre las víctimas sacándosela a los guerreros [...]. No es cuestión de inventar una nueva lengua, sino de reconocer que es la vulnerabilidad del inerme en cuanto específico paradigma epocal la que debe venir al primer plano en las escenas actuales de la masacre. Más que ser un fenómeno en el que cuentan los asesinos para potenciar los efectos intimidadores de su crimen, identificarse con las víctimas es sobre todo un disponer de su palabra para cubrir el silencio sin olvidar el alarido (2009: 12).

Agregada a las explicaciones estructurales de la violencia como efecto de la lógica del capital, la violencia que se registra en América Latina –y en otras partes del mundo– en las últimas décadas ha sido interpretada como una serie de respuestas o reacciones inorgánicas, aunque no por ello menos elocuentes, a los efectos de la globalización. Es obvio, sin embargo, que la violencia como tal precede a este período y sus raíces deben ser estudiadas en relación con las políticas colonialistas y modernizadoras, con la aplicación de determinados modelos de nación y de Estado y –a partir, todavía, de perspectivas dependentistas– con la vinculación de los capitalismos periféricos a los grandes sistemas internacionales y a sus agresivas políticas de expansión económica. No obstante, en casos más particulares, las formas más actuales y en muchos casos inéditas de violencia aparecen como respuestas que surgen y se incrementan ante la imposibilidad de ciertos grupos o sectores sociales para organizar agendas locales, nacionales o regionales que puedan contrarrestar el efecto arrasador de las políticas neoliberales y canalizar reclamos y reivindicaciones específicas. Existen entonces tan diversas formas y manifestaciones de la violencia como contextos a partir de los cuales encontrar sentido a esos fenómenos. Ni toda la violencia es terrorismo, ni la violencia de la delincuencia puede ser equiparada a la de los enfrentamientos políticos, las revoluciones y el abuso doméstico, aunque los sentimientos que derivan del ataque a la integridad física o sicológica del otro puedan ser los mismos en uno y otro caso.

Se han estudiado desde diversas perspectivas disciplinarias las relaciones entre las manifestaciones de «violencia salvaje» y la disolución de la identificación entre Estado y Sociedad. Las percepciones que acompañan a los procesos de globalización parecen asumir que al haberse ampliado la superficie social que el Estado debe cubrir, se ha incrementado la incapacidad institucional para absorber las contradicciones y demandas sociales dando así lugar a una reactualización de formas de violencia ancestral que se consideraban superadas. Ante el descaecimiento de la utopía de la paz perpetua y las crisis políticas que acompañan el fin de la modernidad, lo único que pervive como propuesta de articulación ciudadana es la creencia en la gratificación inmediata que se obtiene a través del mercado entendido éste como el espacio por excelencia de confluencia, participación y libre intercambio de bienes materiales y simbólicos, es decir, como la instancia posible de realización de todos los valores sociales, individuales y colectivos, en el mundo de la mercancía. Libros como *Consumidores y ciudadanos*, de Néstor García Canclini, exploran la vigencia de esa propuesta en épocas actuales. Pero desde posiciones más críticas que descriptivas, quizá es hora de comenzar a entender el mercado ya no como una instancia de socialización participativa, sino como una arena de lucha entre ofertas que entran a la competencia marcadas por las improntas de la desigualdad productiva, el monopolio de las transnacionales, la explotación masiva y la subalternización de vastísimos sectores sociales que sólo alcanzan una integración deficitaria a la cultura política de nuestro tiempo. Si la modernidad creó a través del mito de la productividad el modelo utópico de una sociedad insaciable, atravesada por el deseo inacabado, el escenario postmoderno de la globalidad incrementa al infinito esa voracidad y las frustraciones que su insatisfacción produce, en una dinámica de producción constante y artificial de la escasez (el consumidor ideal es aquél que no puede tener satisfacción, que vive con un sentimiento de carencia permanente). Hoy queda claro que el monopolio estatal de la violencia tendría como cometido fundamental el de proteger las relaciones de intercambio comercial y garantizar la seguridad y eficacia de sus operaciones. Pero en tiempos postmodernos ese monopolio se encuentra amenazado por las formas salvajes en que se expresa la frustración de los consumidores/ciudadanos, los sectores relegados de las dinámicas integradoras de la legalidad productivista y los que eligen formas anómalas de inserción en el mundo de la oferta y la demanda. No sería excesivo decir, desde esta perspectiva, que al lenguaje supranacional del capital nuestra época responde de manera casi instintiva, dispersa, y aparentemente inorgánica, con el lenguaje supranacional de la violencia. En otras palabras, la lengua universal del capital tiene también sus dialectos particulares.

Para muchos, pues, algunas modalidades de violencia postmoderna constituirían formas de regresión tribal reactivadas en los escenarios contemporáneos por la radicalización de ciertos conflictos sociales, ligados a irresueltos problemas identitatios e interculturales. Robert Kaplan, autor de *Warrior Politics*, habla en su artículo «The Coming Anarchy» de la aparición del *segundo hombre primitivo* que pasaría a formar una *sociedad de guerreros* que combina de manera inquietante la falta de recursos con una extensión planetaria sin precedentes, que articula clandestinidad con espectáculo, marginación y protagonismo. Sin embargo, la caracterización de *primitivo* debería revisarse. En civilizaciones «primitivas» (premodernas) algunos investigadores han visto en el carácter bélico un recurso colectivo para mantener la autonomía y para defender a la comunidad de «la aparición de instituciones estatales de carácter opresor» o sea de la posible institución de un Estado centralizado con monopolio de la violencia «legítima», recurso que podría, en cualquier momento, volverse contra los miembros mismos de la comunidad a la que ese Estado debería defender (Keane 1996: 115). Pero al mismo tiempo, en muchas culturas, el ejercicio de la violencia se daba a sí mismo mecanismos internos de control. En muchos casos, el jefe que decretaba el movimiento bélico no se limitaba a declarar la guerra ni se mantenía en la retaguardia, sino que por su mismo liderazgo debía ser el primero en salir al campo de batalla (y casi seguramente, por tanto, el primero en morir). La gloria consistía justamente en el heroísmo de la muerte por la fe en una causa colectiva que legitimaría la apelación a la violencia que involucraba a toda la comunidad. Muerto el líder, ya no existía la posibilidad de que éste pudiera usufructuar de la violencia políticamente, como una forma de popularidad al menos entre aquéllos que creen que los argumentos se brindan a veces para justificar formas actuales de agresión internacional o para perpetuar el estado de guerra para beneficio económico de quienes están involucrados en la industria bélica.

Desde el punto de vista de las comunicaciones, Jesús Martín-Barbero, Rossana Reguillo y otros han estudiado lo que esta última investigadora llama «la construcción social del miedo» y las interrelaciones entre medios masivos de comunicación y las emociones que despierta la inseguridad ciudadana. La «angustia cultural» que se vive en muchas de las grandes ciudades latinoamericanas ha logrado derrumbar tanto la «urbanidad» como la «civilidad» que son propias de la ciudadanía, proceso en el que la función de la prensa radial, televisiva, periodística, etc., es fundamental. Ya que, según Martín-Barbero, es una realidad que «*los medios viven de los miedos*» (2000: 31; su énfasis), debe pensarse «cómo los medios se han ido convirtiendo en parte del tejido constitutivo de lo urbano, pero también como los miedos han entrado últimamente a formar parte constitutiva de los nuevos procesos de comunicación» (Martín Barbero, «La ciudad, entre medios y miedos» en Rotker 2000: 29-31).[6] Al respecto, Beatriz Sarlo ha agregado que si bien el deterioro de la seguridad ciudadana ha aumentado en las últimas décadas, «sus efectos en el imaginario no son políticamente controlables ni se pueden refutar con estadísticas», ya que la gente interioriza una percepción de la realidad que, vinculada a esa «angustia cultural» de que hablaba Martín-Barbero, se convierte en una convicción colectiva. Dice Sarlo respecto al caso argentino:

> Los efectos imaginarios son eso: una configuración de sentidos que se tejen con la experiencia pero no sólo con ella. Por diversas razones, la ciudad de la transición democrática, la ciudad de los últimos casi veinte años, es percibida como más insegura que la ciudad controlada por un Estado terrorista (2002: 206).

En América Latina, muchos de los que podríamos llamar «rasgos de estilo» de la violencia presentan también en la literatura una indudable cualidad arcaizante. Dentro de lo que Jean Franco llamara «el costumbrismo de la globalización» aparecen prácticas culturales y textos apoca-

[6] Sobre la relación entre ciudad, medios de comunicación y violencia, ver Moraña (2002), particularmente, en relación con los temas que se vienen tratando en este estudio, las contribuciones de Martín-Barbero, Rossana Reguillo y Beatriz Sarlo. Se estudia allí la violencia como una «patología identitaria» en relación con subculturas urbanas, como quiebre del «pacto social» pero también las formas de violencia vinculadas al Estado, a la estructuración de las democracias liberales y a las nociones de ciudadanía y gobernabilidad.

lípticos con estas características, que reflejan el horror de la clase media ante la explosión de su mundo, versiones presentistas que eligen ignorar toda genealogía, toda relación con el pasado colectivo, toda posible proyección de futuro, como si la historia se agotara en la peripecia de la supervivencia individual, el consumo, la transitoriedad y el espectáculo de una rebelión desarticulada y explosiva, casi hollywoodense, contra el *status quo*. En plena postmodernidad muchas narrativas articuladas al eje de la violencia representan conflictos y personajes que evocan modelos de conducta y discursividades que parecerían anacrónicas en los tiempos que corren. El sicariato, por ejemplo, articula la práctica mercenaria a la subcultura del narcotráfico y a las matrices de la religiosidad tradicional. El estudio de la llamada *sicaresca* aproxima la novela de sicarios (*La Virgen de los sicarios*, *Rosario Tijeras*, etc.) a los modelos de la picaresca por las similitudes en torno al protagonismo del joven marginado que intenta medrar en una sociedad estratificada que lo relega y a la que le es imposible integrarse productivamente.[7] Incluso los narcocorridos remiten a modelos discursivos de épocas anteriores, en un lenguaje popular, paralelo a la retórica política dominante, que reinventa la oralidad, como documentando la cancelación de las formas «modernas» e institucionalizadas de comunicación y socialización. La figura del narcotraficante ha recibido particular atención por parte de la crítica, en la medida en que ella concentra una cantidad de características y funciones que sirven para poner en entredicho la hipocresía y falta de operatividad del *status quo* y la legalidad burguesa. Reguillo indica, por ejemplo:

> El narcotráfico –construido desde los poderes políticos y económicos con un buen apoyo de los medios de comunicación como una fuerza ubicua, todopoderosa, inasible y por consiguiente invencible– ha penetrado el imaginario social para instalarse como una fuerza/sujeto emblemática del deterioro sociopolítico de nuestras sociedades. [...] Su principal función, asociada a la muerte, es entonces «corromper» el orden social. Sus principales víctimas son la familia y los jóvenes. Su ámbito de acción no restringido a lo local, convierten al narcotraficante en una figura que opera desde y en cualquier lugar [...]. No es por lo tanto un enemigo «periférico» o marginal, sino que está instalado en el centro mismo del poder y desde ahí corroe la institucionalidad (2000: 200).

---

[7] Ver, al respecto, el artículo de Erna Von der Walde (2001).

Asimismo, una gran masa de producción literaria se orienta también en las últimas décadas por otros senderos vinculados a la violencia: una literatura que revisita los escenarios de las dictaduras latinoamericanas, el senderismo andino e incluso la delincuencia común, para ofrecer nuevas versiones de sucesos históricos o narrativas en las que escenarios posibles, imaginados pero verosímiles, entregan una inquietante imagen de lo que las sociedades de la región fueron, han llegado a ser o podrían llegar a ser, según los casos. Toda esta producción literaria, unida a formas testimoniales, cronísticas, etc., donde la violencia es un componente inevitable, completan un panorama saturado de significados donde el «horrorismo» (la visión de las víctimas, las fisuras que la violencia real ha causado en los imaginarios colectivos) es más que un tema, una obsesión y quizá una advertencia de los giros que la historia puede llegar a dar en nuestros escenarios del presente.[8]

La violencia articula así, en los sentidos antes aludidos, elementos residuales de la modernidad, dejando al descubierto los puntos ciegos de la política burguesa y liberal. Refiriéndose a las primeras etapas de formación del Estado, Eric Hobsbawm hablaba del bandidismo como de «insurrecciones inorgánicas» que a través de prácticas espontáneas y discontinuas marcaban de manera beligerante los afueras de la emergente institucionalidad burguesa. Hoy en día, la *sociedad incivil* obliga nuevamente, en el contexto de la crisis epistémica de nuestra época, a revisar los conceptos de gobernabilidad, socialización, y civilidad; obliga a repensar los límites de la tolerabilidad social, los extremos reales y simbólicos del liberalismo y el valor ético de sociedades despolitizadas que no conciben su existencia fuera del fetichismo del capital. A través de estrategias radicales, arcaicas o inéditas, la violencia pone en un primer plano de la escena social justamente a los desplazados, subalternizados y «desechables», es decir, a los núcleos irreductibles nunca completamente articulados a la economía cultural de la modernidad que ponen en práctica formas anómalas de agencia individual o colectiva. Desde una

[8] Sobre el tema de la representación literaria de la violencia, ver en este libro el capítulo sobre Pedro Lemebel y sobre *Los ejércitos*, de Evelio Rosero. Sobre novelas que revisitan las dictaduras, ver, por ejemplo, Kohan (2002). Sobre el senderismo, entre la abundante producción actual, ver Roncagliolo (2006) y Piglia (2005) para un ejemplo de reelaboración de temas que representan episodios de delincuencia común.

productividad negativa (¿o negatividad productiva?) la violencia enfrenta a la sociedad con sus fantasmas, con lo indecible y lo irrepresentable, inaugura «territorios existenciales» (Guattari 1996), formas alienadas y residuales de subjetividad, sustentadas en formas perversas y cerradas de solidaridad grupal. Se apoya en la producción de lenguajes opacos que descreen de la transparencia comunicativa y la socialización fuera del núcleo de solidaridad grupal y que desconfían de la democracia deliberativa, del consenso y de la pedagogía nacionalista. La violencia relativiza así lo global frente a lo contingente, lo colectivo frente a lo individual, lo local frente a lo transnacional, y viceversa. Anton Block insiste en que, en todo caso, la violencia no debe ser descartada como algo sin sentido, sino entendida como acción simbólica, significativa. En «The Enigma of Senseless Violence», indica que

> La violencia no es un hecho natural, incambiado, sino una categoría cultural históricamente desarrollada que debemos entender primariamente como un medio cultural, como una fuente de material metafórico para simbolizar relaciones de poder (2000: 33).

La violencia social en sus múltiples manifestaciones existe así como un mecanismo trans-sectorial, infra o transnacional, trans-subjetivo, y también transhistórico, que opera a partir de una vinculación cruzada de intereses, tiempos, agendas y recursos, redefiniendo éticas y estéticas que atraviesan lo social integrando de una manera inédita clases, sexos y razas, creando nuevos universos de referencia simbólica y procesos intensos de resignificación cultural y política. Si el multiculturalismo propone reducir los *antagonismos* y las desigualdades sociales a mera *diferencia* cultural,[9] la violencia recupera la idea de que la sociedad está atravesada por intereses y modelos identitarios ya no sólo diversos sino esencialmente conflictivos y antagónicos, irreconciliables dentro de las condiciones impuestas por las formas ineficaces, perversas y excluyentes de control estatal. Así, sin glorificar sus métodos, ni estetizar sus prácticas, ni reducir sus consecuencias, debe reconocerse que en su funcionamiento siempre excedido e irracionalista, la violencia implementa for-

---

[9] Ver en este mismo libro las críticas al multiculturalismo realizadas desde diversas perspectivas ideológicas.

mas extremas de socialización intergrupal, funciona dentro de lógicas que el *status quo* no puede absorber, ni resolver, ni comprender. Redefine ideas de lealtad grupal, de éxito, poder y valor personal, creando una adecuación *otra* entre medios y fines. No intenta superar ni reemplazar con algo mejor los mitos de la modernidad, sino que los expone y los extrema, como en un simulacro monstruoso, en el que mundos paralelos reproducen perversamente, en la clave de un desesperado y desesperanzado individualismo, los ideales *civiles* de las burguesías nacionales: el ideal de la conquista de mercados (narcotráfico), la sustentación de identidades territorializadas (pandillas), el poder de detentar la violencia para la consecución de fines autolegitimados. Redefinen el concepto de *elite* y liderazgo, la relación entre discurso y cuerpo individual o colectivo, llamando la atención sobre los biopoderes que atraviesan lo social e impactan a distintos niveles el constructo ideológico de la *ciudadanía*. Como síntoma y también como causa del deterioro de la sociedad, la violencia hace resurgir el trauma del origen (el del colonialismo, la dependencia, la exclusión, la modernización para pocos).

Sin minimizar de ninguna manera las consecuencias perversas y a menudo catastróficas de la violencia, no puede negarse que en su despliegue de acciones, escenarios y signos la violencia es, esencialmente un *performance* que por medio de prácticas extremas opera mediante la creación de un desorden simbólico. A través de su puesta en escena, de sus extremadas modalidades de dramatización y su frecuentemente obsceno exhibicionismo, la violencia abre un espacio teórico que reconstruye –o destruye– los mitos de orden y progreso, dejando en evidencia la incapacidad del Estado para atender demandas, canalizar expectativas y corregir desbordes. Su praxis excesiva y sensacionalista obliga a revisar desde otras perspectivas lo que Josefina Ludmer llamara la «frontera móvil del delito»: los criterios y procesos de legalización y criminalización de prácticas sociales protagonizadas por sujetos considerados un excedente del sistema.

Es obvio que ningún estudio sobre violencia puede prescindir de los deslindes y entrecruzamientos entre violencia estructural –económica, política–, violencia emancipatoria –como en los movimientos de liberación (Lenin decía que no se puede hacer una tortilla sin romper los huevos)–, o violencia dialéctica –que se registra en movimientos de carácter político-emancipatorio tanto como en las experiencias del erotismo, el misticismo, etc.–, violencia epistémica, o violencia «salvaje» –no institucionalizada–, etc. Es obvio también que en contraste con las consideraciones biologistas, filosóficas, políticas, etc. de corte universalista que trabajan la teoría de la violencia como pulsión o estrategia transhistórica, transcultural, la evaluación crítica de la violencia requeriría más bien constantes contextualizaciones que dejen al descubierto su carácter primordialmente contingente, particularizado; contextualizaciones que implican una toma de posición política frente a las realidades analizadas. Finalmente, es también evidente que no en todos los casos la violencia es «partera de la historia». Pero también es obvio que en tanto práctica social, la violencia popular que se da al margen o en respuesta a la violencia estructural o institucionalizada, no puede ser simplemente descartada o repudiada desde las posiciones salvaguardadas del orden burgués. En tanto práctica social, toda violencia es un lenguaje cifrado, opaco, que llama la atención sobre sí mismo, que debe ser entendido y decodificado, una lengua a través de la cual se expresan a su modo, con recursos alienantes y desesperados, sectores desarticulados de la estructuración social y del *status quo*.

Violencia, sublimidad y deseo en *Los ejércitos*, de Evelio Rosero

A través de una escritura particularmente desestabilizada y desestabilizante –apropiadamente denominada «ficto-crítica»– el antropólogo australiano Michael Taussig ha entregado algunas de las más perturbadoras e iluminadoras reflexiones sobre las experiencias del miedo, la violencia y la magia de la supervivencia presentes en la sociedad contemporánea, sobre todo en las periferias del capitalismo tardío.[1] Enfocados primariamente en las tremendas realidades que él mismo investigara durante muchas décadas, especialmente en Colombia, Venezuela y otras áreas de la región andina, los informes etnográficos de Taussig manifiestan una preocupación constante por las tradiciones y la retórica que son propias de su disciplina y características de los modelos cognitivos dominantes en la civilización occidental. Principalmente, Taussig desafía lo que llama «la facticidad del hecho social» tanto como *la elaboración de la distancia* que aun ante inimaginables experiencias de terror nos permite preservar nuestros conceptos de orden, justicia y comunidad, nuestra fe en la democracia, nuestra estabilidad mental, y encontrar sentido a la vida incluso en medio del caos y la irracionalidad.[2]

Muy pocos proyectos académicos han logrado desmantelar tan minuciosamente como el de Taussig la magia y el fetichismo del Estado, los efectos del colonialismo y la barbarie de la civilización. *El sistema nervioso* de nuestro tiempo (un concepto que da título a uno de los libros de Taussig) –sus mecanismos de control social, sus jerarquías y valores– deja al descubierto una fragilidad ineludible: el tejido nervioso es irre-

---

[1] El concepto de *ficto criticism* como género híbrido y anti-académico es practicado por Taussig principalmente en *Shamanism, colonialism…* y explicado por el autor en algunas entrevistas. Ver, por ejemplo, Eakin (2001).

[2] Ver, al respecto, «A Report to the Academy» en Taussig (1993: xiii-xix).

emplazable, sus células no se regeneran.[3] Constituye el centro de nuestras percepciones y de nuestro sentido de individualidad, pero el miedo ha empujado nuestra nerviosidad hasta el límite. En nuestras sociedades cualquier ilusión de estabilidad y consenso ha sido congelada por el terror, una emoción que florece más bien en las tinieblas y que, según Edmund Burke, roba a la mente, como ninguna otra pasión, de su capacidad de razonar y reaccionar.[4] El miedo, entonces, es una frontera última, la apertura hacia el espacio de lo sublime, donde la individualidad y la contingencia son trascendidas y redimensionadas.

Siguiendo a Walter Benjamin, Taussig cuestiona las bases de la modernidad desde una perspectiva provocativamente deconstructiva. Sostiene, con el filósofo alemán, que en las sociedades postcoloniales la historia está en constante estado de sitio: la emergencia se ha convertido no en la excepción, sino en la regla.[5] Nuestro sistema representacional atraviesa una crisis radical, porque la conciencia se desgarra violenta e inesperadamente cuando se enfrenta al terror, que ha llegado a ser una experiencia cotidiana que excede los límites de la comprensión y la comunicación (Taussig 1995: 20-24).

Descreyendo al mismo tiempo del pacto mimético y de la futilidad del esteticismo liberal, Taussig sugiere la necesidad de llegar a una nueva comprensión de la representación como una operación que no está ni por encima ni más allá del sujeto, sino que existe contigua a él, porque el

---

[3] El libro de Michael Taussig *The Nervous System* fue traducido al castellano bajo el título *Un gigante en convulsiones*. Los conceptos discutidos en este estudio provienen sus dos primeros capítulos (1. «¿Por qué nos ocupamos del sistema nervioso?» y 2. «El terror como lugar común: la teoría de Walter Benjamin de la historia como estado de sitio»).

[4] Taussig cita *A Philosophical Enquiry into the Origin of Our Ideas of the Sublime and the Beautiful* de Edmund Burke: «"Ninguna pasión le roba a la mente su capacidad de raciocinio o de acción con tanta eficacia como el temor", escribió Burke en el año 1757 en su ensayo sobre lo sublime. "Para que las cosas se vuelvan amenazantes en general es necesaria la oscuridad"» (1995: 14-15).

[5] La referencia a Benjamin alude a la Tesis 8 de su *Filosofía de la Historia* (1939), en la cual se indica: «La tradición de los oprimidos nos enseña [...] que el "estado de emergencia" en que vivimos es la regla. Debemos llegar a un concepto de historia coherente con ello. Se nos planteará entonces como tarea la creación del estado verdadero de emergencia» (Benjamin 1982: 112). Siguiendo esta línea Giorgio Agamben ha teorizado también las derivaciones políticas del «estado de excepción».

conocimiento tiene lugar cuando el sujeto se rinde al fenómeno: conocer algo es penetrar su imagen.[6] Y aun entonces, reflexiona Taussig, necesitamos recordar que la pantalla en la que se proyectan nuestras interpretaciones ya ha sido programada para producir modelos ordinarios de conocimiento que resisten la posibilidad de un descentramiento epistemológico, en el que lo local sea finalmente ubicado en el centro de nuestras preocupaciones y preguntas.[7] Taussig aboga por la recuperación del conocimiento local y de sus microhistorias, y por un tipo de narrativa testimonial en la cual la ficción, los informes etnográficos, los materiales de archivo, la teoría crítica y las memorias se entrelacen para capturar una verdad que de otro modo sería inaprehensible. Es en las pequeñas historias y relatos, más que en la Historia de la violencia y el miedo, donde puede captarse esa «cualidad persistentemente irreal» de la realidad. Es hora, afirma Taussig, de que se acabe la invención de América y comience su descubrimiento.[8]

Tomando los desafíos y sugerencias de Taussig como punto de partida para una reflexión a la vez amplia y puntual sobre las conexiones entre violencia, poder y deseo, me gustaría ofrecer aquí una aproximación a los problemas de la representación literaria y la estetización de la

[6] Taussig sigue en esto la idea hegeliana, retomada por Adorno, de que «el saber es entregarse al fenómeno, más que razonarlo desde arriba» (1995: 24).

[7] Taussig cuestiona los protocolos interpretativos que se utilizan en el conocimiento del *otro* y el academicismo con que se emprende la tarea de rescatar su esencia a partir de epistemologías dominantes: «Naturalmente, a pesar de todo el palabrerío sobre darles voz a los olvidados de la historia, a los oprimidos y a los marginales, es dolorosamente evidente que la pantalla donde estas voces se proyectan está fijada de antemano, y que es en esa pantalla, no en las voces, donde se encuentra la mayor resistencia, por lo cual se necesita algo más que el mandato de estudiar de arriba para abajo o de abajo para arriba, o de estudiar la economía política del sistema mundial antes que los significados locales. Porque lo que esos mandatos simplistas ignoran, además de las implicaciones de autoconfiguración, es precisamente nuestra profunda vinculación con esa pantalla de interpretación que es, en sí misma, el gran escenario donde la historia del mundo se conforma, tanto en su violencia como en su tranquila armonía, en su sexualidad y en sus formaciones de Estado-nación, produciendo modelos de sentido habituales» (1995: 71).

[8] «Los Estados-naciones y América misma, han paralizado momentáneamente nuestra propia comprensión y expectativas y de este modo nos presentan la oportunidad, si no es ya la necesidad, de comenzar el largamente demorado descubrimiento de América en lugar de su invención» (Taussig 1995: 75).

violencia, un tópico que en las dos últimas décadas ha recibido creciente atención crítica y teórica. Quisiera proponer una lectura de la novela *Los ejércitos*, del escritor colombiano Evelio Rosero, que recibiera en el año 2006 el Premio Nacional de Literatura y también el Premio Tusquets, en México. Esta lectura se despliega sobre el telón de fondo de varios conceptos que permiten la exploración de aspectos vinculados a lo que Eva Illouz ha llamado «capitalismo emocional», idea con la que evoca la complicidad que existe entre poder económico-cultural y sentimientos en las sociedades contemporáneas. En segundo lugar, se articula a la interpretación del texto literario la noción de lo sublime –tal como la retoma a nivel filosófico Slavoj Žižek– como entrada al enigmático entrecruzamiento entre terror y erotismo, y al papel de la mirada y el voyeurismo en la producción de subjetividad. Finalmente, esta lectura busca propiciar una más amplia reflexión sobre las conexiones entre representación estética y construcción social del miedo en América Latina, en el contexto del neoliberalismo.

Como en el caso de los informes etnográficos de Michael Taussig, particularmente en los referidos a las experiencias de violencia en Colombia, el libro de Rosero podría ser calificado también como una construcción perturbadora y fascinante. Utilizando hábilmente técnicas de composición que combinan relatos supuestamente testimoniales con elementos de delirio e introspección, *Los ejércitos* constituye una exploración poderosa de las intrincadas conexiones entre miedo y erotismo, lujuria y guerra, ética, política y estética. Ubicada en una zona inalcanzable en la que el terror y el dolor terminan por causar la irreversible descomposición del lenguaje, el texto invita al lector a repensar los límites de la representación y los problemas relacionados con la estetización de la violencia en sociedades contemporáneas.

Más ampliamente, la novela también podría ser leída como una alegoría nacional o como una introducción a tópicos que sobrepasan los límites del Estado-nación, proponiendo preguntas relacionadas con la ideología de la gobernabilidad, la definición de ciudadanía y el vaciamiento del Estado en el contexto del neoliberalismo. La historia, que expone una serie de eventos que tienen lugar durante un período de varios meses en la ciudad colombiana de San José, es narrada por un hombre viejo significativamente llamado Ismael Pasos, que presencia la matanza realizada en su pueblo, mientras busca a su esposa, aparentemente raptada por agresores no identificados (¿fuerzas paramilitares, guerrillas?) que terminan por destruir toda cosa o persona que se cruza en su camino.[9]

Como en *Moby Dick* (1851) –exploración paradigmática del modo en que se entrecruzan las fuerzas del destino, el mal y la condición humana– el Ismael de Evelio Rosero es un maestro jubilado quien, en oposición simétrica al personaje de Melville, encuentra su destino en la tierra, no en el mar, y termina por ser, como su homónimo, el único hombre que vive para contar la historia. Mientras el nombre Ismael (primer hijo de Abraham, en el Antiguo Testamento) tiene connotaciones de orfandad y alienación de la sociedad, el apellido Pasos hace referencia al deambular del personaje por las desoladas tierras de San José, particularmente a su empecinada búsqueda de su mujer, Otilia, quien desaparece casi desde el comienzo de la narración. Durante su rastreo del vecindario y zonas aledañas, Ismael va arrastrando los pies, atormentado por el tremendo dolor en sus rodillas, dificultad no exenta de simbolismo, que sirve como constante recordatorio de la humanidad y decrepitud creciente del personaje.

El argumento, que comienza casi gozosamente con una escena de voyeurismo en la que el viejo espía el cuerpo desnudo de Geraldina por encima de la cerca que separa su casa de la de sus vecinos, rápidamente se precipita en una espiral de terror que culmina con la escena de la violación post mórtem de esa mujer realizada por integrantes de «los ejércitos», episodio observado nuevamente a través de los ojos y ahora también de la alterada conciencia del protagonista. En el curso de la búsqueda de su mujer, Ismael se cruza con sus vecinos, quienes comparten con él la atmósfera de incertidumbre y miedo que permea sus vidas y progresa en constante aceleración hacia el final del texto. El lector se entera de detalles relacionados con esos personajes y llega a conocer el paisaje desolado del pueblo y sus alrededores, arrasados por «los ejérci-

[9] Los raptos de violencia que atraviesan *Los ejércitos* son presentados como una perturbadora mezcla de acciones militares y terrorismo, caracterizada, como Appadurai ha sugerido en su estudio de «La guerra como orden» («War as Order»), como «la ruptura de la división entre espacios civiles y militares» (2006: 31). Según Appadurai, «[e]l terror produce sus efectos al borrar regularmente las fronteras entre espacios y tiempos de guerra y paz» (ibíd.: 32).

tos». Ismael contempla el río seco donde, en tiempos mejores, las muchachas del pueblo dejaban flotar sus cuerpos desnudos, riendo y susurrándose secretos bajo los árboles. Un poco más allá, Ismael observa las montañas deshabitadas donde aún se perciben las casas vacías, abandonadas por los habitantes de la villa que han huido de la violencia introducida en la región por las múltiples guerras que arrasan a Colombia. Ismael confiesa: «Aparto mis ojos del paisaje porque por primera vez no lo soporto» (61).[10]

La narración construye un campo emocional en el cual los personajes se encuentran, al mismo tiempo, abrumados y contenidos, alienados y conscientes de las traumáticas circunstancias que constituyen, para ellos, una forma de vida. La narración de *Los ejércitos* ilustra ejemplarmente, por un lado, la tensión freudiana entre el principio del placer, representado por las ensoñaciones sensuales del protagonista, y el instinto de muerte, incorporado por las fuerzas militares; y, por otro, da evidencia –para ponerlo en términos foucaultianos– de una dimensión radicalmente biopolítica que hace del individuo –el cuerpo, las contingencias de la vida cotidiana, los vericuetos de la subjetividad– el núcleo mismo de los procesos públicos y políticos.[11] La ontología de «vida en la historia», que, según Foucault, fue inaugurada con la modernidad y corresponde a la emergencia del capitalismo, ha sido ahora invertida como una producción de «muerte en la historia», al menos en algunas áreas de la modernidad periférica, en las etapas actuales del capitalismo tardío.

En la saga colectiva desarrollada en *Los ejércitos*, en el corazón de la construcción ficcional de Rosero y del relato pseudo-autobiográfico de Ismael, cada lector sospecha una exasperación radical del *sistema nervioso*. Los eventos que han llegado a caracterizar la historia de Colom-

[10] Las citas de *Los ejércitos* corresponden a la edición de Tusquets (2007); se indica solamente número de página.

[11] Foucault define la biopolítica en los siguientes términos: «Si se puede denominar "biohistoria" a las presiones mediante las cuales los movimientos de la vida y los procesos de la historia se interfieren mutuamente, habría que hablar de "biopolítica" para designar lo que hace entrar a la vida y sus mecanismos en el dominio de los cálculos explícitos y convierte al poder-saber en un agente de transformación de la vida humana; esto no significa que la vida haya sido exhaustivamente integrada a técnicas que la dominen o administren; escapa a ellas sin cesar» (1981 I, 173). Para una discusión del concepto de biopolítica en Foucault y Agamben, ver Lazzarato (2006).

bia, particularmente desde el período de La Violencia han persistido, aunque en escenarios políticos considerablemente diferentes, hasta la actualidad.[12] Se ha estimado que desde 1985, más de 250.000 víctimas han sufrido en Colombia los efectos de la violencia desplegada por las fuerzas paramilitares, las narco-guerrillas y el Ejército nacional. Todo esto, en una nación que «por contraste con otros países latinoamericanos, ha tenido al mismo tiempo una larga tradición de estabilidad institucional y democracia, casi nunca interrumpida por regímenes militares o períodos de dictadura» (Martin 2000: 165).

Pero éste es sólo uno de los aspectos que introduce la dinámica de Eros y Thanatos que tiene lugar en la novela. Podría decirse que, cautivado por la extrema violencia y por el miedo incesante que transmite el relato, cada lector se convierte, también, en un *voyeur*, inescapablemente seducido por los trayectos que va siguiendo el errático e inoportuno erotismo del protagonista. La mirada lujuriosa de Ismael Pasos alterna continuamente entre las imágenes de horror y el espectáculo del cuerpo femenino, que desata en el viejo olas de torturado deseo y de melancolía. Las fuerzas aparentemente opuestas de la violencia y la lujuria –combinadas para la construcción de la masculinidad en *Los ejércitos*– convergen en Ismael, quien no puede ni resistir ni eludir sus efectos libidinales. El contrapunto de violencia y erotismo intensifica el campo emocional presentado en la historia, y permite una deconstrucción más diversificada y compleja del imaginario orden social de la villa de San José, la cual puede ser fácilmente interpretada como un microcosmos alegórico y paradigmático. Mientras los personajes masculinos tienen en la novela un papel más diversificado que el de las mujeres (son representados como perpetradores y como víctimas, como individuos y como fuerzas anónimas grupales), el personaje femenino constituye más bien un repositorio de afectividad y sensualidad, en el que la violencia resuena con particular intensidad debido a su centralidad social vinculada al mundo de las pasiones tanto como al espacio doméstico. El simbolismo de la mujer, tradicionalmente identificada con la tierra, la fertilidad y la vida,

12 «La Violencia» es el nombre asignado a la guerra civil entre liberales y conservadores que tuvo lugar en Colombia entre 1948 y 1963, dejando en ese país un saldo de aproximadamente 200.000 muertos.

aumenta la repulsión del lector contra las fuerzas devastadoras del mal que las acecha. Al mismo tiempo, la coexistencia, frecuentemente en la misma escena, de tortura y atracción física, asesinato y tentación erótica, devastación y deseo, agrega una serie de intangibles niveles a los personajes, particularmente al de Ismael, como si fuera necesario un exceso de humanidad para permitir la asimilación de ese paisaje de tragedia y destrucción que atraviesa la narración sin tregua, de principio a fin.

Pero el erotismo y el deseo son sólo uno de los puentes que la novela construye para alcanzar y penetrar, al mismo tiempo, la profundidad del yo y las fronteras de la alteridad. Otro puente es el de la escritura misma, entendida como estrategia de interpelación y denuncia. La literatura constituye, en efecto, la síntesis en la que vida y muerte, erotismo y perversión convergen, particularmente cuando la escritura está concebida, como en *Los ejércitos*, como la narrativa de la victimización y el sufrimiento. Compuesta en el estilo de un relato autodiegético, los eventos que constituyen la trama de *Los ejércitos* están narrados desde una posición imposible que el texto nunca explica. En efecto, el lector puede preguntarse desde qué ubicación temporal y espacial habla el narrador, considerando que al final de la novela el lector deja a Ismael en el *ground zero* de San José, rodeado de terroristas, en actitud desafiante y esperando que le disparen de un momento a otro. ¿Desde dónde habla Ismael? ¿Desde la muerte, desde una memoria que no quiere ni debe morir? ¿Desde una conciencia que se ha diseminado como municiones en la escritura, para defenderse?

Junto a esta cuestión narratológica, podría pensarse además si, así propuesto, el relato de *Los ejércitos* representa o no un *lugar letrado de enunciación*. Por un lado, es obvio que el discurso del narrador está más bien construido como la voz de un campesino, una víctima, un ser humano simple, un ciudadano excluido, como tantos otros, del pacto social, en una sociedad que sólo sobrevive como una comunidad desmembrada, afantasmada, atravesada por las fuerzas del mal que, a no dudarlo, vienen tanto de los reductos de la derecha como de las trincheras de la izquierda. Por otro lado, a pesar de su innegable profundidad y credibilidad, debemos conceder que en la voz narrativa de Ismael Pasos puede aún reconocerse la contribución que Evelio Rosero busca hacer a las causas de la paz y la justicia social en Colombia. En efecto, puede llegar a verse en su discurso, en su peripecia, en su atormentada humanidad, la brillante producción de un artefacto poético destinado a modificar la realidad social, aunque sea a través de las formas altamente mediadas y simbólicas de la literatura.

En cualquier caso, la enunciación de Ismael representa el intento de encontrar una voz al dolor, de pintar el miedo con palabras, explorando las conexiones entre sentimiento y conocimiento, subjetividad, empiria y discurso, realidades materiales y simbólicas, historia y ética. La voz narrativa de Ismael es el remanente que sobrevive cuando el yo ha sido desposeído de su humanidad, el residuo que sigue a la catástrofe, el dispositivo simbólico que liga a la persona ficticia con su espectro. La voz de Ismael ha sido construida como el intersticio en el cual el dolor y el miedo viven y luchan para encontrar su camino hacia el reconocimiento y la representación.

En el libro titulado *Cold Emotions. The Making of Emotional Capitalism*, al discutir el tema de la democratización del dolor y del miedo en sociedades contemporáneas, Eva Illouz hace referencia a la definición que da Richard Rorty del ser humano como «alguien que sufre dolor y, ya que somos animales simbólicos, puede también narrar ese dolor» (Illouz 2007: 67). En un sentido similar, Slavoj Žižek agrega que como todos somos víctimas potenciales, «el derecho fundamental [del individuo] sería, como ha dicho Homi Bhabha, su derecho a narrar, a contar su propia historia, y a formular la narrativa específica de su sufrimiento» (ibíd.). Más escépticamente, en *The Body in Pain. The Making and Unmaking of the World*, Elaine Scarry se refiere a «la imposibilidad de compartir el dolor» («the unsharability of pain»), a la resistencia al lenguaje que éste supone y a la invisible geografía de sentimientos y emociones (miedo, pena, angustia) que lo acompañan. Scarry considera así al dolor como un territorio definitivamente subjetivo, inconmensurable (1985: 4). El objetivo del arte es, en estos casos, sólo el de aproximarse a lo inalcanzable ya que, como Taussig nos recuerda, en situaciones extremas, cuando la realidad excede nuestros niveles máximos de tolerancia y nuestras estrategias habituales de racionalización, la representación del trauma sólo puede lograrse rindiéndose al fenómeno: «conocer algo es penetrar su imagen».

Al menos desde esta perspectiva, el principal objetivo de *Los ejércitos* parece ser el de desplegar una serie inolvidable de escenas en las cuales el cuerpo político –y no sólo el cuerpo individual– es humillado, dañado, atormentado, sacrificado, martirizado, hasta el límite. Secuestros, mutilaciones, tortura y violación saturan la superficie lírica y aun sensual del texto, como en la descripción del hijo de doce años de Geraldina, asesinado en el patio de su casa:

> Allí estaba la piscina; allí me asomé como a un foso: en mitad de las hojas marchitas que el viento empujaba, en mitad del estiércol de pájaros, de la basura desparramada, cerca de los cadáveres petrificados de las guacamayas, increíblemente pálido, yacía bocabajo el cadáver de Eusebito, y era más pálido por lo desnudo, los brazos debajo de la cabeza, la sangre como un hilo parecía todavía brotar de su oreja; picoteaba alrededor la gallina, la última gallina, y se acercaba, inexorable, a su cara (201).

O, en una escena aún más aterradora, la descripción de Oye, el vendedor ambulante así llamado por el grito con el que anunciaba las empanadas que vendía en las calles de San José, un grito que se convirtió en la última esperanza de Ismael de encontrar a alguien vivo en el pueblo oscuro y silencioso hacia el final de la novela, un grito que resuena en su cabeza como una proyección alucinada de los despersonalizados sentimientos de desesperación y miedo que lo acosan:

> Busqué la esquina donde Oye se paraba eternamente a vender sus empanadas. Escuché el grito, volvió el escalofrío porque otra vez me pareció que brotaba de todos los sitios, de todas las cosas, incluso de adentro de mí mismo. «Entonces es posible que esté imaginando el grito», dije en voz alta, y oí mi propia voz como si fuera de otro, es tu locura, Ismael, dije [...]. Vi que la estufa rodante se cubría velozmente de una costra de arena rojiza, una miríada de hormigas que zigzagueaban aquí y allá, y, en la paila, como si antes de verla ya la presintiera, medio hundida en el aceite frío y negro, como petrificada, la cabeza de Oye: en mitad de la frente una cucaracha apareció brillante, como apareció, otra vez, el grito: la locura tiene que ser eso, pensaba, huyendo, saber que en realidad el grito no se escucha, pero se escucha por dentro, real, real; huí del grito, físico, patente, y lo seguí escuchando tendido al fin en mi casa, en mi cama, bocarriba, la almohada en mi cara, cubriendo la nariz y mis oídos como si pretendiera asfixiarme para no oír más (200).

Pieza por pieza, física y psicológicamente, el yo es deshecho, fragmentado, deconstruido. Si Eros es el impulso de unidad y cohesión, el impulso de muerte tiende implacablemente hacia la destrucción y la diseminación. Como se hace evidente desde el comienzo, es obvio que Thanatos constituye una fuerza hegemónica, indisputable, en *Los ejércitos*. El paisaje trágico que pinta la novela tiene que ver, precisamente, con la inutilidad de la lucha, con la intrincada penetración del mal en los meandros de la vida ordinaria, con su asombrosa capacidad para minar la emocionalidad humana hasta que los sobrevivientes pierden la huella de sus propios sentimientos y de las fronteras del yo.

No por casualidad el lector es testigo del cataclismo de San José a través de los ojos de Ismael, un personaje en quien vida y muerte, esperanza y desesperación, convergen, cuyo destino es justamente «penetrar la imagen» del deseo y el dolor, rendirse al fenómeno y permanecer vivo, en una imposible localización temporal y espacial, para contar la historia. En una mezcla de pánico y encantamiento, su mirada se demora sobre los escombros del pueblo, todavía temblando al contemplar los cuerpos de mujeres –adolescentes, a veces– que serán terriblemente torturadas y asesinadas en el curso de la narración. El lector no sospecha el destino de éstas cuando es enredado en la malla sensual creada por el texto:

> [Geraldina, desnuda sobre la colcha] enarbolaba brazos y piernas a todas las distancias. Creí ver en lugar de ella un insecto iridiscente: de pronto se puso de pie de un salto, un saltamontes esplendente, pero se transformó de inmediato nada más ni nada menos en sólo una mujer desnuda cuando miró hacia nosotros, y empezó a caminar en nuestra dirección, segura en su lentitud felina [...]. Así la veíamos aproximarse, igual que una sombra (15).

> [...] no pido otra cosa a la vida sino esta posibilidad, ver a esta mujer sin que sepa que la miro, ver a esta mujer cuando sepa que la miro, pero verla, mi única explicación de seguir vivo (34).

> [...] ahora Geraldina descruza otra vez las piernas, se inclina hacia mí, imperceptible, me examina, sólo por un segundo sus ojos como un aviso velado me tocan y comprueban definitivamente que sigo mirándola [...] toda ella es el más íntimo deseo porque yo la mire, la admire, al igual que la miran, la admiran los demás, los mucho más jóvenes que yo, los más niños –sí, se grita ella [*sic*], y yo la escucho, desea que la miren, la admiren, la persigan, la atrapen, la vuelquen, la muerdan y la laman, la maten, la revivan y la maten por generaciones (35).

El voyeurismo *crea* al otro, que necesita ser visto para existir. Es esta reciprocidad productiva la que compensa la soledad de los ritos contemplativos. La sublimidad trascendente que Ismael atribuye a Geraldina no es sólo el resultado de su ansiedad, sino una proyección premonitoria que lleva al lector, sin que éste lo sepa, desde el comienzo de la novela hasta su frontera última, en la que se lo enfrenta a un final en el que la mujer es asesinada una y otra vez. Al mismo tiempo, esa sublimidad nos permite percibirla a nueva luz, más allá de su desnudez y su belleza, más allá de su temporal y corruptible humanidad, casi como un *aleph* en el que las fuerzas antagónicas del universo chocan para producir el milagro de la representación. Ismael penetra, finalmente, su imagen, se rinde a ella.

En *El sublime objeto de la ideología*, Slavoj Žižek recuerda la definición kantiana de lo sublime como el sentimiento que, opuesto al de la Belleza, se relaciona con los fenómenos caóticos y aterradoramente ilimitados, como una tormenta en un mal tumultuoso. Lo sublime es trascendente, transfenoménico. Existe más allá del placer y la armonía y, de acuerdo a Kant, por esta razón, lo sublime apunta con frecuencia hacia un objeto inalcanzable de la naturaleza, un objeto que es, en sí mismo, inconmensurable y que, por lo mismo, confirma el permanente fracaso de la representación, provocando sentimientos de agitación y frustración. Tal es la paradójica naturaleza de lo sublime, cuya otredad permanece inaccesible e inconquistable.[13]

En *Los ejércitos*, dentro de la atmósfera dominada por la muerte, el simbolismo de la mujer (de la sexualidad) como «lugar de emancipación» (Illouz 2007: 58), como oscuro objeto del deseo y como núcleo de vida, familia y nación, es destrozado por la hiperbólica y tortuosa mas-

[13] La cita de Kant que Žižek trae a colación, perteneciente a la *Crítica del Juicio*, es la siguiente: «El sentimiento de lo Sublime es, por lo tanto, a la vez un sentimiento de displacer, que surge de la insuficiencia de la imaginación en la estimación estética de la magnitud para alcanzar su estimación mediante la razón, y un placer que despierta simultáneamente y que surge de este juicio de la insuficiencia de la mayor facultad del sentido para estar de acuerdo con las ideas de la razón, en la medida en que el esfuerzo por lograr éstas es para nosotros ley» (cit. por Žižek 1992: 259). Siguiendo la recuperación que hace Hegel de Kant, Žižek recuerda que en este último la oposición Belleza/Sublimidad es fundamental: «la Belleza tranquiliza y conforta; la sublimidad excita y agita» (ibíd.: 258).

culinidad de la violencia. Ismael se pierde a sí mismo, de manera lenta pero segura, en medio de los devastadores eventos que arrasan el pueblo. Con la desaparición de su esposa él va entrando en un estado de creciente confusión y desorientación, no puede recordar caras familiares, como si estuviera experimentando el gradual borramiento de los significados o el progresivo vaciamiento del mundo. El olvido es, para él, abrumador, como una catástrofe: «Nunca en la vida me ocurrió el olvido» (84). Las fantasías eróticas llegan a él como una distracción desconcertante de la angustia y la desesperación que lo aquejan, pero inmediatamente después de que esos pensamientos cruzan su mente, Ismael se siente tenso y aprehensivo otra vez. El silencio y la oscuridad llenan la atmósfera como una bruma espesa: él es un viejo aterrado, solo, atrapado en medio de múltiples guerras.

> Es como si en todo este tiempo, encima del sol, hubiese caído un paño de niebla, oscureciéndolo todo: es porque sentí de pronto el miedo tremendo de que Otilia se halle sola, hoy, paseando por estas calles de paz donde es muy posible que llegue la guerra otra vez. Que llegue, que vuelva –me digo, me grito– pero sin mi Otilia sin mí (84).

Con todos los elementos sobre la mesa –sobre la página (el horror del terrorismo y las desesperadas interferencias de la pasión libidinal) –, la narración se precipita en un remolino de devastación y sensualidad que inunda el texto con una intensa pero contenida emocionalidad. Los agresores continúan siendo una fuerza no identificada a la que se hace referencia en la novela como «los ejércitos», «las tropas» o, a veces, «los bandidos», sin mencionar la afiliación política o las motivaciones económicas de ese agente del mal, como si la violencia no tuviera lazos con la realidad y debiera ser entendida como una fuerza autónoma, licenciosa e irracional. La novela desarrolla como el recuento de los incontables crímenes perpetrados contra la comunidad de San José (nombre que, de hecho, reciben numerosos pueblos en Colombia), cuyos residentes, sofocados por el horror y la desesperación, presencian el despliegue de su propia «muerte viva». *Los ejércitos* nos enfrenta así a una de las más recurrentes pesadillas colectivas de nuestro tiempo: el miedo a la desintegración social a manos de enemigos internos y la victimización masiva de los inocentes.

A lo largo de las páginas en que las que se relata la tortura y aniquilación padecida por la gente de San José, proceso narrado con una fascinante combinación de emocionalidad y desapego, el lector sigue con descreimiento la mirada de Ismael, fascinado por la creciente aceleración del mal en el entorno del personaje y por el vértigo que se va apoderando del texto. La violencia escala y se acelera, seguida de cerca por los persistentes y erráticos impulsos del deseo, hasta que ambos convergen y alcanzan su clímax en la horripilante escena final, donde el cadáver de Geraldina, pornográficamente expuesto, ofrece la imagen alegórica de una desolación y una deshumanización sin esperanzas ni límites.

> Entre los brazos de una mecedora de mimbre, estaba –abierta a plenitud, desmadejada, Geraldina desnuda, la cabeza sacudiéndose a uno y otro lado, y encima uno de los hombres la abrazaba, uno de los hombres hurgaba a Geraldina, uno de los hombres la violaba: todavía demoré en comprender que se trataba del cadáver de Geraldina, era su cadáver expuesto ante los hombres que aguardaban, ¿por qué no los acompañas, Ismael?, me escuché humillarme, ¿por qué no les explicas cómo se viola un cadáver?, ¿o cómo se ama?, ¿no era eso con lo que soñabas?, y me vi acechando el desnudo cadáver de Geraldina, la desnudez del cadáver que todavía fulgía, imitando a la perfección lo que podía ser un abrazo de pasión de Geraldina. Estos hombres, pensé, de los que sólo veía el perfil de las caras enajenadas, estos hombres deben esperar su turno, Ismael, ¿esperas tú también el turno?, eso me acabo de preguntar, ante el cadáver, mientras se oye su conmoción de muñeca manipulada, inanimada –Geraldina vuelta a poseer, mientras el hombre es solamente un gesto feroz, semidesnudo, ¿por qué no vas y le dices que no, que así no? ¿Por qué no vas tú mismo y le explicas cómo? (202-203).

El mal es un significante flotante en la escena final, en la que la conciencia alienada de Ismael ya no responde a la ética, ni a la racionalidad, sino a la imparable dinámica de Thanatos que no sólo lo rodea, sino que está ya dentro suyo. Ahora Ismael conoce el mal, porque es parte de él, ha penetrado su imagen. El cuerpo desarticulado de Geraldina equivale al desmembramiento del cuerpo social, a su manipulación obscena, pornográfica.

En sus estudios sobre la violencia, Anton Block ha analizado la manipulación del cadáver, operación que podría indicar que, en casos extremos, la muerte biológica no es considerada el fin de la ejecución. La profanación del cadáver por medio de mutilaciones, violación post mórtem y otras prácticas que aparecen ilustradas en *Los ejércitos*, constituye una forma ritual de «cruzar las fronteras entre la vida y la muerte», práctica en la cual juega un papel fundamental el simbolismo del cuerpo (Block 2000: 29). En tanto *performance*, la violencia constituye un ataque al cuerpo individual a través del cual el cuerpo social –el cuerpo político– es dañado, sacrificado, humillado.

El Marqués de Sade hace la distinción entre *muerte natural* y *muerte absoluta* (la primera referida al ciclo reproductivo de la naturaleza, y la segunda a la total erradicación de ese ciclo, muerte en la cual la naturaleza se libera de sus propias leyes). De acuerdo a Žižek, esta diferenciación entre ambas muertes resulta en la concepción de Sade de la víctima como un cuerpo esencialmente indestructible: la víctima puede ser atormentada y, sin embargo, conservar su belleza como si el cuerpo estuviera compuesto de una sustancia sublime, incorruptible (1992: 180). Consecuentemente, la víctima constituye un desafío constante, una encarnación trascendental que triunfa sobre las fuerzas del mal. En el mismo sentido, Lacan también propone una distinción entre la muerte real (biológica) y la clausura final y simbólica de la vida, que puede ser considerada una segunda muerte. Entre ambas muertes hay, según Žižek, un espacio vacío, un núcleo ahistórico alrededor del cual la red de lo simbólico puede ser articulada. Una muerte absoluta es equivalente, entonces, a la destrucción tanto del universo material como del universo simbólico (ibíd.: 180-181).[14]

El desmoronamiento de Ismael indica el final de la mirada-testimonial que había construido el mundo en *Los ejércitos*: nada más merece ser visto, la amputación del deseo que precede por un lapso muy corto el asesinato del mismo Ismael, es el final simbólico del personaje y, por

[14] «Lacan concibe esta diferencia entre las dos muertes como la diferencia entre muerte real (biológica) y su simbolización, el "ajuste de cuentas", el cumplimiento del destino simbólico (la confesión, en el lecho de muerte, del catolicismo, por ejemplo) [...]. Este lugar "entre las dos muertes", un lugar de belleza sublime así como de monstruos aterradores [...] se abre por simbolización/historización: el proceso de historización implica un lugar vacío, un núcleo no histórico alrededor del cual se articula la red simbólica. En otras palabras, la *historia* humana difiere de la *evolución* animal precisamente por su referencia a este lugar *no histórico*, un lugar que no puede ser simbolizado» (Žižek 1992: 181; énfasis del autor).

tanto, de la narración novelesca. En una situación simétricamente opuesta, la violación de Geraldina sigue inmediatamente a su asesinato, convirtiendo su muerte en sacrificio, un proceso que es consistente con su naturaleza trascendental, sublime, inalcanzable, cuya esencia es puro material trágico: su verdadero ser es incorruptible, su asesinato, una práctica teatral, ceremonial, que sobrepasa los límites de la comprensión y puede sólo ser representada mecánicamente, una y otra vez, como en un ciclo interminable de obsesión y locura.

Con la cancelación de la mirada, con la fusión final de violencia y deseo, el miedo no puede sobrevivir, porque para existir éste requiere el apego a la vida, la voluntad de modificar la naturaleza del mundo para que la supervivencia sea posible, deseable, soportable. El único residuo de Ismael es él mismo, el que fue, un vestigio del cual también se deshace en las últimas líneas de la novela, al renunciar a su nombre:

> «Su nombre», gritan, «o lo acabamos», que se acabe, yo sólo quería, ¿qué quería?, encerrarme a dormir, «Su nombre», repiten, ¿qué les voy a decir? ¿Mi nombre? ¿Otro nombre? Les diré que me llamo Jesucristo, les diré que me llamo Simón Bolívar, les diré que me llamo Nadie, les diré que no tengo nombre y reiré otra vez, creerán que me burlo y dispararán, así será (203).

¿Qué hay en un nombre? Las reflexiones de Roland Barthes en «El nombre propio» son bien conocidas. Preocupado con lo que llama «la naturaleza económica del Nombre» Barthes lo define como «un instrumento de intercambio: permite sustituir por una unidad nominal una colección de rasgos, planteando una relación de equivalencia entre el signo y la suma; es un artificio de cálculo que hace que a precio igual la mercancía condensada sea preferible a la mercancía voluminosa» (1980: 78-79). Pero Barthes también enfatiza «la función estructural del Nombre» y la posibilidad «de declarar su arbitrariedad, despersonalizarlo, aceptar la moneda del Nombre como pura institución» (ibíd.: 94-95).

Con nada que perder, Ismael deja que la moneda del nombre circule provocativamente en el campo simbólico fuertemente saturado de violencia con que culmina *Los ejércitos*. El siempre citado comienzo de *Moby Dick* resuena en el lector: «Digamos que me llamo Ismael» («Llámenme Ismael» en otras traducciones). Pero el personaje de Rosero, simétricamente opuesto al de Melville, es el que desde el extremo opuesto de la narración niega su nombre, una borradura consistente con el vaciamiento de su mundo y con la cancelación final de toda racionalidad. Jacques Derrida considera el nombre «el elemento clave del logocentrismo» y advierte sobre su paradójico efecto, ya que el nombre propio, sustituto de la presencia, borra lo que anuncia, nombre y desnombra, implica no sólo la apropiación y expropiación de una serie de cualidades identitarias sino también la renuncia a otros posibles atributos. *Los ejércitos* nos entrega la borradura del yo del protagonista y de sus huellas: la mirada, el nombre, dispositivos que sirven para reconocer y organizar el mundo y sus significados. Enfrentado con la aniquilación, el caos y la culpa, Ismael está perdido de sí mismo. En un mundo en el que la violencia actúa como un discurso cifrado, infinitamente perverso, pero no exento de sentido, Ismael es Jesucristo, Simón Bolívar, el Testigo, el Sacrificado, la Víctima, la Patria, Cualquiera, Nadie.

Ya para concluir, se imponen una serie de reflexiones en torno al uso temático de la violencia como mercancía simbólica que se ha convertido casi en lugar común en toda crítica de la modernidad, el liberalismo y la globalización. Mucho podría decirse sobre la angustia cultural que constituye un rasgo recurrente en la sociedad contemporánea, particularmente en áreas periféricas, en las que se efectúa la transición, como indica Ulrich Beck, de la comunidad de la miseria (que caracterizaba a la sociedad de clases) a la comunidad del miedo (propia de sociedades de alto riesgo) (cit. por Reguillo 2000: 86).[15] En relación con esto, mucho podría agregarse acerca de la fragilidad del pacto social, el vaciamiento del Estado y la manipulación de los sentimientos dentro de la economía cultural del «capitalismo emocional» de que habla Illouz. Finalmente, mucho podría elaborarse también, a partir de esta novela, sobre los conceptos de gobernabilidad y derechos humanos, desde una perspectiva política y biopolítica, y sobre la construcción social del miedo y la explotación del tema de la victimización social por parte de los medios de

[15] Reguillo analiza la figura de los narcotraficantes, por ejemplo, tal como ésta ha sido construida desde el poder político y con el apoyo de los medios de comunicación. Los *narcos* son presentados como «una fuerza ubicua, todopoderosa, inasible y por consiguiente invencible», ya que tiene el don de aparecer y desaparecer. «No es, por lo tanto, un enemigo "periférico" o marginal sino que está instalado en el centro mismo del poder, y desde ahí corroe la institucionalidad» (2000: 200).

comunicación, la «alta» cultura y la cultura popular. Cualquiera de estos tópicos merecería por sí mismo una reflexión extensa, para la cual *Los ejércitos* sería, sin duda, un pre-texto ejemplar. Sin embargo, quisiera terminar estas notas con una aproximación diferente, sugerida también por Michael Taussig en su artículo «The Language of Flowers», en el cual comenta una serie de imágenes producidas por el artista colombiano Juan Manuel Echavarría:

> Reaccionando contra la espectacular violencia de su país, [Echavarría] humanizó las flores al fotografiarlas como especímenes botánicos, reemplazando los tallos, las hojas, las flores y los brotes con lo que parecen huesos humanos. Llamó a esa serie de treinta y dos fotografías en blanco y negro «El corte del florero», haciendo referencia al nombre de una de las mutilaciones practicadas por la Violencia colombiana en 1940-1950, por la cual los miembros amputados [del cuerpo] rellenaban, por así decirlo, el tórax a través del cuello en los cadáveres decapitados (Taussig 2003: 98).

Taussig comenta sobre la fina línea que separa repulsión y atracción, y sobre la perturbadora cualidad de imágenes que son «tan desapegadas de la realidad, tan clara y tan porfiadamente irreales, y sin embargo tan terriblemente reales [...] que adquieren el poder persecutorio de un fantasma» (ibíd.: 129), conceptos fácilmente aplicables a la trayectoria del Ismael de Rosero. En *Los ejércitos* la representación de la violencia sutura y satura toda comprensión, ya sea racional o emocional. La narración pone a prueba los límites de la ficción y el testimonialismo al interrogar los espectros que hostigan a la sociedad contemporánea y al ofrecer una versión lírica de un mundo desolado y sin esperanza que, perturbadoramente, linda con la encantadora melancolía a la que nos habían acostumbrado los exportables modelos del realismo mágico.

Repetición, *diferencia* y ruina en Pedro Lemebel

Una mirada *in extenso* a la bibliografía existente sobre la obra de Pedro Lemebel deja la idea de que prácticamente nada queda por decir sobre un proyecto que, aparte de sus más evidentes aspectos lingüísticos, compositivos y temáticos, se caracteriza por abundar casi obsesivamente sobre sus propios fundamentos retórico-ideológicos.[1] Desde sus *Incontables*, relatos publicados en 1986, hasta sus afortunadas incursiones en la crónica urbana y su menos exitosa exploración novelística, la obra de Lemebel ha estado definida por múltiples vaivenes. Sus textos oscilan, a veces frenéticamente, en un ritmo que va de la oralidad de la crónica radial a su versión (¿o *subversión*?) escrituraria, de los géneros literarios institucionalizados a las formas textuales más marginales o «bastardas», de las variadas vertientes de la literatura «culta» (en general, de lo que Lemebel llama «los saberes ilustrados» o «los saberes de catedral») al coloquialismo provocador y mordaz de su «locabulario» (Richard 2000: 50), de lo individual-contingente a lo colectivo-trascendente, de la experiencia al relato. La textualidad de Lemebel abre un paréntesis carnavalesco (performativo, disruptivo, efímero, gozoso) tanto en la literatura nacional como en el imaginario conflictivo de la postdictadura chilena. Sin embargo, a pesar de los diversos registros discursivos y afincamientos temáticos de la obra de este autor inusual dentro del canon latinoamericano, la continuidad de tono, motivos y escenarios, así como la búsqueda incansable de un lenguaje atrabiliario dedicado a horadar las convenciones del habla común, reducen con frecuencia el estilo del

[1] Pedro Lemebel es, además de escritor, artista visual. Se da a conocer a fines de la década de 1980 por su participación en el colectivo artístico «Yeguas del Apocalipsis», creado junto con Francisco Casas. Desarrolla proyectos visuales en el plano de la fotografía, video, instalaciones y actos performativos, pero es sobre todo su trabajo radial y el cultivo de la crónica urbana lo que le valen reconocimiento internacional.

escritor chileno a un conjunto de recursos previsibles, es decir, a un manierismo que es, sobre todo, gestualidad autoparódica y signo del agotamiento postmoderno de los protocolos de comunicación y representación simbólica. La de Lemebel es una escritura que en un mismo movimiento explora y explota su *diferencia*, reproduciéndola incansablemente en el espacio de la literatura.

Al mismo tiempo perdidamente sentimental e implacablemente detractora de valores y principios dominantes, la prosa de Lemebel da una versión mundana, irónica y «auténtica» (sentida, personal y pretendidamente autobiográfica) del bien asumido provincianismo que caracteriza a la voz narrativa, rasgo que se cotiza bien en el mercado cultural transnacionalizado después de 1980, cuando lo diferencial, periférico, marginal y «plebeyo» (para decirlo con un término más propio de Néstor Perlongher) pasan al primer plano del consumo simbólico.[2] La literatura de Lemebel rompe la oscuridad de los espacios sumergidos del submundo chileno marcado por la pobreza, la promiscuidad y la desesperanza y los traduce al registro popular del melodrama, donde los claroscuros se combinan con una emocionalidad exuberante que resignifica los conflictos sociales humanizándolos, otorgándoles un rostro verosímil y al mismo tiempo inesperado, un espacio, una voz.[3]

El embarrado lenguaje del deseo

Estudiada como representación de subculturas urbanas, como articulación de agendas de género en el fragmentado y propicio espacio del postboom, como reacción a las narrativas del neoliberalismo postdictatorial, como crítica al triunfalismo del mercado global y como alternativa a la violencia epistémica del orden burgués, la obra de Lemebel tiene un indudable valor icónico que atrae adeptos y detractores que elaboran sus interpretaciones con un entusiasmo similar al que despierta, en otro registro, la narrativa de Fernando Vallejo, quien, a pesar de las induda-

[2] Acerca de las relaciones entre la estética de Lemebel y los condicionamientos y posibles cooptaciones del mercado, ver la entrevista de Richard (2003), así como Cárcamo-Huechante (2003).

[3] Sobre la estética del melodrama, ver Herlinghaus (2002).

bles disparidades que lo apartan del escritor chileno, quizá podría ser considerado –aunque sólo en algunos aspectos, sobre todo gestuales– el compañero de fórmula de éste dentro del nutrido panorama de la literatura postmoderna.

En lo que sigue deseo sugerir otras claves de lectura –más críticas que descriptivas, más analíticas que celebratorias– para la aproximación a la obra de Lemebel, cuyos textos considero fundamentales para entender ciertas vertientes del imaginario latinoamericano hacia fines del siglo XX y comienzos del XXI. La escritura de Lemebel me impresiona, sobre todo, como un producto sintomático de las suturas que percibo en los niveles estéticos, éticos, eróticos y políticos, a los que he reducido estas reflexiones. En mi estudio teórico sobre el Neobarroco incluido en este mismo libro, leo las extensiones transhistóricas de este movimiento como una recurrencia del *accidentalismo* americano.[4] Con este término designo la inserción, dentro de los paradigmas de universalismo occidentalista (sus valores, su racionalidad, su concepción de orden social y su utopía de homogeneización de los imaginarios), de elementos contingentes, anómalos, diferenciales, que aparecen como signos de todo lo encubierto, negado, marginalizado o subalternizado por la modernidad. Desde la aparición del paradigma barroco en la primera modernidad americana, el *accidentalismo* opone a la normatividad europeizante de la razón (imperial, primero; burguesa y liberal en contextos posteriores) la singularidad de subjetividades no normalizadas por los paradigmas dominantes de conocimiento y representación. El Neobarroco se vale, para esto, de una estética *saturada* y *suturada*, proliferante, fuertemente afincada en la contingencia del detalle, del pliegue, que me parece pertinente evocar aquí como telón de fondo para el presente análisis.

Como es sabido, desde el siglo XVII, con un carácter rupturista, contracultural, mímico y reivindicativo, el barroco se expande hasta la actualidad articulándose a agendas emancipatorias de distinto carácter. Barroco y Neobarroco son, en este sentido, modelos migrantes, transculturados, transhistóricos, que apelan a la espectacularidad de la sobre-

[4] Retomo aquí elementos ya presentados en mi artículo «Baroque, Neobaroque, Ultrabaroque: Disruptive, Readings of Modernity» publicado en inglés con anterioridad (2005). Se cita aquí por la versión en castellano, en este volumen.

saturación estética, a la deriva de los significados y a la concentración visual como manera de desautomatizar la percepción de lo real y afirmar la cualidad transgresora y potencialmente emancipatoria de *lo simbólico.* El *performance* cultural del barroco consiste entonces, justamente, en el despliegue teatralizado de la *diferencia*. «El planeta barroco» de que habla Gruzinski, cubre en Latinoamérica desde El Lunarejo a Sor Juana, desde Cantinflas a Monsiváis, desde Sarduy y Perlonguer hasta Lemebel. Su estilo singular se apoya, entre otros recursos, en la que Calabrese ha llamado «la estética de la repetición», que no sólo se refiere al horror al vacío (el horror al silencio) y a la reincidencia casi letánica de temas y de imágenes, sino a la misma recurrencia histórica del modelo barroco: lo que Sarduy llamaba *retombée* [*relapse*] para referirse más que a un estilo, a un *ethos*, a un comportamiento social, cultural e ideológico.

Mi propuesta es que la obra de Pedro Lemebel se corresponde con el fenómeno de desauratización de la literatura y del arte: con el proceso, entonces, de su amaneramiento auto-paródico. El arte es, ante todo, artefacto, reciclamiento, pastiche, simulacro. En Lemebel, es la oralidad de la emisión radial reformulada como escritura, coqueteando con los protocolos del mercado y la ciudad letrada; es el erotismo homoerótico representado como la estética (y la ética, como advierte Brad Epps) de la promiscuidad; es la (pseudo)biografía intimista de la crónica convertida en espectáculo; es el género documentalista ejercido como un escaparate donde el yo se rearticula en narrativas anti-épicas, individualistas y singulares, donde la saturación del lenguaje y la imagen sitúan al lector ante el abismo de la irrepresentabilidad del amor y la muerte, el deseo y la violencia, donde el lenguaje mira hacia el silencio mientras se cubre de palabras como si se tratara de una decoración carnavalesca.

De esta manera, la obra de Lemebel explora los límites de la representación en horizontes social y simbólicamente saturados de la (post)dictadura, donde sólo queda el presentismo de un *carpe diem* paródico, exento de cualquier forma de sublimidad o trascendencia, y el ejercicio obsesivo de la memoria que desde la negatividad del presente rescata la temporalidad abolida del pasado, que sólo puede ofrecer una positividad inerte, creada por la necesidad de recuperación y de restitución. Podría decirse que la propuesta estética de Lemebel oscila deleuzeanamente entre *diferencia y repetición*: es una apuesta a la otredad, lo diferencial, impactante, alternativo, desregulado del deseo-desde-elmargen y una reproducción hasta el cansancio de esos rasgos diferenciales, como si el peso de lo identitario (la *mismidad* en que se apoya la individualidad burguesa, la identidad colectiva que da base a la modernidad) no pudiera ser eludido como parámetro final, como muro de resistencia contra el cual se define lo-que-no-es, ya que, como indica Deleuze:

> La diferencia no implica lo negativo y no admite ser llevada hasta la contradicción más que en la medida en que se continúe subordinándola a lo idéntico. El primado de la identidad, cualquiera sea la forma en que ésta sea concebida, define el mundo de la representación. Pero el pensamiento moderno nace del fracaso de la representación, de la pérdida de las identidades y del descubrimiento de todas las fuerzas que actúan bajo la representación de lo idéntico. El mundo moderno es el de los simulacros (2002: 15).

La promiscuidad homoerótica que pinta Lemebel implica una estética de *desidentidad* a la que me referiré más adelante: la búsqueda de *lo mismo* en *lo otro*, el enfrentamiento de la otredad en el uno, de lo igual en lo alterno. Supone, en ese sentido, un movimiento continuo que no puede eludir el campo delimitado de la semejanza. El intercambio o la supuesta variación de espacios, individuos, sentimientos o actos relacionados con el amor o el sexo, es superfluo. Cada nueva experiencia es, en esencia, repetición de otras anteriores. Lo que importa es la superabundancia de *lo mismo*, la universalidad que habita en lo accidental, singular, contingente, y que está allí para ser develada, la profundización de un mismo tema, con los mismos recursos, para verificar su porfiada vigencia y su repetición *ad infinitum*.

Como es sabido, Deleuze encuentra, desde la perspectiva nietzcheana, similitudes entre el *hábito* que implica toda repetición y las particularidades de la *memoria*, otro de los temas frecuentes en Pedro Lemebel. En ambos casos, el individuo está guiado por la voluntad –por el deseo– de extraer algo nuevo de lo ya conocido. Es necesario, para eso, que el yo se desdoble en otro que contempla al yo que reincide en su búsqueda de lo mismo, en el placer de perderse o encontrarse en el otro, y de recordar, ya que el recuerdo es una forma de la repetición. «Por este camino –dice Deleuze– la repetición es el pensamiento del porvenir: se opone a la categoría antigua de la reminiscencia y a la categoría moderna del *habitus*» (2002: 30). Repetir es pensar el futuro, reconstruirlo a partir de la vivencia insaciable del presente, que de este modo se trasciende a sí mismo.

En esta narrativa el tema del cuerpo es también reincidente, obsesivo, no sólo porque es el objeto del deseo homoerótico, aquello a partir de lo cual se marca la *diferencia* y lo que debe ser reivindicado como base para una identidad alternativa, sino porque es el lugar desde el cual, ritualísticamente, simbólicamente, puede explorarse también el deterioro del cuerpo social. El cuerpo del otro y el propio son cuerpos arruinados, convertidos en vestigio, que sólo a través de la estética fetichizante del *kitsch* pueden relucir, siempre con tonos de patetismo, en un ambiente marcado por una inevitable decadencia. Hay toda una poética de la declinación, el quebranto, el menoscabo, que acentúa las connotaciones emocionales de la anécdota y de los personajes y que se cultiva como un insistente recurso de *captatio* melodramática del lector, del receptor de este producto que aunque haya sido pensado inicialmente para la oralidad, para beneficiarse con los tonos y acentos de la lectura radial –de una comunicación, entonces, donde la charla coloquial, el chisme y la literatura se confunden– ha cedido a las condicionantes del mercado. Desde esta perspectiva, la obra de Lemebel constituye un producto anómalo y de alguna manera exógeno en el espacio supuestamente controlado de la alta cultura que espera desesperadamente retener su alternatividad y *diferencia* sin ser completamente cooptado por la ciudad letrada.

El revés de la foto o la modernidad en negativo

Mi segunda propuesta es que en su filiación con el *neo-barroso*, la estética de Lemebel se apoya en esa *negatividad* de aguas revueltas de que habla Osvaldo Lamborghini y que ilustra también la obra de Perlongher: esa prosa *negativa*, embarrada, que contamina el espacio preservado de la alta literatura con una estética disonante, de ecos arcaicos y resonancias anómalas.[5] Al hablar de negatividad me refiero, apenas, al

---

[5] Soledad Bianchi ha propuesto, por su parte, el término «neo-barrocho» que apuntaría a la vertiente santiaguina del Neobarroco (aludida en la referencia al río Mapocho)

negativo fotográfico, que revela de manera preliminar, oscura e invertida, el objeto de la representación.

Coincidentemente, una cita que no por casualidad se basa en la comunicabilidad relativa de la imagen fotográfica ilustra lo anterior, aunque la idea de negatividad que manejo sólo muy parcialmente se corresponde con la acepción literal a la que este texto parece apuntar. Refiriéndose al contexto político de 1973, «La noche de los visones (o la última fiesta de la Unidad Popular)» incluida en *Loco afán* (1996) describe así una «fiesta coliza» de fin de año en uno de los barrios de Santiago, donde se dan cita «locas» de todas partes de la ciudad y donde la comilona se combina con el *show* travesti y con los augurios de lo que vendría, un escenario atravesado por la muerte y la desolación, ya que «el tufo mortuorio de la dictadura fue un adelanto del SIDA, que hizo su estreno a comienzos de los ochenta» (Lemebel 1996: 16):

> Desde ahí, los años se despeñaron como derrumbe de troncos que sepultaron la fiesta nacional. Vino el golpe y la nevazón de balas provocó la estampida de las locas que nunca más volvieron a danzar por los patios floridos de la UNCTAD (ibíd.: 15).

Pero lo que importa es, sobre todo, el registro de la fiesta, el trabajo sobre el residuo que, como la mesa de la fiesta donde la pila de huesos que restan de la cena simula una fosa común, un «monumento al hambre» (ibíd.: 14), queda como elemento que testimonia el derrumbe de lo poco que ya inicialmente existía como patrimonio de un sector ignorado pero significativo de la sociedad chilena:

> De esa fiesta sólo existe una foto, un cartón deslavado donde reaparecen los rostros colizas lejanamente expuestos a la mirada presente. La foto no es buena, pero salta a la vista la militancia sexual del grupo que la compone. Enmarcados en la distancia, sus bocas son risas extinguidas, ecos de gestos congelados por el flash del último brindis [...]. La foto no es buena, está movida, pero la bruma del desenfoque aleja para siempre la estabilidad del

---

como alternativa a la nominación rioplatense a que remite el «neo-barroso» de Perlongher, intentos ambos de apropiación y redimensionamiento de una estética persistente e ideológicamente multifacética.

> recuerdo. [La] foto no es buena, no se sabe si es blanco y negro o si el color se fugó a paraísos tropicales... La foto no es buena, la toma es apresurada por el revoltijo de locas que rodean la mesa, casi todas nubladas por la pose rápida y el «loco afán» por saltar al futuro. Pareciera una última cena de apóstoles colizas, donde lo único nítido es la pirámide de huesos en el centro de la mesa [...]. Tal vez la foto de la fiesta donde la Palma, es quizás el único vestigio de aquella época de utopías sociales, donde las locas entrevieron aleteos de su futura emancipación... La foto de las locas en ese año nuevo se registra como algo que brilla en un mundo sumergido (ibíd.: 16-22).

La atmósfera a la que remite la foto desenfocada y borrosa entrega al lector una imagen certera de la pérdida y la desesperanza. Esta «última cena» remite a seres transidos de patetismo tanto en la instancia previa de la creencia (la utopía es un deseo, un salto hacia el futuro) como en la realidad posterior del desencanto y la derrota. A medida que la crisis de *lo político* se traduce en el derrumbamiento de *lo social*, la utopía se desvanece en los imaginarios populares dejando en su lugar un sentimiento inaprensible de impotencia y tristeza. La pérdida es, básicamente, irrepresentable, salvo en la estética del vestigio, donde lo residual, fragmentado, borroso, ocupa el primer plano de la percepción y del recuerdo: los huesos apilados sobre la mesa son una referencia escalofriante al «fin de fiesta» de la unidad popular, el resultado de la masacre expuesto pornográficamente como un desafío para la acción colectiva y la imaginación histórica. Son a la vez, entonces, testimonio de miseria y de ruina, son desperdicio, pérdida, despojo. Y en esa misma atmósfera, los rostros desleídos, la representación que sólo permanece como evidencia de lo irrepresentable, metaforiza la erosión de las identidades colectivas, el fracaso de las estrategias de (auto)reconocimiento social en un espacio colectivo del cual se esfuma el sentimiento de lo comunitario y donde las identidades persisten solamente afantasmadas.

En el capítulo titulado «Bodies in Distress. Narratives of Globalization» del libro *The Decline and Fall of the Lettered City*, Jean Franco, una de las más entusiastas canonizadoras de Pedro Lemebel, sitúa sus referencias a la obra del autor chileno en el apartado correspondiente a «Disidentifications». Franco persigue en la obra de Lemebel el proceso transformativo que se va produciendo a través de una discursividad travestida, tanto performativa como literaria, que parte de la experiencia de «Las Yeguas del Apocalipsis» donde Lemebel y Francisco Casas teatralizan la transgresión de las categorías de género, clase y raza como modo de parodiar y desestabilizar los valores y rituales del orden burgués, y llega hasta los textos más recientes, donde el desbocado deseo de las primeras crónicas (*La esquina es mi corazón*, 1995) se va domesticando poco a poco. En todo caso, desde el comienzo la ciudad sirve como escenario para el despliegue de deseos ilícitos, prácticas extremadas e impactantes, lenguajes e idiolectos que hacen explícito lo prohibido y lo familiarizan, confiriendo a la escritura literaria y al performance cultural un valor simbólico liberador. Las identidades, que gestionadas desde las instituciones del Estado ayudaron a definir el proyecto burgués de la modernidad, la noción de progreso, los mitos del orden, la armonía y el consenso social, que caracterizaron al republicanismo liberal desde el origen mismo del Estado-nación, se disuelven ahora, bajo los efectos de la desintegración postmoderna, en los rituales del disfraz, la parodia, el melodramatismo, la farsa y la ironía.

Alegorizando esa realidad caleidoscópica y destotalizada, el mundo de Lemebel está compuesto por una cadena interminable de amantes fugaces, de espacios descentrados, clandestinos, promiscuos, de encuentros e intercambios irremediablemente melancólicos, de anécdotas minúsculas, donde el paisaje ciudadano aparece poblado de espectros, donde el centro sólo habla a través de sus márgenes, donde la urbe es menos que la suma de sus desechos. La estética de Lemebel es, entonces, como el concepto mismo de la perla deforme –barrueca– (que está en el origen etimológico del término *barroco*), el *performance* de lo irregular, lo carente, saturado, híbrido, palimpséstico, impuro, residual, imperfecto. Fiel a los fundamentos del modelo originario, el Neobarroco nombra lo que carecía de denominación y califica lo incalificable. El sentido barroco es así translaticio, catacrético, transicional, espúreo, anamórfico.

Más que a la construcción de tramas, personajes o escenarios narrativos, la prosa de Lemebel, cronística o ficcional, apunta a la articulación de posiciones de sujeto que podríamos llamar *postidentitarias*: un pastiche de estereotipos, reincidencias del yo, espacios y motivos definitivamente hibridizado que se lee como un exilio definitivo del sujeto con respecto a las certezas de la modernidad (a las ideas monumentalizadas de nacionalidad, ciudadanía, productividad, orden social, familia, buenas costumbres, fe en el progreso y en la democracia). «Poética de la desterritorialización» llamó Perlongher al barroco, estilo –*ethos*– que corre siempre en busca de su límite. Dicho de otro modo: contra la máquina de guerra de la modernidad el Neobarroco opone la máquina de subjetivación basada en la reproducción constante de un deseo insatisfecho a través del cual podemos reconocer los «pequeños ritmos sociales» de que habla Guattari, o sea los «agenciamientos colectivos» que existen dispersos e invisibles –invisibilizados– en el cuerpo social.[6]

El *Leitmotiv* de la violencia

Como motivo conductor y elemento que cohesiona y da un sentido de totalidad a la diversidad anecdótica y a la fragmentación compositiva de Lemebel, la violencia tiene un lugar crucial en su poética. Sirve para caracterizar los intercambios intersubjetivos, contaminados por la violencia de Estado de la dictadura y sus repercusiones en todos los niveles de la sociedad civil. Une, entonces, cotidianeidad con vida colectiva, sexualidad y política, creando un espacio público en el que la promiscuidad no es solamente la de los cuerpos que se buscan para el encuentro erótico sino también la de la tortura, la represión, la miseria. La violencia es el principio organizador de la experiencia y el factor a partir del cual toda experiencia se desnaturaliza y se corrompe. En «Las amapolas también tienen espinas» deseo y violencia comparten un mismo espacio significativo en los niveles marginales de la sociedad en los que delincuencia y sexualidad homosexual son presentadas como formas de una misma identidad que sublima en un Otro anónimo y casual las frustraciones y sufrimientos de una vida atrapada en la ciudad-cárcel. La calle, la esquina, los bajos fondos de la ciudad, sus parques oscuros, sus viviendas sórdidas, sus tugurios, lugares de esparcimiento o viviendas sórdidas, degradadas, son lugares de intersección, intercambios y transacciones en las que circulan individuos y mercancías simbólicas en un

[6] Epps cita a Adrián Cangi, quien dice, sobre Néstor Perlongher, algo que se aplica a la estética de Lemebel, quien de tantas maneras emula al escritor argentino: «[Perlongher] radicalizó el cuerpo como fuerza insumisa e indicó así que las experiencias de invención societaria no acontecen en las instituciones sino en sus márgenes. Y esos márgenes pueden tragarse la vida» (Epps 2005: 150).

tráfico desesperado y melancólico. Al mismo tiempo, son sitios que se quieren pensar como sustraídos a las dinámicas perversas de la política y de la ideología:

> La esquina de la «pobla» es un corazón donde apoyar la oreja, escuchando la música timbalera que convoca al viernes o al sábado, da lo mismo [...]. La esquina de los bloques es el epicentro de vidas apenas asoleadas, medio asomándose al mundo para casetear el personal estéreo amarrado con elástico. Un marcapasos en el pecho para no deprimirse con la risa del teclado presidencial hablando de los jóvenes y su futuro (Lemebel 1995: 16).

En la clave de la violencia ciudadana y política la vida no tiene valor y la escritura de Lemebel es efectiva en comunicar la relación entre las peripecias individuales y las condicionantes públicas creadas por un régimen dictatorial que ha naturalizado la muerte y la miseria como parte de la cotidianeidad:

> Muchos cuerpos de estos benjamines poblacionales se van almacenando semana a semana en los nichos del cementerio. Y de la misma forma se repite más allá de la muerte la estantería cementaria del hábitat de la pobreza.
>
> Pareciera que dicho urbanismo de cajoneras fue planificado para acentuar por acumulación humana el desquicio de la vida, de por sí violenta, de los marginados en la repartición del espacio urbano [...]. Por cierto, carne de cañón en el tráfico de las grandes políticas. [...] Irremediablemente perdidos en el itinerario apocalíptico de los bloques [...] navegando calmos, por el deterioro de la utopía social (ibíd.: 19-20).

Las constantes alusiones al tráfico e intercambios de todo tipo, reales y simbólicos y los insatisfechos anhelos de consumo, incluso en los niveles mínimos que requiere la supervivencia cotidiana y que tienen en la obra de Lemebel un lugar prominente, llaman la atención también otra forma de violencia estructural que corresponde a la transformación de Nación-Estado en *nación-mercado* de que ha hablado Cárcamo-Huechante, un espacio social en que los vínculos comunitarios han sido sustituidos por la circulación de mercancías.[7] En el marco de ese proceso

[7] «La nación-Estado, en su doble forma mayúscula, ha dado paso a la nación-mercado, signada por ciudadanías que se traman a partir de las economías simbólicas del inter-

de circulación simbólica, y siempre dentro del registro definido por las distintas formas de violencia que las crónicas de Lemebel inscriben en los textos, hay dos niveles que destacar: el primero, el del cuerpo, ya mencionado, como el lugar de exhibición y resistencia, desde donde se descomponen las categorías de género sustituyéndolas por diversas formas de transgresión que, como el travestismo, tienden a (con)fundir la *diferencia.* Las marcas identitarias (individuales, colectivas, de género, de clase, etc.) son fluctuantes, caprichosas, carnavalescas, para indicar subjetividades provisionales y en proceso (¿de formación, de descomposición?). Los cuerpos sirven para el placer pero también son el espacio de la decepción, el dolor, la transitoriedad, como si una otredad irredimible e indiscernible habitara las identidades, amenazándolas. El segundo plano de violencia simbólica se da a nivel del lenguaje, en el trabajoso «locabulario» a partir del cual se quiere mostrar la rebeldía permanente contra el *status quo*, la resistencia a toda normativización y a cualquier registro «burgués» que remita de una manera u otra a la «alta» cultura, símbolo de opresión y convencionalismo. El uso y abuso del neologismo, de coloquialismos y licencias «poéticas» brindan sin duda un colorido inusual a la prosa de Lemebel, que remite a la anomalía de un mundo sumergido en el vientre de una ciudad por todos habitada y desconocida para la inmensa mayoría de los pobladores de la urbe. Las palabras son una fiesta de barrio en las que se dan cita localismos, la lengua de ciertos sectores populares de Santiago, vulgarismos, formas irónicas y paródicas a través de las cuales el lenguaje adquiere opacidad, llama la atención sobre sí mismo, no quiere solamente comunicar un contenido sino expresar un gesto, convertirse en performance. Se logra desautomatizar la recepción del discurso: el que lee o escucha el texto de las crónicas queda desde el comienzo instalado en esa *diferencia* y en la violencia epistemológica que ella entraña.[8] Entiende que se quiere

---

cambio y el consumo» (Cárcamo-Huechante 2003: 99) El crítico emprende aquí una lectura de la crónica de Lemebel desde la perspectiva de la representación de intercambios económico-simbólicos, que dan lugar a formas especificas de subjetividad y socialización en el Chile dictatorial y neoliberal.

[8] Juan Poblete indica: «El lenguaje de Lemebel, aunque estetizado como le corresponde a la definición genérica de la crónica contemporánea, guarda una estrecha relación con la localización vernácula del español chileno de clase media baja y baja. Esta

marcar una distancia insalvable entre esta escritura y verdades consagradas, que la lógica de estos textos es su carácter disgregado, transgresivo, fragmentario y provisional, donde la legibilidad se sacrifica a otra forma de proyecto más ambicioso y menos conocido: el de la *homographesis*, o sea, el de la inscripción de la otredad homosexual en la superficie heterosexuada de un lenguaje codificado para transmitir las verdades de un mundo patriarcal, heterosexual, autoritario, represivo.[9] El lector entiende, entonces, que a esa violencia del *status quo* a la que se agrega la ignominia de la dictadura estos textos responden con la violencia de la resistencia, marcando una *diferencia* que defiende su derecho a existir al tiempo que expone su derrumbe inevitable, ganada por la fuerza de la miseria ciudadana, por las perversiones del autoritarismo, por el SIDA. La escritura de Lemebel es lo que queda, el final de fiesta, la recuperación de los desechos de una socialidad herida de muerte por medio de una recuperación persistente de la heterogeneidad que coloniza la sociedad civil y la subvierte.

La escritura como ruina

Propongo, entonces, que las claves para la lectura de esta literatura que podemos llamar neobarroca –extendiendo un término de por sí laxo y abarcador– de Sarduy a Perlongher, de Lamborghini a Lemebel, pasan principalmente por las nociones de *diferencia* y *ruina* que he definido en

---

modalización de su discurso por el chileno 'roto' actúa como una resistencia a la presión homogeneizadora del lector literario que busca siempre leer el texto como una manifestación más de lo ya visto, lo ya leído en tantas otras descripciones de los marginales urbanos en otras grandes ciudades. [...] Al mismo tiempo ese lenguaje chilenizado y popular local se halla en tensión creativa y productiva con el lenguaje estetizado más global o universal que lo envuelve, le da legibilidad y lo hace comunicable» (Poblete 2003: 125).

[9] Entiendo *homographesis* en el sentido de Lee Edelman, que acuña el término para referirse a la inscripción de la homosexualidad en el espacio de la escritura, o sea a la relación sexualidad homosexual/lenguaje, y al estudio de las múltiples operaciones que no sólo inscriben la homosexualidad en el discurso sino que al mismo tiempo lo desescriben, al rehusar adherir a cualquier forma de especificación de género para preservar, más bien, la *diferencia* en la mismidad (ver, al respecto, Edelman 1994: principalmente 9-23).

mi estudio sobre el Neobarroco en este mismo libro. De acuerdo a los conceptos desarrollados en ese estudio entiendo lo *diferencial* como lo que sobrevive y permanece en una existencia fantasmática, desplazada, fuera de lugar. *Ruina*, en el sentido benjaminiano que combina la ilusión de perdurablidad y la de deterioro, ruina como lo echado a perder, lo que conlleva el sentimiento de duelo y la experiencia de la pérdida en un mundo post-sagrado, postidentitario, postaurático, donde las antiguas monumentalidades de la modernidad sólo pueden vivir como reliquia o vestigio melancólico. El arte, entonces, pierde –(ar)ruina– su valor de culto y deseculariza su significado trascendente. El arte y la literatura permanecen con una presencia desauratizada o, para usar el término de Adorno, *desartificada*. El arte es artefacto, operador simbólico, instrumento travestido, simulacro.

Creo que éste es el borde donde se sitúa la obra de Lemebel que hoy por hoy parece reflexionar sobre sus propios límites. La notoria recurrencia temática y la reiteración estilística, la insistencia sobre los tópicos de memoria histórica, corporalidad, promiscuidad homoerótica, ciudad oculta, pueden leerse como una forma más de la «estética de la repetición» ya mencionada antes. Al mismo tiempo, inevitablemente, apuntan también a la melancolía que siempre produce la visión de la ruina: la nostalgia de una completitud quizá imposible y hasta probablemente indeseable, de una inserción frustrada en algo que trascienda los límites cercanos e infinitos de la individualidad, de una literatura que, aparte de registrar la pérdida o la ausencia, invoque nuevas presencias posibles, nuevas utopías de emancipación y reagrupamiento social.

Tanto en la literatura de Lemebel como, curiosamente, en el *ethos* del mercado, el motor es el mismo: el deseo insatisfecho es el que garantiza el consumo del otro, de *lo otro*. Por eso toda promiscuidad es, en última instancia, onanista: entre *todos los otros* –intercambiables, múltiples– lo único que permanece es el *yo* que se busca a sí mismo en el espejo de la alteridad. En el tránsito proliferante, Neobarroco, de la promiscuidad, la mismidad es lo único que se mantiene, se sostiene, se reconfirma, se autolegitima. La repetición, que ha despertado frecuentes críticas a la obra de Lemebel, se entiende aquí, pues, como la persistencia de una estética que reflexiona sobre sí misma, y que, como en el último Perlongher, explora sus fronteras, es decir, el peligro de que se produzca el agotamiento del modelo enfrentando así a la escritura –al sujeto– a la ausencia de todo significado y de todo mensaje. En Perlongher el modelo que sus textos ilustran encuentra su límite no sólo a nivel estilístico sino en la representación, generalmente celebratoria, de dinámicas transgresoras que el escritor argentino define bien en *El negocio del deseo* (1987) –y que pueden resumirse como el elogio de «la errancia, la deriva y el extravío callejeros, el mundo de la noche, el nomadismo, el riesgo, la desterritorialización e incluso la promiscuidad de calles y cuerpos» (Epps 2005: 152)–, cuyo estrepitoso derrumbe, como consecuencia del SIDA, Perlongher elabora en sus escritos más tardíos.[10] El consumo del otro parece resolverse en un canibalismo por el cual el deseo se vuelve contra el cuerpo que lo produce y lo sacia en un círculo –en un ciclo– vicioso que sólo se cancela con la muerte (en palabras de Tomás Moulián, aunque con una aplicación que excede la original, «el consumo me consume»). La identidad que encuentra su cifra en la insatisfacción proliferante de pronto se subsume en el silencio, como si el mercado, saturado de signos y repleto de virtualidad, ya no pudiera o no quisiera absorber más de lo mismo, y se aprestara a nuevos devenires.

Creo que en la obra de Lemebel hay, sin embargo, una línea de fuga, que es la que me interesa rescatar: la que conduce de la noción de *diferencia* a la de *desigualdad*, la que detrás de lo individual, repetitivo, letánico y siempre, en última instancia, solitario, percibe la presencia afantasmada de la comunidad, la que advierte a través de lo estético, lo ético, lo erótico, formas inescapables de *lo político*, relaciones de poder que abarcan y sobrepasan lo sexual y lo social.[11] En la obra de Lemebel lo postidentitario no es postideológico. En más de una ocasión Lemebel ha indicado que el golpe militar de Pinochet constituye una obsesión que

[10] Ver, por ejemplo, de Perlongher, *Papeles insumisos*. También la obra de Lemebel mostraría variaciones en el tratamiento del tema sexual a consecuencia de la epidemia de SIDA. Ya ha sido anotada la diferencia que hay entre las aproximaciones más libres y gozosas de *La esquina es mi corazón* a la vivencia del duelo que se registra en *Loco afán* y al más morigerado enfoque en tópicos como la memoria colectiva, la infancia, etc., en libros posteriores (Blanco 2004: 13).

[11] Richard, en varias de sus obras, y Poblete, entre otros críticos, han realizado alcances a este aspecto de la obra de Lemebel que en otras interpretaciones resulta diluido, cuando se da prioridad a los aspectos postmodernos (fragmentarismo, melodramatismo, etc.) de su escritura.

encuentra múltiples manifestaciones en su obra, una especie de foco que orienta y que vigila a la escritura. Ésta es, entonces, la marca que delinea una ausencia, un escamoteo, y que satura ese vacío con un exceso barroco de palabras, connotaciones, sugerencias, imágenes:

> [M]etaforizo –dice Lemebel– no sólo para adornar, más bien para complejizar el paisaje y el escenario del crimen. En este sentido mis crónicas podrían ser el boceto de tiza que marca un cuerpo en la vereda (Blanco/Gelpí 1997: 95).

La imagen es, como casi todas las de Lemebel, efectiva y aguda. Indica la escritura como el perímetro que resalta un cuerpo ido, en fuga de la realidad, desparecido, travestido en sombra de sí mismo, en residuo. En el estilo de Lemebel abundan esas marcas que enfatizan la ausencia y la pérdida, esos recursos que son sustitución y al mismo tiempo simulacro: el maquillaje excesivo, el retoque, la peluca, el atuendo como disfraz, la presencia constante de lo cursi, el cambio de nombre, el uso de un lenguaje travestido que exhibe pornográficamente la marginalidad del hablante, los cambios de identidad, el juego que Sifuentes llama «homobarroco», donde el lenguaje es una forma de la sexualización *queer* de un mundo hasta entonces regido por la represión y la regulación de los instintos. Todo esto colabora en la deconstrucción de los protocolos genéricos y de sus formas tradicionales de representación. Ahora el sujeto se bifurca en formas múltiples y confusas de expresión, modos de ser que desencubren la hipocresía de identidades convencionalizadas y muestran la problematicidad del simulacro, el *collage*, el pastiche, como comportamientos culturales a través de los cuales se manifiestan subjetividades desgarradas, para las que las nociones de original y copia han perdido sentido.[12]

---

[12] Nelly Richard señala con respecto al tema de la autenticidad identitaria y las cuestiones de género (y las connotaciones políticas que marcan esta relación): «La hiper-alegorización de la identidad como máscara que realiza el travesti pintado desenmascara la vocación latinoamericana del retoque. Retoque de la falta de lo propio (por el déficit de originalidad que marca las culturas secundarias como culturas de la reproducción) mediante la sobremarca cosmética de lo "ajeno". Vista desde el centro, la copia periférica es el doble rebajado, la imitación desvalorizada de un original que goza de la plusvalía de ser referencia metropolitana. Pero vista desde sí misma, esa copia es también una sátira postcolonial de cómo el fetichismo primermundista proyecta en la imagen latinoa-

Aunque en las obras de Lemebel hay una evocación melancólica y desauratizada de la política, *lo político* como conjunto de intercambios, proyectos y movilizaciones inorgánicas, no necesariamente institucionalizadas y quizá discontinuas, que atraviesan y trascienden lo individual y contingente y pueblan los suburbios de la comunidad, se mantiene, no sólo como ruina, sino como horizonte. Valdría la pena seguir al menos esta línea con una lectura vigilante, para determinar hasta qué punto el deseo insatisfecho no coopta en algún punto la conciencia de clase, hasta qué punto los amantes proletarios, *lumpen*, marginales, periféricos, subalternos, no son consumidos también por la dinámica deseante que, siguiendo la lógica implacable del mercado, confiere a casi todo el estatuto de mercancía simbólica destinada a una circulación que nunca se produce al margen de las relaciones de poder.

---

mericana representaciones falsa de originalidad y autenticidad (la nostalgia primitivista del continente virgen) que Latinoamérica vuelve a falsificar en una caricatura de sí misma como Otro para complacer la demanda del otro» (1993a: 68).

«A RÍO REVUELTO, GANANCIA DE PESCADORES». AMÉRICA LATINA Y EL *DÉJÀ VU* DE LA LITERATURA MUNDIAL

> Injértese en nuestras repúblicas el mundo, pero el tronco ha de ser el de nuestras repúblicas.
>
> José Martí

AMÉRICA LATINA EN EL BANQUETE DEL OCCIDENTALISMO

Pese a la innovación de algunos argumentos el replanteo de que ha sido objeto en los últimos años el debate sobre el concepto de literatura mundial parece un *déjà vu* en los estudios latinoamericanos. Aparte de la larga tradición de esta noción en el campo de la literatura comparada, pensar América Latina desde categorías, procesos y *lugares* teóricos europeos constituye una estrategia reincidente y naturalizada en la historiografía de la región, aunque numerosos aportes hayan abierto desde hace muchos años nuevas direcciones para nuestro trabajo. Si bien América Latina es sólo una de las áreas culturales comprendidas en la teorización sobre literatura mundial, las implicancias de ese concepto tienen en este caso una resonancia particular, porque se inscriben en una prolongada historia de adscripciones y apropiaciones simbólicas de esa cultura en los imaginarios europeos.

A no dudarlo, la cultura francesa, que las elites criollas impusieran como paradigma de progreso y de modernidad en las naciones latinoamericanas desde sus orígenes, marcó con huellas profundas numerosos aspectos en estas sociedades. Moda, historiografía, corrientes literarias, costumbres, conceptos de ciudadanía y de civilidad, diseños urbanísticos y principios político-filosóficos, estuvieron influidos directamente por las obras, movimientos y formas de vida del país que hacia fines del siglo XVIII proyectaba su perfil no sólo sobre otras naciones europeas sino también sobre las transatlánticas. Desde entonces, la episteme humanística, que fuera transmitida en los procesos de colonización y modernización americana desde los centros de irradiación del Viejo Mundo, se perpetuó a distintos niveles. Consideradas en los centros europeos como huéspedes que llegaban tarde e inesperadamente al banquete de la civilización, las naciones latinoamericanas, guiadas por las elites letradas, adhieren a un esquema general de «alta» cultura que reproduce los valores, paradigmas e intereses de la modernidad eurocéntrica. Estos procesos desplazan hacia los márgenes de la nación moderna a amplios sectores sociales (pertenecientes a culturas afrohispánicas, indígenas, etc.) que, aunque son subsumidos dentro de la ideología y praxis del occidentalismo, no son incorporados en los proyectos hegemónicos ni comparten la epistemología, tradiciones y utopías del sector dominante.

Formas sutiles de colonialidad se entronizan en los proyectos de progreso social y «evolución» cultural que se implementan en áreas periféricas, afectando los procesos de producción del conocimiento. La compartimentación del saber en *disciplinas* que se definen, en sus formas contemporáneas desde el positivismo, así como las modalidades y procesos de institucionalización cultural, siguieron con frecuencia modelos europeos que impidieron advertir la importancia de *otras* formas de acción social e intervención cultural. Hasta el papel del intelectual dentro de la sociedad civil (sus formas de relación con el poder político, su distribución en *campos* que se desarrollan con relativa autonomía de acuerdo a agendas, intereses y programas específicos, su misión pública, su relación con el mercado, la tradición y los sistemas educativos) fue juzgado y evaluado dentro de esos parámetros. La forma que asumiera la construcción de campos de conocimiento y acción intelectual en América Latina respondió, sin embargo, a muy distintas condicionantes sociales y políticas que la crítica eurocéntrica no llegó a percibir.[1] Los hábitos interpretativos que se crearon a partir de las realidades emanadas de los procesos postcoloniales obnubilaron la captación crítica y *descolonizada* de prácticas y productos simbólicos articulados a culturas multiétnicas, agendas emancipatorias o programas contraculturales que no replicaban los modelos recibidos. Analizada a través de los cristales

[1] Para una crítica del eurocentrismo desde América Latina, ver Dussel (1992, 1998b s/fa).

de las culturas colonizadoras, la materialidad histórica, económica y política de la cultura latinoamericana fue percibida las más de las veces como epifenómeno de luchas de poder, influencias y negociaciones con centros que irradiaron desde el Viejo Continente sus modelos de conocimiento y de interpretación cultural a partir de los discursos hegemónicos del occidentalismo. Consecuentemente, la visión desde determinados sectores sociales, determinadas razas, lenguas y tradiciones dominantes, se impuso como *la* forma supuestamente *civilizada* y *universal* a que debían tender las culturas «menores». Desde esta perspectiva, la «evolución» cultural ha sido medida según los grados de proximidad o alejamiento con respecto a aquellos paradigmas. La distancia mayor ha recibido nombres diversos: barbarie, primitivismo, subdesarrollo, Tercer Mundo. La modernidad constituyó así, desde las primeras instancias del proceso de occidentalización, un *lugar del deseo* cuya frontera siempre se vislumbraba *más allá*, en el espacio/tiempo que marcaban las brújulas y relojes europeos. Esto, al menos, dentro de la cultura criolla que a su vez impuso los paradigmas adquiridos en el paquete de la colonización sobre las culturas vernáculas.[2] Las formas de conocimiento, socialización y representación cultural propias de los sectores a los que no alcanzaba la cultura cosmopolita de raíz europea se mantuvieron como *no competitivas* dentro del mercado de circulación de bienes simbólicos manejado desde los núcleos hegemónicos del capitalismo transnacionalizado. De esta manera, América Latina, que nació a la vida occidental bajo el signo del «retardo» histórico y la dependencia neocolonial, fue desde siempre concebida como un conjunto de sociedades de naturaleza especular cuya habilidad para replicar e incluso para innovar sobre códigos recibidos era estimada en términos de progreso civilizatorio o evolución histórica. El desarrollo de culturas *diferenciadas* en los territorios americanos constituyó así, desde el comienzo, un acontecimiento de interés relativo, que mostraba variables más o menos previsibles dentro de las constantes del occidentalismo. Aunque a veces esos logros desde la periferia conllevaban la sorpresa de una calidad inesperada, su mérito siempre era referido, en última instancia, a los paradigmas y proyectos que habían funcionado como matrices de esas realizaciones. El reconocimiento y la

---

[2] Sobre *occidentalismo*, ver Dussel (1992, 1998a), Mignolo (2000b), Rouquié (1989), Amin (1989) y Venn (2000).

celebración, más o menos condescendiente, de los productos surgidos en los márgenes de los grandes sistemas –que, ¿hay que decirlo?, lograron desarrollar su propio potencial, en gran medida, a partir de sus prácticas colonialistas– no atenuaron los efectos del eurocentrismo, ni ocultaron el hecho de que a través de este fenómeno se expresa ejemplarmente la ideología del capitalismo y la modernidad. Muchas estrategias retórico-discursivas han sido utilizadas, a través de los siglos, para legitimar este estado de cosas. En cualquier caso, desde perspectivas actuales comprometidas con una visión descolonizadora de la cultura, resulta innegable que de la «emancipación» hasta el presente, eurocentrismo, modernización y neocolonialismo constituyen conceptos y relaciones que son ineludibles en el análisis de la historia cultural latinoamericana y de los avatares del occidentalismo en áreas periféricas.[3]

Vino viejo en odres nuevos

Lo que hoy identificamos como crítica literaria latinoamericana surge también a la luz de paradigmas eurocéntricos. La división de la historia cultural latinoamericana en *períodos, movimientos* o *generaciones* marcó los ordenamientos y nominaciones que articulan el repertorio canónico latinoamericano en la historiografía tradicional: romanticismo, realismo, vanguardia, nombran procesos o etapas histórico-literarios pertenecientes a otras realidades culturales. Estas categorías –que entrarían dentro de la «eurocronología» de que habla Appadurai (2000: 30)– se superponen, por tanto, a la producción latinoamericana, como moldes desajustados e imperfectos que dicen más sobre la operación interpretativa misma que sobre el objeto que tales rótulos intentan designar. Las literaturas nacionales fueron con gran frecuencia elaboradas primero, e interpretadas luego, dentro y fuera de América Latina, de acuerdo a su capacidad de ajuste a esos modelos estéticos consagrados. Mucho tiempo pasaría antes de que pudiera comenzar a problematizarse no ya solamente *qué* se lee de la producción latinoamericana dentro y fuera de las

---

[3] Sobre los procesos de prolongación de la colonialidad en la modernidad, ver Quijano (1991, 1997, 2000a, 2000b y 2000c), Dussel (1992) y Mignolo (1993, 2000b y 2007).

fronteras continentales, sino *desde dónde* se lee (desde qué lugar teórico, ideológico o geocultural) y *para qué* se realizan esas operaciones (para confirmar *qué* liderazgos intelectuales, *qué* proyectos, *qué* posicionalidades sociales o políticas, *qué* procesos históricos).

Es obvio, sin embargo, que las razones para el resurgimiento de elaboraciones que vuelven a fundamentar la *liaison* cultural entre América Latina y la *ciudad luz* deben buscarse ahora en los procesos más actuales de transnacionalización cultural. Estos procesos han redefinido en las últimas décadas las relaciones intercontinentales y han cargado de nuevo sentido las ideas de nación, región y área cultural. Al mismo tiempo, es evidente que el impacto de nuevas orientaciones en el enfoque del análisis de la cultura ha tenido efectos contundentes sobre la historiografía tradicional y sobre las disciplinas humanísticas. Los estudios postcoloniales, los análisis de los fenómenos de globalización, migración y (post)modernidad, la revisión profunda de los conceptos de cultura nacional, identidad y sujeto, plantean nuevos desafíos al trabajo intelectual y obligan a revisar críticamente nociones y estrategias del pasado. La tarea intelectual se enfrenta a la rápida y desorientadora pérdida de vigencia de categorías teóricas y epistemológicas que guiaron hasta hace pocas décadas el análisis y la interpretación de la cultura. Bajo la influencia del neoliberalismo el mercado parece controlar no solamente la oferta y la demanda sino incluso la construcción de subjetividades y sensibilidades colectivas y, con ellas, la formación de agendas y movilizaciones identitarias. La producción simbólica circula en los mercados culturales con un *valor de uso* innegable y significativo: es la mediación que funciona entre sistemas culturales que compiten, en el nivel axiológico y también mercantil, en busca de reconocimiento y legitimación. Es, también, el elemento que confirma o que desautoriza posicionamientos que se van definiendo en la escena global. Exotización, cosmopolitismo, regionalismo, localismo, *glocalidad*, transculturación, formas autóctonas o universales, vernaculares o cosmopolitas, constituyen *gestos* ideológicos y culturales, además de nombres que designan un *valor agregado* que el producto simbólico coloca deliberadamente sobre el tapete de los intercambios simbólicos o que le es adjudicado desde afuera, por medio de la operación interpretativa, en el proceso de circulación y consumo estético-discursivo.

¿Qué hay de nuevo en todo esto? –podríamos preguntarnos–. Quizá los grados del proceso, la naturaleza de los propósitos que lo guían, las fuerzas no visibles que controlan el flujo a través del cual los productos se diseminan, entrecruzan e intercambian mundialmente. Quizá los niveles de concentración del poder cultural y la tenacidad de los desplazamientos y marginalizaciones que se instrumentan desde sus *núcleos duros*. Tal vez los modos de subalternización o de cooptación de cualquier forma de *otredad* que ratifica o amenaza la otredad propia. Quizá la sofisticación de los discursos que trabajan para legitimar esas operaciones. En efecto, en los niveles mencionados y en muchos otros relevantes al tema que nos ocupa, los tiempos han cambiado. Las nociones de centro/periferia, que guiaran en su momento –aunque no sin cierta simplificación– análisis fecundos de la cultura, la política y la economía en América Latina, como los provistos, por ejemplo, por la Teoría de la Dependencia, han perdido, en gran medida, capacidad totalizadora. Pocas categorías han logrado reemplazar, sin embargo, esas nominaciones que resultaron útiles para una comprensión de los mecanismos que sustentaban los «diseños globales» al menos hasta el fin de la Guerra Fría. Ya no sólo los centros proliferan en las periferias sino que éstas se diseminan en aquéllos hibridizando los imaginarios y las dinámicas sociales. Esto no significa, de ninguna manera, que se hayan diluido las luchas de poder a nivel planetario, ni que resulte hoy día imposible identificar los núcleos hegemónicos en los espacios regionales, nacionales e internacionales. Implica, sí, que la complejidad del «orden mundial» ha alcanzado grados que rebasan los paradigmas epistemológicos tradicionales y que requieren nuevas estrategias políticas y filosóficas para su comprensión.

A río revuelto…

La transformación de las hegemonías –la pugna de capitales transnacionalizados, las formas nuevas de expansión y apropiación de recursos, territorios y fuerza laboral, las estrategias inéditas de penetración cultural, las agresivas maniobras de producción, diseminación y consumo de mercancías materiales y simbólicas– ha causado una intensísima movilización de agentes y de agendas políticas, ideológicas y culturales que intentan capitalizar –valga el uso del término– este momento crítico. Al mismo tiempo, los reacomodos de poder dentro del contexto de la globalización han impulsado cambios pero también temores, estimulando numerosos intentos de reanexión, al menos en el nivel de los imaginarios, de espacios culturales capaces de reforzar posiciones que podrían encontrarse en condiciones de debilidad relativa en distintos contextos. Los vuelcos registrados en el «orden» mundial se corresponden así con diversas dinámicas de recolonización cultural, particularmente por parte de aquellas naciones que afirmaron en el pasado algún tipo de supremacía sobre la base del expansionismo territorial y la conquista de imaginarios coloniales o neocoloniales. En los intentos de España y Francia de solidificar sus perfiles culturales en el contexto del fortalecimiento de la Comunidad Europea puede leerse, por ejemplo, a mi criterio, la voluntad de reclamar, en distintos estilos, áreas de influencia a nivel internacional, forma postmoderna, quizá, de reafirmar hegemonías parciales dentro del acotado espacio del occidentalismo. A río revuelto, ganancia de pescadores.

En el caso de España, 1992 sirvió de base para el lanzamiento de espectaculares conmemoraciones por los 500 años del «descubrimiento» de América. Se enfatizó principalmente la existencia de lazos culturales que perpetuarían la conexión de las otrora colonias de ultramar con la antigua metrópolis. Como es sabido, tales influjos fueron respondidos a distintos niveles, principalmente desde los movimientos de resistencia indígena y desde el marco académico, donde numerosos estudios revisaron a nueva luz los saldos sociales, económicos y culturales del celebrado colonialismo. El bicentenario de las independencias ha puesto sobre la mesa nuevas agendas para el estudio de las limitaciones de la emancipación y sobre el fenómeno particular de aplicación en América Latina de una modernidad iluminista más adoptada que adaptada por las naciones americanas. En este contexto, queda en evidencia la necesidad de nuevos movimientos liberadores principalmente por parte de los sectores que entre 1810-1825 asistieron a una modificación en la composición de la elite dominante y a una serie de transformaciones que alteraron sustancialmente la vida comunitaria sin que llegaran a modificarse, sin embargo, las condiciones de marginación social o subalternización política que nacieron con el descubrimiento. En el caso de Francia, centro ilustrado a cuya luz se definiera buena parte del ideario independentista y se planificaran en América Latina aspectos principales de la organización de Estados nacionales, la voluntad de reivindicar influencias y liderazgos ha adquirido, como era de esperar, un cariz menos político y más *civilizatorio*.

En todo caso, es evidente que la supremacía estadounidense, establecida ya después de la guerra hispano-cubano-americana de 1898, reafirmada en un registro internacional mucho más amplio a partir de la Primera Guerra Mundial, y reformulada mundialmente después del fin de la Guerra Fría, ha opacado de manera evidente cualquier posibilidad de preeminencia político-económica de las naciones europeas sobre América Latina. A nivel cultural, los empujes del capitalismo transnacionalizado, la cultura de masas y el predominio audiovisual hollywoodense han ensombrecido la importancia de la «alta» cultura letrada que tuvo en Francia, durante mucho tiempo, uno de sus centros más notorios. En el caso de España, la inquietud despertada en ese país por el masivo avance del castellano como segunda lengua estadounidense es tan sólo un ejemplo de las consecuencias de la transnacionalización cultural y del fenómeno migratorio, para citar sólo dos de los muchos factores que contribuyen a dar forma a los escenarios actuales. Para una consideración más amplia de las derivaciones de estos hechos y de la alarma que despiertan en distintos contextos alcanzaría con revisar los análisis de Samuel P. Huntington sobre el orden mundial y particularmente sobre la situación lingüístico-cultural en Estados Unidos e interpretar algunas de las opiniones emitidas por instituciones españolas acerca del mencionado incremento del castellano fuera de las fronteras españolas, fenómeno que transforma la lengua, en sus contextos extrapeninsulares, al exponerla a «contaminaciones» lingüísticas que amenazan el casticismo de otrora. Los Congresos de la Lengua celebrados recientemente en América Latina con representación directa de la realeza española son, quizá, otra estrategia simbólica de reforzamiento de lazos entre la «madre patria» y las antiguas colonias, que se suma a prácticas como la masiva penetración de capitales españoles en la economía de la región.

De esta manera, el tema de la literatura mundial que nos ocupa puede ser visto como un elemento más, sin duda significativo, que remite a la compleja red de intereses, reacondicionamientos, pugnas y negociaciones dentro del mundo globalizado, donde las áreas culturales luchan por su diferenciación y liderazgo, y compiten por sus campos de influencia. La refunda(menta)ción de las redes transnacionales a nivel cultural tiene, entonces, un efecto doble: por un lado, las áreas periféricas son reapropiadas y rearticuladas simbólicamente; y, por el otro, los núcleos culturales que reivindican la vigencia de antiguas influencias son recentralizados, es decir, confirmados, desde nuevos discursos, en sus posicionamientos y roles específicos. En otras palabras, nos encontramos ante un problema de redefinición y legitimación de hegemonías que se corresponde con reacomodos globales y regionales en el contexto del postcolonialismo.

Los árboles y el bosque

Tanto Franco Moretti como Pascale Casanova reconocen en sus estudios sobre literatura mundial que, debido a la complejidad con que se tienden e imbrican las redes culturales y particularmente literarias en nuestro tiempo, las antiguas metodologías de análisis y evaluación poética van quedando obsoletas. Sus propuestas, sin embargo, incorporan una serie de elementos de larga tradición hermenéutica, que no logran desembarazar de sus implicaciones ideológicas: la visión altamente *esteticista* de la cultura, la adhesión al concepto de *universalidad*, la propuesta de una noción de *sujeto* a partir de la cual es posible definir valores, gustos y jerarquías, la voluntad de *totalización*, la decisión de trabajar en el interior de *un sistema* (el que Harold Bloom denominara el «canon occidental») con total prescindencia de otros sistemas posibles y contrapuestos (aquellos producidos, por ejemplo, en lenguas y desde culturas no dominantes), etc. El reconocimiento de los privilegios, conflictos y desigualdades que atraviesan tal sistema resulta insuficiente cuando las teorías propuestas no incorporan los rasgos mencionados de manera orgánica, integral, no permitiendo que éstos lleguen a afectar las categorías centrales desde las que se eleva el edificio argumentativo. El imperialismo de ciertas *lenguas*, la centralidad del género *novela* dentro de la amplitud y diversidad del campo literario, la relativización excesiva de la *cultura nacional* que, pese a sus transformaciones, sigue afectando la producción simbólica, la superación del *close reading* por el *grand récit* de la mundialización literaria, todo parece apuntar a un deseo de rescatar desde nuevas retóricas las bases de la historiografía moderna y liberal creando una fluidez del producto simbólico que termina, sin embargo, reafirmando los centros y valores desde los que se piensa la totalidad analizada. Esto, con diferente énfasis en ambos autores, pero con una notoria convergencia en las categorías teóricas principales.

Los proyectos de Casanova y de Moretti difieren, en efecto, en muchos aspectos: la orientación sistémica de Franco Moretti propone, a partir de Max Weber y del modelo de *Modern World System* de Immanuel Wallerstein, una articulación más estrecha y un funcionamiento más orgánico entre los elementos articulados en la producción literaria mundial, mientras que el paradigma de Casanova, siguiendo la perspectiva estructural de Fernand Braudel, reivindica más bien la autonomía relativa y la «objetividad» de las relaciones que vinculan a los distintos elementos. Siguiendo las preocupaciones weberianas por el futuro de las ciencias sociales y los límites del conocimiento científico (lo que puede, efectivamente, ser abarcado con los instrumentos actuales), Moretti quiere captar la dimensión planetaria de la literatura desde arriba, es decir, desde una perspectiva abarcadora y generalizante. Para él, la división del trabajo se da entre el nivel de las literaturas nacionales y el de la literatura mundial. Aquel crítico que focaliza el nivel nacional ve «árboles», productos específicos que importan, en una visión micro, justamente por su particularidad. Quienes se interesan en perspectivas macro, ven «olas»: ondas de movimiento continuo que no reconocen fronteras y se vinculan directamente al fenómeno de mercados transnacionalizados (Moretti 2004: 160-162). Supuestamente, lo que se sacrifica en particularidad se gana en universalidad. Ante los peligros del provincianismo y de la acumulación positivista de datos singulares, el remedio es la visión oceánica (transoceánica, transhistórica) que se fija en los grandes movimientos que, como una fuerza de la naturaleza, crean marcas en la costa. Constantes y dotadas de irracionalidad (¿postideológicas?), las ondas que mueven la marea de la literatura mundial constituirían una constante interpelación («una espina en el costado») de las literaturas nacionales. Y advierte Moretti, con cierto aliento épico, que entre lo nacional y lo planetario no hay términos medios.

Más jerarquizada y al mismo tiempo más subjetiva que la de Moretti, la teorización de Casanova es, también, más redencionista: espera instrumentar una «solución a la dependencia», que permita a los más «desprovistos» encontrar su camino en el espacio mundial de la modernidad contrarrestando aspectos de dominación que se ejercen a nivel transnacional y transhistórico en ese campo. Ambos esquemas coinciden, sin embargo, en el intento de proponer un diseño global que se impone sobre las particularidades y sobre las condiciones de producción locales, regionales, nacionales, etc. Ambos sacrifican la especificidad de cada texto, sus modulaciones formales y temáticas, el tema de los privilegios lingüísticos que son candentes en el área latinoamericana, y la historia de la recepción de las literaturas estudiadas, para privilegiar más bien el estudio del acceso de esa producción a una universalidad eurocéntrica y ahistorificada. Dejan de lado, entonces, el hecho de que son justamente las particularidades de esa textualidad, las políticas de la lengua en las que esas literaturas se sustentan, y sus negociaciones con las formas locales e históricas de poder cultural las que en última instancia condicionan la capacidad de negociación de esas poéticas en contextos globales, su inserción en el mercado, su distancia o su proximidad con respecto al paradigma de la modernidad. Los procesos que se registran *en el interior mismo del sistema* y, en particular, aquéllos que ratifican la lógica de éste, son los reconocidos desde «el meridiano de Greenwich» *crítico* que el libro de Casanova constituye. En cuanto a las propuestas de Moretti, los árboles y mapas no llegan a descubrir las lógicas del *bosque*: las relaciones complejas y variables entre la institucionalidad literaria y los Estados nacionales, o sea, la relación del conjunto de árboles con una territorialidad material y simbólica que la contiene. Quedan también al margen de sus preocupaciones la cualidad corporativa de esa misma institucionalidad en lo que se refiere a la producción y consumo del libro en distintas latitudes y momentos del capitalismo transnacionalizado, y las diferentes funciones que el arte literario llega a asumir en distintos contextos, sectores sociales y momentos históricos, sobre todo en sociedades atravesadas por luchas de poder a todos los niveles.

Finalmente, la prescindencia de un diálogo profundo con quienes han trabajado aspectos sustanciales de estos grandes diseños es significativa. A nivel de las grandes cartografías, puede pensarse por lo menos en Roberto Fernández Retamar, Enrique Dussel, con su concepto de «transmodernidad», Walter Mignolo, que ha estudiado desde otras perspectivas los «diseños globales», y en todos los teóricos del postcolonialismo latinoamericano, desde Edmundo O'Gorman hasta Aníbal Quijano, así como quienes han analizado desde diversas perspectivas el fenómeno del occidentalismo (por ejemplo, Amin, Venn, Dussel, y un largo etcétera). A nivel de la crítica literaria y cultural, Ángel Rama, Carlos Rincón, Nelson Osorio, Françoise Perus, Antonio Cornejo Polar, Beatriz Sarlo, Alberto Moreiras, Josefina Ludmer, Roberto Schwarz, y muchos otros, han contribuido a lecturas descolonizadas de la literatura latinoamericana, tanto en los procesos de su producción como en los de su recepción a través de la historia. Asimismo asombra en las teorías sobre literatura mundial la referencia superficial a tantos escritores y críticos que no confirmarían el paradigma (en el caso de América Latina, José María Arguedas, Juan Carlos Onetti, Juan Rulfo, etc.). Estos procedimientos hacen que el «arte de la distancia» a que se refiere Casanova actúe menos como un *desideratum* que como una petición de principio –un pre-texto– que exime del contacto con el material mismo que se está analizando. Tanto la propuesta de Casanova como la de Moretti son percepciones que no sólo *constituyen* –construyen *ideológicamente*– al objeto de estudio sino que lo reemplazan: la *lectura* se confunde con la cualidad de las textualidades estudiadas. En definitiva, el interior del sistema no explica la exterioridad que lo sostiene, ni las leyes que regulan su funcionamiento llegan a dar cuenta coherente y convincente de los rasgos diferenciales que lo atraviesan, comprometiendo su funcionamiento.

¿Cómo puede leerse, en el contexto político-cultural que estamos esbozando, la apelación a la «*república mundial de las letras*»? Por un lado, «república» remite a los conceptos de democracia, liberalismo, soberanía, igualdad y fraternidad entre naciones dentro del amplio espacio del occidentalismo.[4] Asimismo, no puede negarse que el tema analizado por Pascale Casanova la enfrenta inevitablemente al fenómeno del *desarrollo desigual* de recursos y potenciales que, sobre todo en áreas periféricas y postcoloniales, está determinado por condiciones materiales que no pueden ser ignoradas. Más que un espacio de convergencia y de conciliación, el concepto parece remitir a un ordenamiento en el que coexisten, en circunstancias conflictivas e –insisto– en condiciones de desigualdad, sistemas contrapuestos de producción y consumo cultural. Aunque Casanova reconoce este fenómeno, su visión

---

[4] Sobre antecedentes en el uso de la expresión «República de las letras», ver Prendergast (2004: 11, n. 4).

articulada primariamente a partir del «meridiano de Greenwich» de la literatura, entendida ésta como fenómeno relativamente autónomo y articulado a la instancia ineludible y homogeneizante de la modernidad, impide un desarrollo profundo de este aspecto que debería ser esencial en cualquier proyecto de comprensión amplia de dinámicas transnacionales.

«Mundial», a su vez, señala sin ambages un impulso de totalización que sobrepasa incluso los límites del eurocentrismo.[5] Como el libro de Casanova ilustra, «mundial» se extiende más allá de los bordes de la cultura occidental, rebasando incluso el «provincialismo» de Europa y abarcando todo lo que *universalmente* puede ser considerado *alta* literatura. La palabra no esconde la voluntad de repensar hegemonías y jerarquizaciones a nivel planetario a partir de la centralidad que está marcada por *el lugar desde donde se piensa* y por los procesos culturales e históricos que se privilegian desde tal posición. Tal *locus* epistemológico está representado, como es obvio, por la racionalidad ilustrada que proveyera asiento filosófico a las elites criollas desde principios del siglo XIX y que ahora se replantea como ideología en/de la postmodernidad. En efecto, ante la supuesta fragmentación postmoderna y la pérdida de vigencia de las grandes teorías totalizadoras de la modernidad, el concepto abarcador «mundial» que sustenta la propuesta de Casanova no esconde su «oportunidad» histórica. Pero, ¿quién pertenece al mundo? ¿Qué índices se utilizan para reconocer tal pertenencia? ¿El mundo de quién? ¿Definido a partir de qué parámetros, con qué fronteras, con qué límites espacio-temporales? Y lo que es aún más importante, ¿quién y desde qué legitimidad decide esas fronteras?

En cuanto a la alusión a las «letras», el concepto quiere repotenciar la fatigada noción de canon y reafirmar los debilitados protocolos de las

[5] El concepto de literatura mundial está, como se sabe, laxamente ligado a la goetheana noción de *Weltliteratur* utilizada también por Marx y Engels, aunque en tiempos en que los fenómenos de cosmopolitismo, mercado transnacional y circulación de productos simbólicos tenían muy distintas connotaciones. Asimismo, el sistema «planetario» al que se refiere Moretti tiene muy distintas características, como el autor mismo advierte, en el capitalismo tardío, lo cual no le impide recuperar la propuesta goetheana siguiendo a Weber que propone cambiar «the 'actual' interconnection of 'things'» por «the *conceptual* interconnection of *problems*» (Weber 1949: 68; cit. por Moretti 2004: 149).

humanidades que vienen resistiendo con dificultad los embates que desde la nueva teoría cultural se han dirigido a cuestionar la función de la «alta» cultura y de las *belles lettres* dentro de los imaginarios nacionales.[6] En efecto, la reivindicación del canon occidental, aun con todos los ajustes que puedan hacerse a la noción misma de literatura, no esconde la función ideológica que ha tenido históricamente ese constructo, sobre todo de cara a la exclusión de los vastos sectores no articulados cultural o políticamente a los sectores dominantes.[7] El concepto es, así, restrictivo a diversos niveles: se refiere a la forma *moderna* de literatura *escrita*, *ficcional* y en forma *narrativa* (incluso, restrictivamente, *novelesca*), dejando fuera todas las demás modalidades genéricas, los productos de transmisión oral, las formas de textualidad virtual, la prosa no ficticia, etc. Es obvio que los términos utilizados por Casanova remiten a las literaturas que se asocian con el surgimiento y consolidación de culturas nacionales, y con el fenómeno de «printed capitalism» analizado por Benedict Anderson, lo cual supone un recorte mayor de la producción que desde otras perspectivas puede ser calificada como literaria o ser entendida dentro del amplio y humanístico espacio de las *letras.* Finalmente, no deja de resultar significativo que la «república mundial de las letras» vuelva a emerger justamente cuando la crítica a la modernidad se encuentra ya tan avanzada y cuando la perpetuación de múltiples formas de colonialidad en el «sistema-mundo» han quedado ya tan al descubierto. El esfuerzo de totalización no está, en el caso de las elaboraciones sobre literatura mundial, articulado a filosofías emancipatorias como el marxismo, o a análisis críticos sobre las relaciones de poder a nivel internacional sobre todo para áreas periféricas, como la Teoría de la Dependencia, ni incorpora *de manera efectiva* el estudio de sistemas globales, como los trabajos de Immanuel Wallerstein que son mencionados, sin embargo, por sus obvias convergencias con el tema de la «literatura mundial» y porque –hay que decirlo– no están ellos mismos exen-

[6] Para una discusión complementaria sobre los conceptos de «literatura» y «letras» usados por Casanova, ver Prendergast (2004: 21-22).

[7] Carlos Rincón estudió hace ya varias décadas el cambio en la noción de literatura: la historificación del concepto, su pertinencia en distintos grados y contextos, su relación con el cambio social.

tos de un notorio eurocentrismo. Más bien, la concepción de Casanova sobre el «espacio literario» se asocia a una visión «desarrollista» de la cultura (como ha notado bien Françoise Perus), así como a preocupaciones vinculadas con el panorama general del neoliberalismo: cuestiones de mercado, circulación transnacionalizada de capital simbólico, control de los procesos de producción y consumo literario, universalización de las dinámicas de oferta y de demanda del producto poético, etc. Otras realidades que regulan la industria editorial y la circulación del libro en América Latina son más bien minimizadas en el análisis de Casanova, que no da el lugar que corresponde a la discusión de los procesos de privatización y monopolización que afectan a este sector de la cultura, con resultados cada vez más devastadores.

Aunque Casanova se interesa por las relaciones existentes entre las literaturas nacionales es obvio que no alcanza a delinear convincentemente los requisitos que funcionarían para adjudicar o negar *ciudadanía* en la República de las Letras a ciertos escritores, poéticas, y proyectos estético-ideológicos.[8] La tripartición entre creadores «rebeldes», «asimilados» y «revolucionarios» que Casanova sugiere como modo de penetrar en el espacio mundial de la literatura conduce a esquematismos excesivos que no permiten captar los flujos, contradicciones y paradojas de posiciones de enunciación variables, cuya evaluación depende, también, de variables posiciones de lectura. Las literaturas populares, tradicionales y cosmopolitas ha sido mucho más eficazmente enfocada por la teoría de la transculturación, que partió también de una preocupación con las culturas nacionales, y por la crítica de Cornejo Polar sobre literaturas heterogéneas y sobre la existencia de diversos sistemas que coexisten en una relación no-dialéctica en el interior de las diversas regiones culturales latinoamericanas.[9]

[8] Según Prendergast, la estrecha relación entre los conceptos de «nación» y de «literatura» crea en la teoría de Casanova una especie de círculo auto-confirmatorio de su argumentación, ya que no permite ver más allá de la carga apriorística que estas nociones contienen y que no es sometida a crítica efectiva («The World Republic of Letters» en 2004: 1-25).

[9] Ver, al respecto, Moraña (1997a). En cuanto a la obra de Cornejo Polar, ver los tres estudios sobre este crítico que se recogen en Moraña (2004).

«Otra vez con la provincia hemos dado, Sancho...»

José María Arguedas, autor cuya obra de(con)struye las bases ideológicas de la modernidad, defendió en más de una ocasión el privilegio epistemológico de ciertas formas de provincianismo que legitimarían, según él, determinadas *posiciones de sujeto*: ya no sólo determinadas *estéticas* sino también determinadas *éticas* de la producción intelectual en áreas periféricas. Sin abogar aquí por ninguna forma de fundamentalismo geocultural, cabría recordar que este autor habla, en su polémica con Julio Cortázar y en otros textos, pero sobre todo desde sus mismas obras, particularmente en *El zorro de arriba y el zorro de abajo*, a partir de una modernidad que él interpreta, de una zona límite –una zona de guerra– en la que existen no sólo los triunfantes creadores transculturados sino también los enclaves de sociedades marginadas, enquistadas desde la conquista en la cultura dominante del criollo, la cual está a su vez sujeta a las promesas y desencantos de una modernidad para pocos, exógena, excluyente y jerárquica. Arguedas, que, como bien nos recuerda él mismo, «no es un aculturado», no cree, por tanto, ni en la muerte ni en la universalidad del sujeto, sino más bien en una proliferación de formas de subjetividad que se definen ética y estéticamente en relación con los poderes dominantes: en sus vinculaciones con los centros internacionales, con el Estado y sus instituciones, con las políticas que regulan los usos de valores, lenguas, tradiciones y poéticas. Es esta multiplicidad de subjetividades, de sistemas culturales heterogéneos y en conflicto constante, y esas relaciones problemáticas entre Estado, individuo y cultura, lo que constituye, a mi juicio, la problemática presente de América Latina, no la refunda(menta)ción de sus articulaciones con antiguas metrópolis políticas o culturales, no su inserción en el occidentalismo, no su acceso a la universalidad. En tiempos de globalización ninguna concepción de mundo, universo, totalidad planetaria, sistema o estructura cultural puede desarrollarse sin integrar en el diseño mayor las formas expresivas y representacionales de sociedades que existen enquistadas en el interior de las culturas *nacionales* como subproductos residuales del colonialismo. Creo que para América Latina la comprensión de estas cuestiones es urgente. Son justamente estas discontinuidades, estas contradicciones, repliegues y despliegues de subjetividades múltiples y problemáticamente –a veces, beligerantemente– articuladas a la modernidad eurocéntrica, las que permiten escuchar el *ruido* en el sistema y las que pueden ayudar a contrarrestar el centralismo y homogeneización de la globalidad. Estas formas culturales no requieren, a mi juicio, de un altar consagratorio, ni necesitan medir la distancia que las separa de los paradigmas europeos; necesitan más bien habitar sus repúblicas con pleno derecho, definir ellas mismas cuáles son sus mundos y qué formas de ciudadanía les corresponde defender, y repensar en su tiempo y en sus propios registros el estatuto de las humanidades que comenzó por asociar, en la teoría y en la praxis, letra y violencia, desde la entrada misma de América Latina al espacio global del occidentalismo.

El disciplinamiento de los estudios culturales

Aclaraciones preliminares

Estas notas apuntan a una reflexión sobre la intersección entre estudios culturales y el campo transnacionalizado de los estudios latinoamericanos. Entiendo aquí, entonces, *estudios culturales* no de modo genérico, en tanto estudios de/sobre la cultura, sino como traducción de *cultural studies*, denominación que designa la práctica crítico-teórica que se desarrolla a partir de la década de 1980 en el medio anglosajón y se expande luego a otros espacios académicos e intelectuales, incluyendo a América Latina. Asimismo, estudios latinoamericanos se refiere de modo general a los trabajos desarrollados desde cualquier disciplina sobre cualquier aspecto de la cultura, sociedad, política, etc. de esa región.

Para comenzar, valdría la pena recordar que la distinción entre *estudios culturales* (*cultural studies*) y *estudios de la cultura* (o *críticas de la cultura*) no sólo se apoya en cuestiones de orientación crítico-teórica y estrategia metodológica, sino también en elementos histórico-culturales de fundamental importancia. Los estudios de la cultura o crítica de la cultura tienen una larga tradición y un fuerte arraigo intelectual y académico en América Latina. Sus orígenes se remontan de manera clara a los trabajos de letrados criollos durante la colonia y se arraigan en la reflexión de pensadores decimonónicos de la talla de Simón Rodríguez y Andrés Bello que comienzan a concebir las bases de las culturas nacionales que acompañan la consolidación del Estado-nación en Latinoamérica. En esta línea de estudios o crítica de la cultura es también muy arraigada la *tradición interdisciplinaria*, o sea, el diálogo entre campos disciplinarios bien establecidos, constituidos de manera estable, con sus cánones, agendas y metodologías. Si estos estudios constituyeron a través de las épocas una herramienta fundamental en el proceso de formación y consolidación de naciones, también han realizado grandes aportes en tanto crítica de los proyectos nacionales. En la línea marxista, la obra de autores como José Carlos Mariátegui, José Antonio Mella y Aníbal Ponce resulta insoslayable. Cabe mencionar también que estos estudios o críticas de la cultura se inscriben en América Latina dentro de la orientación que podríamos caracterizar como centrada en la relación cultura/sociedad, que incorpora en el siglo XX las propuestas de Lucien Goldmann, Georg Lukács y otros, y más tarde, los aportes teóricos de Michel Foucault para el análisis de las relaciones entre cultura y poder.

Al menos desde algunas perspectivas, podría afirmarse que *estudios culturales* constituye un quiebre de esta tradición, no su prolongación, aunque es obvio que muchos elementos de la vertiente cultura/sociedad y de su talante interdisciplinario han sido y continúan siendo fundamentales para el desarrollo y refinamiento de *estudios culturales* en/sobre América Latina. La diferencia principal entre *estudios o críticas de la cultura* y *estudios culturales* estriba en que estos últimos dan justamente cuenta de la crisis de las categorías de la modernidad (nación, progreso, ciudadanía, identidad, consenso) y de la necesidad de desestabilizar los protocolos disciplinarios (de indisciplinar las disciplinas, para usar la expresión de Wallerstein), promoviendo no un diálogo interdisciplinario sino un proceso transdisciplinario, donde las fronteras entre los distintos campos del saber desaparezcan, produciendo una *hibridación epistemológica radical*. Se trata, entonces, no de que las disciplinas se encuentren para dialogar e intentar complementar sus insuficiencias ante los desafíos de un campo común de estudio y reflexión, cada cual desde sus bien diferenciadas e irrenunciables plataformas, sino de crear campos de producción de conocimiento *otros* (heterodoxos, rarificados, alternativos), no *inter* sino *trans*disciplinarios, que permitan interrogar al texto social, cultural y político desde otra parte, produciendo nuevas preguntas, nuevas intersecciones y nuevas interpretaciones.[1]

---

[1] Louis Althusser llamó hace tiempo la atención sobre los problemas que trae aparejados el trabajo interdisciplinario. Para un ejemplo de trabajos que transitan y teorizan la relación transdisciplinaria, ver Castro-Gómez (2007a y b), Moraña (1996) y Bergero/Ruffinelli (2000-2001).

Continuidades y rupturas

Imaginemos que el ángel de la historia sobrevolara las periferias del capitalismo tardío a comienzos del siglo XXI. ¿Qué paisaje vería al volver la cabeza? ¿Qué mapa compondrían los escombros con los que inauguramos el milenio? Podríamos preguntarnos si entre los rascacielos de las grandes ciudades alcanzaría a ver las fronteras de las naciones que componen América Latina o si, más bien, percibiría los flujos migratorios corriendo en estampidas que van en general de sur a norte, y los desplazamientos internos que reacomodan individuos, ideas y proyectos rediseñando límites y espacios subjetivos y geoculturales. Si llegaría a ver los espectros de Marx en el paisaje que componen los populismos que revisitan la escena política latinoamericana de la última década. Si el polvo que levantan los movimientos sociales sería suficiente para ser percibido desde arriba, como signo de la fragmentación quizá irreversible de la política tradicional, del vaciamiento del Estado y de la gradual transformación de subjetividades colectivas.

Néstor García Canclini sugirió hace algún tiempo que en el panorama del cambio de milenio, que él percibía marcado por la tensión entre las promesas del cosmopolitismo global y la pérdida de proyectos nacionales, los estudios culturales que hoy motivan nuestras reflexiones constituirían una especie de *hermenéutica de la fragmentación y de la ruina* (la expresión es mía), en palabras de García Canclini,

> En esta explosiva expansión tecnológica y económica, de repertorios culturales y ofertas de consumo, en este estallido de mercados y ciudades, se han perdido proyectos y espacios públicos, pero quedan fragmentos o esquirlas diseminados por la explosión, retomados por movimientos sociales y culturales. [...] Los estudios culturales son los intentos por encontrar el sentido de las huellas inscritas por esos fragmentos sobrevivientes (García Canclini 2000-2001. 97).

Lectura caleidoscópica, pues, de los fragmentados imaginarios nacionales pero también de los procesos de reinserción de la región latinoamericana en la globalidad, los estudios culturales son, ellos mismos, síntoma del estado de las culturas y sociedades que constituyen su objeto de estudio. Como práctica ecléctica, notoriamente autoreferencial, con visos iconoclastas o redencionistas, los estudios culturales se elaboran a partir de la crisis de transformación que viene registrándose desde hace décadas en el seno de las humanidades, las ciencias sociales, la historiografía, la antropología, las comunicaciones, constituyendo entonces una instancia clave en la rearticulación de los espacios y modos del conocimiento, de las metodologías académicas y de las agendas intelectuales vinculadas al campo cultural.[2] Pero, al mismo tiempo, a no dudarlo, los estudios culturales capitalizan también la crisis política que se agudiza con el fin de la Guerra Fría y con el descaecimiento progresivo de la política tradicional. Al menos buena parte de los estudios culturales se perciben también, por lo tanto, como una forma alternativa e innovadora de intervención política. Para Alberto Moreiras, por ejemplo,

> Los estudios culturales, como campo de reflexión nacen explícitamente como politización pragmática del saber crítico; nacen como politización de la cotidianeidad; nacen a partir de un cálculo afectivo cuya axiomática consiste en dotar de palabra a lo subalterno y cuya teleología se tensa en la voluntad de conseguir una modificación hegemónica en el entramado histórico-representacional (2000-2001: 135).

Según Moreiras, los estudios culturales parten de la «promesa inaugural de contribuir o de operar una reforma del saber susceptible de ocasionar o de contribuir a ocasionar una articulación contrahegemónica o una rearticulación hegemónica» (ibíd.: 135).

---

[2] Los estudios culturales estuvieron informados, desde sus orígenes, por un hábito casi obsesivamente autoreflexivo, que ve en la historia misma de su surgimiento una paradigmática réplica –a escala– de los grandes contextos y dinámicas que constituyen sus objetos de estudio. Podría decirse que la trayectoria misma de los estudios culturales, desde su surgimiento con la Escuela de Birmingham pasando por el significativo momento de cierre de esta escuela en 1996, constituye una especie de microrrelato de los cambios que estaban afectando el mundo occidental desde la década de 1960, y que se precipitaron a partir del fin de la Guerra Fría (competencia intensificada por obtener el monopolio de mercados mundiales, expansión global acelerada de capital financiero, debilitamiento institucional, impacto y crecimiento de mercados, hiper-tecnologización, incremento de la desigualdad tanto a nivel de naciones como de sectores sociales, transformaciones de la función estatal por presiones económico-financieras [neoliberalismo], cooptación de movimientos obreros y de movimientos de oposición política, falta de representatividad política de sectores populares, masificación cultural, etc.).

Una de las tareas de hoy sería justamente evaluar la efectividad que han tenido los estudios culturales, a varias décadas de su surgimiento, en la interpretación de las huellas de las culturas nacionales que aún persisten, en algunos casos con notoria nitidez, en las sociedades actuales, a pesar de los desmanes del neoliberalismo y los impulsos globalizadores. Concurrentemente, habría que sopesar también en qué medida se ha cumplido o defraudado la promesa de impulsar «una articulación contrahegemónica» al menos en los espacios del saber, es decir, en los procesos de producción y diseminación de conocimiento. Finalmente, sería necesario revisar los problemas que deberían constituir, en nuestra opinión, las agendas de los estudios culturales para las nuevas décadas.

Arqueo general sobre los estudios culturales: cuestiones de palabras y cuestiones de hechos

En todo caso, antes de entrar de lleno a estas preguntas, conviene realizar un arqueo general de nuestro tema, reconociendo que los estudios culturales han venido provocando desde las últimas décadas del siglo XX un cambio muy notorio no sólo en las articulaciones del saber sino en la identificación de los actores, flujos y escenarios definidos como objeto de estudio. Como Fredric Jameson reconociera comentando hace ya años la instalación de estudios culturales en la escena académica norteamericana, no importa cuál sea el destino preciso de los mismos, el cambio que han producido ha modificado ya, quizá de una manera irreversible, nuestro campo de trabajo. Gran parte de esos cambios se hace evidente ya, a primera vista, en la diseminación de un nuevo vocabulario (y no sólo de una nueva jerga teórica) que ha saturado –y en muchos casos también suturado– el campo de la crítica cultural. Por un lado, una zona importante de esta nueva lexicografía está ocupada por la proliferación de prefijos que apuntan a una superación, a veces más pretendida que real, de categorías que ante las transformaciones de la escena socio-cultural globalizada o en vías de globalización de las últimas décadas, aparecen como insuficientes (excesivamente planas, unidireccionales, carentes de matización o vinculadas a contextos políticos o históricos ya cancelados). Me refiero al territorio conceptual que se articula en torno a los post- y los trans- sin los cuales parecería imposible referirse hoy en día a las transformaciones socio-culturales que han tenido lugar después de instancias tan traumáticas como la caída del muro de Berlín, los períodos dictatoriales y postdictatoriales en el Cono Sur, las etapas posteriores al 11 de septiembre de 2001, pero también a los más amplios procesos de aceleración tecnológica, crisis disciplinarias, debilitamiento de las humanidades, descentramiento de la literatura, desprestigio del universalismo, diseminación global de mercancías simbólicas, incremento del flujo migratorio etc., transformaciones todas que vienen gestándose desde hace muchas décadas, pero que parecen redimensionarse cuando una serie de aproximaciones teóricas las articulan como parte de un mismo, diversificado escenario.

Transcultural, transhistórico, transdisciplinario, transgenérico, transexual, trasatlántico, transnacional, al igual que, en un registro paralelo, postcolonial, postmoderno, postpolítico, postidentitario, posthistórico, postdictatorial, posthumano, designan campos conceptualmente híbridos y en transición, con términos que, a pesar de su insistente y a veces todavía poco elaborada apelación a estadios anteriores, ponen el acento en la persistencia afantasmada de los conceptos aludidos en esas expresiones, y en las realidades que ellos evocan dentro de los nuevos escenarios del siglo XXI, enfatizando la necesidad de teorizar las rupturas y continuidades que caracterizan esos campos de estudio.

Nociones que fueron claves de la crítica moderna caen en desuso (infraestructura, humanismo, universalismo, cultura nacional, canon) al tiempo que algunas orientaciones del análisis literario y cultural que fueron populares hasta la década de los años sesenta y setenta son también, en mayor o menor grado, desplazadas: la crítica genética, el biografismo, el sociologismo, la semiótica, el análisis textual, el sicologismo, la relación tradición/originalidad, el análisis de movimientos literarios, períodos, autores, el trabajo temático, el análisis de clases, etc. Muchas de estas aproximaciones se subsumen en espacios analíticos y conceptuales que pasan a constituir nuevos campos de estudios (estudios de frontera, étnicos, de género, de culturas urbanas, etc.). Otras se repliegan, con menos visibilidad, en tradiciones que van quedando atrás, o se integran a horizontes en los que prevalece la revisión crítica de teorías y de métodos que tuvieran crucial importancia en etapas anteriores y cuyo rendimiento teórico y metodológico se sigue analizando de cara a los desafíos de los nuevos tiempos.

Los estudios culturales ponen –o mantienen– en circulación campos de análisis vinculados a los conceptos de migración, territorialidad, nomadismo, multitud, duelo, memoria, melancolía, glocalidad, (post)occidentalismo, subjetividad, colonialidad, capital simbólico, subalternismo, heterogeneidad, hibridez, *performance*, otredad, diferencia, frontera, melodrama. Ponen énfasis en el estudio de la producción audiovisual, consumo, ecología, intermedialidad, sexualidades alternativas, etc. Las preguntas sobre el lugar (simbólico y geocultural) *desde donde se habla*, el renovado interés por la crónica y el testimonialismo, las renovadas críticas al eurocentrismo, el occidentalismo, el fundamentalismo, la ilustración y la modernidad, abren un panorama en el que estudios culturales se superpone a los estudios postcoloniales, subalternos y de la postmodernidad, al análisis de políticas culturales, sin confundirse totalmente con ellos, planteando incluso, en algunos casos, acaloradas polémicas y luchas territoriales e ideológicas.

Creo que más que un repertorio de términos de moda y de orientaciones que han ganado o perdido, quizá temporalmente, según los casos, plena vigencia, las enumeraciones anteriores apuntan a un esbozo de las transformaciones que han sufrido los campos de trabajo académico e intelectual particularmente en el espacio transnacionalizado del latinoamericanismo, como consecuencia de la rearticulación de hegemonías y reconfiguración de saberes en el contexto de la globalidad.

El disciplinamiento de los estudios culturales

Sin embargo, sería necesario reconocer que los estudios culturales han respondido sólo parcialmente al desafío de los nuevos tiempos.

1. En primer lugar, creo que no puede ignorarse el hecho principal de que la relación entre estudios culturales y el espacio transnacionalizado del neoliberalismo nunca ha sido completamente esclarecido. Las relaciones que guardan esos estudios con los procesos de globalización es más obvia y también más teorizada. La reticencia de estudios culturales a la utilización de «datos duros» y la falta de desarrollo de una real economía política de la cultura han limitado, en la gran mayoría de los casos, el radio de acción de agendas investigativas que no se ocupan primariamente de temas relacionados a políticas culturales y cuestiones de

mercado cultural.[3] (El caso del libro de George Yúdice es una brillante excepción a lo que estamos mencionando.)

2. En segundo lugar, y conectado con lo anterior, quedan aún por analizar las transformaciones que ha sufrido la función intelectual en diversos contextos, tanto en América Latina, en relación con los cambios sociales de las últimas décadas (postdictaduras y redemocratización, institucionalización de la izquierda, resurgimiento del populismo, etc.), como también en Estados Unidos a raíz de la derechización que se ha hecho evidente después del fin de la Guerra Fría y como correlato a las etapas posteriores al 11 de septiembre. Las nociones de intelectual orgánico, intelectual independiente, intelectual como gestor cultural, mediador, *broker* o agente, *advisor*, tecnócrata, intelectual público, etc., han cambiado considerablemente, en un panorama en que se agudiza la mercantilización educativa, se intensifica la competencia profesional y se monopolizan los canales para producción y divulgación de materiales literarios, audiovisuales, etc.

3. En tercer lugar, muchos críticos se han referido ya a los procesos de relativa cooptación que estudios culturales ha sufrido como consecuencia de su institucionalización académica, proceso que habría contribuido a su naturalización y disciplinamiento en un mercado académico como el estadounidense, altamente competitivo y diversificado (ver Epps 2000-2001). Esto habría redundado en la despolitización, también relativa, de estudios culturales y en una cierta difuminación de sus agendas.

4. A esto habría que sumar la inserción de estudios culturales (y cualquier otra de las variantes de la crítica) en el mercado general de la cultura y particularmente en el académico, dentro del cual la oferta intelectual de estudios culturales circula como mercancía simbólica que alimenta la institucionalidad y la industria cultural (editoriales, oferta curricular universitaria, asociaciones profesionales, etc.). Al mismo tiempo, es indudable que la presencia de esta nueva aproximación a la crítica de la política, la sociedad y la cultura ha logrado desestabilizar productivamente, al menos en alguna medida, el medio académico en el que estas prácticas se insertan. En el caso de la academia estadounidense, el predominio del criterio de productividad (como incremento cuantitativo, en el caso académico: *publish or perish*) convierte la dinámica de la

[3] Sobre el tema del mercado cultural, ver Yúdice (2002).

«carrera» académica en algo más que una metáfora del trabajo profesional, conduciendo también a una incansable búsqueda de originalidad e innovación teórica rayana, a veces, en el esnobismo. Asimismo, como otra forma de la interdependencia entre cultura y mercado, habría que mencionar la consideración de la cultura como recurso económico exportable en torno al cual se desarrollan circuitos de producción, explotación y distribución similares a los que se vinculan a cualquier otro tipo de mercancía articulada tanto a los productores nacionales como, en el otro extremo del espectro, a conglomerados transnacionales. En este sentido, García Canclini (1995), Yúdice (2002), etc., han trabajado en torno a la idea de que estas formas de mercantilización cultural crean «ciudadanía» en el sistema global, amén del nacional.

5. Junto a lo anterior, habría que mencionar la notoria porosidad (¿la contaminación?) que la crítica cultural manifiesta sobre todo en algunos de sus campos (comunicaciones, antropología, crítica literaria) con respecto a los medios de comunicación, cuyos tópicos y aproximaciones tiende, en muchos casos, a recoger y replicar, sin apartarse demasiado del tratamiento general de los temas propuestos por parte de la prensa y de los estereotipados acercamientos que esos temas reciben al ser destinados a amplios públicos (violencia, miedo en las ciudades, narcotráfico y criminalización de la droga, subculturas urbanas, etc.). La crítica no logra superar, en muchos casos, los niveles descriptivos y hasta sensacionalistas de la crónica periodística, reproduciendo una serie de imaginarios de la crítica que reinciden en conceptualizaciones ideológicas (reproducción de falsa conciencia) como, por ejemplo, la consideración de que las ciudades actuales presentan más peligrosidad que las capitales latinoamericanas en la época de las dictaduras (como dice Sarlo, «con el imaginario no se discute»). Existe así una saturación mediática en torno a temas como memoria/olvido, violencia, etc., que de alguna manera ha clausurado ciertos horizontes de análisis que se consideran ya demasiado recorridos.

América Latina: nuevas agendas. Nación, región, Estado y subjetividades colectivas

En una rápida enumeración de los elementos que constituirían el panorama latinoamericano actual, habría que mencionar al menos tres niveles, a los que me referiré someramente: nacional, supranacional e intercultural.

Con respecto al primero, creo que es obvio que tres paradigmas típicamente *modernos* están atravesando modificaciones sustanciales. Me refiero particularmente a las categorías de nación, Estado e identidades nacionales. En efecto, nos enfrentamos a una paulatina transformación de *lo nacional*, que la modernidad concibiera como plataforma político-administrativa relativamente estable, articulada territorialmente y organizada en torno a la gestión estatal. Las coordenadas de territorialidad, lengua común e historia compartida que caracterizaron al Estado-nación desde el siglo XIX se han visto impactadas por flujos migratorios, desplazamientos, desterritorializaciones y reinserciones frecuentemente en culturas diversas, que han variado la noción de pertenencia y obligado a rearticulaciones subjetivas como las estudiadas por Cornejo Polar, por ejemplo, en su discusión del sujeto migrante. A esto se ha sumado el debilitamiento político del Estado que ha cedido terreno a las presiones neoliberales (privatización) y ha visto relativizada su acción por ONGs, presiones empresariales, lobbismo, etc., sin olvidar el descaecimiento de la política partidista y el fortalecimiento de formas de movilización social no tradicionales (movimientos, sociales, piqueteros, activaciones barriales, etc.). Sin embargo, el rápido diagnóstico acerca del debilitamiento de la nación como categoría político ideológica y como asiento sustancial de los cambios sociales en el nuevo milenio ha demostrado ser improcedente para el caso de América Latina. En un artículo que escribí en respuesta a otro de Beatriz Sarlo publicado en *Journal of Latin American Cultural Studies* me refiero a este tema, coincidiendo en parte con el análisis de Sarlo pero sugiriendo la necesidad de redimensionar las categorías de identidad y nación para dar cuenta de las configuraciones y desafíos que presentan los nuevos escenarios. En todo caso, baste agregar aquí que una de las tareas de estudios culturales con respecto a este tema parece ser la de impulsar una reconsideración de lo nacional desde dos direcciones, que se oponen sólo en apariencia: una que reconoce la importancia de lo nacional como la plataforma primaria de movilizaciones populares y procesos de reagrupamiento social y reorganización política; y otra que potencia esa instancia como base necesaria para una proyección política que vaya de lo local a lo regional, y de allí a lo transnacional. *Lo nacional* resulta, así, un espacio a la vez primario y *trascendido* por diversas modalidades de integración político-social. (Pensar aquí, por ejemplo, en los movimientos sociales, que definen sus agendas en relación directa con las políticas estatales a nivel nacional, reclamando nuevas modalidades participativas y formas de justicia social que apelan a las instituciones del Estado nacional como instancia imprescindible de acción comunitaria, pero que al mismo tiempo tienden a definirse regionalmente, a través de agendas étnicas, políticas, de género, etc., que se sobrepasan los límites nacionales.)

En este sentido, creo que una de las grandes tareas de nuestro tiempo, que sólo puede ser llevada a cabo desde perspectivas transdisciplinarias, es la teorización de nuevas formas de internacionalismo que se vienen gestando en América Latina como correlato de los movimientos sociales y que superan los fenómenos ya consignados de porosidad de las fronteras reales y simbólicas. Haré aquí sólo unas breves referencias a este fenómeno que describió Eric Hobsbawm, hace algún tiempo, cuando indicaba que en su opinión la historia mundial

> no puede ya ser contenida dentro de los límites de las naciones o naciones-estado tal como las que solíamos definir política, cultural, económica o hasta lingüísticamente. La historia mundial verá a la nación-Estado y a las naciones, o a los grupos etno-lingüísticos, dando un paso atrás, resistiendo y adaptándose ellos mismos, siendo absorbidos o desarticulados por la nueva estructura supranacional del mundo. Las naciones y los nacionalismos seguirán presentes, pero jugarán un papel subordinado y frecuentemente menor en esta historia (1992: 182).

En América Latina, el inestable equilibrio entre lo nacional y lo transnacional tiene que ver, en gran medida, con la condición postcolonial de nuestras sociedades, y con la persistencia de lógicas regionales que, aun a pesar de la desagregación de los espacios virreinales que se produce con la Independencia, continúa manteniendo su vigencia.[4] Muchas dinámicas político-económicas sólo pueden ser comprendidas a cabalidad

[4] Utilizo aquí el término «postcolonial» para referirme a las sociedades que emergieron de la experiencia de la conquista y colonización imperial y que detentan en su historia las huellas del trauma de la devastación de culturas aborígenes y la perpetuación de la colonialidad aun después de la Independencia, durante la implementación del proyecto nacional y el proceso modernizador. En otros contextos, para enfatizar formas diferentes de dominación colonialista posteriores al colonialismo histórico que se inicia en 1492, el término «neocolonial» puede resultar más apropiado.

con enfoques geopolíticos que atienden a esas lógicas o que rescatan la dimensión *continentalista* que propone entre lo nacional y lo transnacional una categoría mediadora de análisis social, una forma de postnacionalismo que permite alcanzar, por ejemplo, la dinámica de comunidades expatriadas, dispersas, exiliadas, y comprender movimientos sociales y agendas políticas y culturales que se definen y funcionan a través de fronteras.

Por lo tanto, uno de los desafíos del momento es la comprensión del lugar que sigue ocupando la modificada categoría social y conceptual de *lo nacional* de cara a los impulsos integracionistas que estamos mencionando y que algunos resumen como una forma de regionalismo americano sin Estados Unidos, otros como «un Hemisferio occidental sin Occidente», otros, inclusive, como la formación de un «Sur global» que pueda llegar si no a competir al menos a contrarrestar la acción hegemónica del capitalismo central. Para decirlo con otras palabras, las dinámicas actuales parecen apuntar hacia una negociación de lo local (a la que me he referido en otras notas) en que las narrativas nacionales se articulen transnacionalmente para la configuración de agendas y programas que puedan interceptar de manera efectiva las dinámicas globalizadoras. Pienso que uno de los desafíos de estudios culturales es la reteorización de la relación Norte/Sur sin el temor de recaer en binarismos que la globalidad nos inspira a considerar clausurados (Norte/Sur, centro/periferia, Oriente/Occidente) de la misma manera que debe enfocarse el desafío de pensar las relaciones Sur/Sur como una variante del regionalismo en la globalidad.

Creo que esta tensión entre localismo y totalidad, sociedad civil y sociedad política, espacios regionales y espacios globales, relaciones y poderes a nivel nacional, internacional y transnacional, es una marca de los nuevos tiempos. En estos contextos, lo local no puede ser entendido ni como un deseo de réplica a escala de la globalidad ni como asiento de contingencias fundamentalistas, ni como el reservorio pasivo de una subalternidad esencializada (concebida y teorizada desde arriba y desde afuera), sino, en mi opinión, como un espacio *diferenciado y diferencial* de lucha política y social, en el que se retienen activamente los particularismos y en el cual el conflicto no es ni negado (desconocido) ni eliminado desde arriba por una artificiosa apelación al pluralismo democrático o al autoritarismo. Contrariamente, el conflicto social sólo puede ser asumido como la serie de antagonismos y de desigualdades en muchos casos irreconciliables que provienen de las estructuras profundas de la sociedad neocolonial; en suma, el conflicto sólo puede ser *reconocido* y *elaborado* a través de procesos productivos, creativos e igualitarios que no apuntan necesariamente al consenso sino a la justicia social.

Junto a los cambios del concepto de nación, modificaciones igualmente profundas afectan en el plano ideológico a la concepción del Estado y a la configuración de identidades colectivas al menos en los países tocados por los procesos de institucionalización de la izquierda o de tendencia populista. Concebido en la política liberal como la *frontera interna* contra la cual los actores sociales definen sus agendas de lucha (particularmente los reclamos ante las reivindicaciones no satisfechas a nivel gubernamental), el Estado atraviesa, en los nuevos escenarios, el desafío de desplazar la negatividad dándole una localización situada fuera de sus límites político-simbólicos. El Estado no puede ser ya concebido como el significante vacío o flotante que se asocia con la cancelación de la política tradicional, alentando más bien nuevas estrategias de reconocimiento social y representatividad popular como la nueva imagen de la potenciación popular.

En cuanto a subjetividades colectivas, algunos críticos registran el cambio de la idea de *sujetos democráticos* a la de *sujetos populares*, es decir, a la de subjetividades colectivas construidas por agregación a través de la serie de demandas que no han sido absorbidas por el sistema, y orientadas hacia la constitución de frentes pluralistas y heterogéneos que se articulan contingentemente en momentos precisos y acotados de la lucha social.

Menciono estos aspectos, que me parecen fundamentales para una comprensión de las nuevas cartografías político-ideológicas que se vienen delineando en América Latina en los últimos años, porque no sólo serían incomprensibles desde perspectivas tradicionalmente disciplinarias, sino porque afectan la producción misma de textualidades culturales a todos los niveles, un campo de trabajo que ha sido el preeminentemente analizado por los estudios culturales. Pero también los traigo a colación porque creo que los nuevos escenarios obligarían a una reconsideración profunda de las alianzas que a nivel discursivo y metodológico deberían repensarse para vincular de un modo más integrativo los estudios culturales con los estudios de la región latinoamericana, entendida como conjunto diversificado y al mismo tiempo unificable en torno a agendas puntuales, contingentes y flexibles. Creo imprescindible, entonces, una regionalización de los estudios culturales, no para volver a las limitaciones, pragmatismos político-ideológicos y estereotipos que informaron, en buena parte, los «estudios de área» hasta la década de 1980, sino como manera de integrar tradiciones críticas, legados culturales y especificidades regionales –en otras palabras, complejidades y conflictos– a la producción transnacionalizada de conocimiento que caracteriza a los estudios latinoamericanos en general y particularmente a los estudios culturales en el nuevo milenio. Este proyecto regionalizador debe comenzar, ciertamente, por la redefinición o reajuste del concepto básico de región para analizar los alcances de éste y las delimitaciones geoculturales que sea pertinente aplicar en cada caso. Las regiones tradicionalmente reconocidas o reconocibles en América Latina (México y Centro América, Caribe, área andina, Cono Sur, Brasil, etc.) se atienen, como se sabe, a una lógica histórica pero también económica, cultural, etnográfica, que no puede desconocerse, y continúan constituyendo, en tiempos de globalización, una plataforma fundamental para la articulación de movimientos reivindicativos y políticos. Los temas vinculados a la propiedad de la tierra, las dinámicas etno-raciales, las políticas identitarias (de género, lingüísticas, etc.), los elementos relacionados a la creencia y la espiritualidad, son todos factores cuyo impacto varía según las sociedades y momentos históricos de que se trate. La teoría cultural debe tener la ductilidad suficiente como para dar cuenta, desde su necesario registro conceptual, de estas condiciones concretas que marcan la experiencia social y la conciencia colectiva y desde la cual se definen agendas de lucha y alianzas sociales. Sin esta constante y rigurosa confrontación con la realidad, sin el reconocimiento de estos planos mayores donde lo individual o colectivo se vinculan a las dimensiones de lo local, lo regional, lo continental o incluso lo hemisférico, sin perder ni particularismo ni especificidad, los estudios culturales contribuirán mucho más a la volatilidad y banalización de la crítica cultural que a su fortalecimiento político. Sin provincialismos ni fundamentalismos, sin miedo a la teoría y sin renuncia a las reescrituras y relecturas de su historia, América Latina debe reafirmar y redefinir en la medida de lo necesario su especificidad y, dentro de ella, la de las regiones, diversas y distintas, que la componen y la fortalecen.

El multiculturalismo y el tráfico de la diferencia

> No preguntes lo que el liberalismo puede hacer por el multiculturalismo, pregunta lo que el multiculturalismo está haciendo por la menguada vida del liberalismo tardío.
>
> Homi Bhabha (1995a; mi traducción)

El multiculturalismo, una tendencia que ha estado presente en los escenarios culturales y políticos occidentales desde la década de los años sesenta, ha sido definido como un posicionamiento ideológico que valora la diversidad (de opiniones, experiencias, raza y etnicidad, clase, orientación sexual, género, capacidades físicas, etc.) como una fuente potencial de fuerza y crecimiento, más que como un elemento conflictivo o disruptivo en la sociedad contemporánea. El tema del multiculturalismo puede ser, entonces, abordado tanto en referencia a las prácticas pluralistas y conciliatorias que abogan por actitudes de tolerancia intercultural como en relación con las políticas de promoción o integración de la diversidad étnica, social, etc. en una sociedad determinada. Los debates en torno al multiculturalismo tienen, casi siempre, un tono reivindicativo referido a patrimonios culturales colonizados, procesos de aculturación, ataque a identidades minoritarias o a estilos de vida fuera del *mainstream* de la sociedad, experiencias de colonialismo interno, xenofobia, etc., es decir, remiten a áreas sumamente sensibles de la subjetividad colectiva, vinculadas a luchas sociales, instancias históricas o situaciones presentes en las que una o varias culturas dominadas defienden su derecho a existir o son defendidas por quienes se identifican con sus reclamos específicos. Como se ve, desde el comienzo el tema del multiculturalismo se articula en torno a los conceptos de conflicto/armonía o consenso social, diferencia/diversidad, culturas dominantes/culturas subalternas, autoridad/poder, identidad/alteridad, a los que me referiré más adelante.

En sociedades postcoloniales, marcadas por la memoria colectiva del despojamiento y la desigualdad, el tema del multiculturalismo apunta al corazón mismo de la problemática social y se inserta en la (mala) conciencia de los sectores dominantes y más aventajados de la sociedad tanto como en la agenda bien intencionada de los grupos o individuos que intentan explorar las posibilidades de coexistencia de subculturas étnicas y raciales en el espacio a veces claustrofóbico de la cultura nacional. El tema del multiculturalismo es, pues, por naturaleza polémico, ya que junto al repertorio de razones humanitarias que pueden esgrimirse para abogar por la integración de todos los sectores que integran una determinada formación social, surgen en contrapunto otra serie de temas relacionados con la estructuración del poder y con las formas de dominación que en marcos generalmente democráticos definen las relaciones sociales y las políticas culturales en el mundo de hoy. En tiempos de globalización, no hay duda de que el candente tema de la integración a nivel planetario ha contribuido a replantear el de la integración a nivel local, regional, nacional y continental, donde aún muchos de los desafíos relacionados con el tema intercultural están por resolverse.

Agregado a esto, debe considerarse que el tema de la multiculturalidad, en la medida en que articula problemas relacionados con las identidades colectivas, la noción de otredad, la gobernabilidad etc., forma parte también de la reflexión política y filosófica de nuestros días. Los temas de la violencia, las leyes migratorias, el terrorismo y los quiebres recientes del capitalismo global han llevado también a repensar la relación entre naciones, etnias, culturas y sectores sociales pertenecientes a diversas tradiciones y estratos económicos, cuya beligerancia puede poner en peligro el equilibrio precario del sistema social. No puede quedar fuera de estas vinculaciones la importancia que el tema multicultural tiene con respecto al mercado, que no sólo debe responder y satisfacer expectativas y deseos marcados por la diversidad cultural, sino asimismo atraer y subsumir esa misma diferencia en el espacio homogeneizante de la mercancía globalizada.

Este trabajo analiza el tema de la multiculturalidad desde una perspectiva ideológica y teórica y trata de explorar cuestiones vinculadas a la noción de diferencia cultural en contextos postcoloniales y postmodernos, y revisar algunas de las críticas que el tema ha merecido desde diversas posiciones, en relación con problemas de raza, desigualdad social, etc. Se toma como punto de partida el modo en que el tema del multiculturalismo ha circulado en algunos debates académicos en el que participan estudiosos de Europa y de Estados Unidos, terminando con algunas reflexiones sobre el modo en que es posible pensar estos tópicos para el caso de América Latina.

Para comenzar, debe reconocerse que el tema del multiculturalismo nos enfrenta a la idea de límite: no sólo el que separa a las distintas culturas sino el más esencial que permite definir las nociones de identidad y otredad, subjetividad y alteridad, a distintos niveles. Y nos enfrenta a estos límites no porque en el multiculturalismo radique la respuesta a esos desafíos, sino porque éstos constituyen el núcleo mismo de la crisis –del momento de cambio radical– que se registra a niveles globales y locales. El multiculturalismo es, en este sentido, un síntoma de y no una solución a los tiempos que corren. Tiene que ver con los modos en que las fronteras interculturales pueden ser transpuestas, relativizadas o negociadas, pero también se vincula a las razones que guían esas estrategias de integración y a los modos en que esas estrategias repercuten en la comunidad a corto y largo plazo. Pero ese límite también se registra en los procesos mismos de saturación de los modelos liberales de exclusión o de integración mínima de culturas minoritarias en el proyecto nacional que se viene arrastrando desde la emergencia misma de los Estados nacionales en sociedades postcoloniales, y al incremento notorio de la beligerancia internacional en torno a temas ligados a fundamentalismos étnicos y/o religiosos. Fenómenos como los mencionados hacen completamente inoperante en ciertos contextos la categoría de sociedad *civil* e imposibilitan la implementación de formas al menos aceptables de coexistencia y entendimiento intercultural a nivel transnacional. El multiculturalismo es, en este sentido, a mi criterio, una estrategia de *emergencia* –en el sentido de urgencia, no de surgimiento– que intenta a su manera dar cuenta de la herencia colonialista y del fracaso liberal que la siguió, intentando casi desesperadamente controlar el daño que estos sistemas han causado a lo largo de los siglos en la trama social.

Sin tener que remontarnos demasiado en la historia, podría afirmarse que las razones más notorias y cercanas para la cristalización del multiculturalismo como tópico de primera línea en la escena político-cultural son numerosas y se concentran en situaciones que se agudizan en el panorama occidental que nos compete en las últimas décadas. Algunas de las más importantes son el incremento de la migración, el nomadismo transnacionalizado del capital financiero, los regímenes de trabajo flexibles, la ilimitada expansión empresarial, el constante tráfico de mercancías reales y simbólicas a nivel planetario, la simultaneidad de espacios y temporalidades debido a la inserción de universos virtuales en nuestra experiencia cotidiana, etc. Todos estos factores han alterado dramáticamente el diseño y los valores de la modernidad y han dado amplia evidencia de sus inherentes perversiones y limitaciones. También han precipitado la necesidad de perspectivas globales y el uso de macrocategorías para el análisis del nuevo orden mundial. Al mismo tiempo, y a partir de estos cambios, se ha ido reduciendo la vigencia de las culturas nacionales como la plataforma primaria y fundamental sobre la cual basar cualquier reflexión política, económica o cultural.[1] Categorías *modernas* como las de nación, ciudadanía, identidad, etc., sin haber desaparecido completamente del repertorio conceptual que la crítica cultural ha venido manejando en décadas recientes, han cedido lugar a nociones más fluidas y provisionales tales como las de comunidad (real o virtual), afiliación política o cultural, subjetividad colectiva, etc., que parecen canalizar mejor el espíritu y el *ethos* de la sociedad postmoderna. Estas nociones, en gran medida útiles para contrarrestar el universalismo y esencialismo propios de la tradición iluminista, transmiten dos percepciones que vale la pena considerar: la primera, que en el actual sistema mundial las posiciones de poder son más que nunca temporales, fluctuantes y negociables; la segunda, que paradójicamente, en un mundo crecientemente despersonalizado y verticalizado, la *agencia* social es un factor crucial para la interpretación y transformación del mundo en que vivimos.

En este marco, asumiendo el lugar que correspondiera al cosmopolitismo en tiempos modernos, el multiculturalismo emerge como una estrategia ideológica que tiende a compensar las limitaciones de la modernidad y, en escenarios más recientes, también de la globalidad y el neoliberalismo. En un mundo crecientemente homogéneo, integrado y anónimo, el multiculturalismo provee una plataforma para la tolerancia

---

[1] Para una discusión de estos temas, ver «El disciplinamiento de los estudios culturales y el ángel de la historia» en este mismo libro.

intercultural y el relativismo ideológico. En sociedades atravesadas por la violencia y la marginalización, el multiculturalismo ofrece un mensaje conciliatorio, quizá utópico, de tolerancia, armonía y entendimiento mutuo.

En Estados Unidos, donde surge buena parte del debate sobre multiculturalismo, una de las maneras más divulgadas de entender la cuestión tiene que ver con lo que Charles Taylor llamara «políticas de reconocimiento social». En el contexto de la sociedad norteamericana, el tema del multiculturalismo no asume, obviamente, la forma que éste tendrá en sociedades periféricas, donde la cuestión postcolonial sigue planteando desafíos estructurales graves en todos los niveles de la sociedad, sino que está pensado como un problema de funcionamiento y administración de la democracia liberal. Dentro de estos parámetros, las políticas de reconocimiento social surgen con un carácter reivindicativo y se adhieren fuertemente al nivel cultural, con pocos alcances a niveles económicos, políticos, etc. Se entiende que las políticas de reconocimiento social funcionan en la esfera privada, ligadas a la definición de identidades individuales en relación con quienes nos rodean, tanto como a nivel público, guiando los reclamos de reconocimiento igualitario, aunque las vinculaciones entre ambos ámbitos son múltiples y obvias. Taylor reconoce que, sobre todo en la esfera pública, el tema del reconocimiento social supone elementos de universalismo (todos los seres humanos deberían tener los mismos derechos) y elementos de particularización, vinculados con el tema de la *diferencia*. Pero las relaciones entre identidad y *diferencia*, así como entre particularismo y universalismo, son complejas y a veces conflictivas. ¿Cuándo la *diferencia* debe ser atendida como criterio de justicia y cuándo debe ser considerada la base de políticas discriminatorias?[2] Asimismo, como señalara K. Anthony Appiah en

[2] Puede pensarse, por ejemplo, por un lado, en la problemática que plantea la desigualdad social, que puede requerir medidas de emergencia para recuperar a ciertos grupos sociales que viven por debajo de la línea de pobreza, o en casos como los de los minusválidos, que requieren, por su condición, disposiciones especiales. Obviamente los distintos grupos sociales requiere políticas diferenciadas. Por otro lado, la *diferencia* racial, por ejemplo, o de género puede también dar pie a prácticas que perjudican a determinados sectores limitando o impidiendo su acceso a oportunidades para un integración igualitaria a nivel social, laboral, institucional, etc. Así, mientras que en algunos casos la *diferencia* debe ser atendida, en otros debe ser eliminada como criterio.

sus críticas al modelo de Taylor, el tema del (auto)reconocimiento social conlleva un aspecto clasificatorio, compartimentador de la subjetividad, que queda reducida en muchos casos a *uno* de los rasgos en la vida del sujeto (su origen nacional, su raza, su sexualidad, sus capacidades físicas), haciendo que la identidad se convierta en una práctica de *identificación del Otro* o de reducción de uno mismo a un rasgo mayor que monopolizará la percepción del individuo, al imponerle como una obligación que se autodefina como manera de satisfacer los modelos previstos e institucionalmente gestionados de reconocimiento social. Como dice Appiah, de esta manera, «entre las políticas de reconocimiento y las políticas de compulsión la línea no es clara» (Appiah 1994: 163).

En general, las abundantes críticas efectuadas al multiculturalismo tanto desde las perspectivas de la izquierda como desde las de la derecha merecen una reflexión cuidadosa, ya que parten de bases muy distintas y se integran en muy diversos programas ideológicos, sociales y filosóficos en diversos contextos. En efecto, las diferencias en el enfoque del tema entre críticos culturales, politólogos, sociólogos y filósofos norteamericanos, europeos y latinoamericanos, por ejemplo, es notoria. Sería, por tanto, del mayor interés, hacer una confrontación más cuidadosa entre esas posiciones de la que permiten los límites de este trabajo, en el que deseo concentrarme solamente en algunos de los perfiles ideológicos más sobresalientes de la cuestión multicultural.

Entrando de lleno a las críticas globales que ha recibido este tema en el campo de la crítica cultural, habría que empezar por indicar que para algunos analistas el multiculturalismo no es más que el nuevo juguete de las elites neoliberales, preocupadas por la necesidad de habitar un planeta crecientemente proliferante, diversificado y, al menos en apariencia, desjerarquizado.[3] Para ponerlo en palabras de Stuart Hall:

> Como la diversidad cultural es cada vez más el destino del mundo moderno y el absolutismo étnico un rasgo regresivo de la última modernidad, ahora el

[3] Ver, al respecto, Hall, Said, Žižek, Bhabha, Jameson, Spivak, Moller Okin, etc., por citar sólo a algunos de los más prominentes, los cuales tampoco coinciden completamente en las bases de sus discrepancias, agregando cada uno distintos argumentos a un debate que se vincula a otros tópicos: la crítica de la modernidad y del capitalismo tardío, la problemática subalternista, la cuestión migratoria, la violencia, el género, el debate postcolonial, etc.

> peligro mayor proviene de las formas de identidad cultural y nacional –nuevas y viejas– que intentan afianzar esa identidad adoptando modalidades cerradas de cultura y de comunidad y negándose a comprometerse [...] con los peliagudos problemas que provoca intentar vivir en la diferencia (1993: 349; mi traducción).

Para algunos, los problemas conectados con lo que es percibido desde ciertas posiciones como la «promiscuidad» de la integración y del transculturalismo son demasiado numerosos y complejos y requieren una actitud a la vez desafiante y defensiva. Aunque algunas de las ideas que la noción de multiculturalismo inmediatamente evoca son las de pluralismo y relativismo, el multiculturalismo toca, entre otras cosas, tópicos tan cruciales como los de raza, etnicidad y formación de identidades colectivas, temas todos íntimamente ligados, en sociedades tan heterogéneas y racialmente marcadas como las de Estados Unidos, por ejemplo, a los conceptos de nación, ciudadanía y gobernabilidad democrática y a políticas concretas que se han venido implementando no sin oposición y polémica.[4]

Lejos de constituir una indicación del advenimiento de sociedades post-raciales o de ser un indicio de politización real de los debates a partir de nuevos posicionamientos, muchas de las discusiones que están teniendo lugar en nuestros días en la arena política estadounidense y que están conectados de un modo u otro con los tópicos de multiculturalismo, políticas identitarias, relaciones interculturales e integración global, han encendido un debate amplio que demuestra más bien la persistencia de prejuicios y antagonismos sociales que el discurso «políticamente correcto» ha logrado suprimir de la superficie del diálogo social, aunque obviamente no del inconsciente colectivo. El tema de la raza y

[4] Entre ellas habría que señalar como las más obvias las de «acción afirmativa» (*affirmative action*) y la de igualdad de oportunidades (*equal opportunities*) destinadas a abrir puertas a minorías tradicionalmente mal representadas en profesiones, centros de enseñanza, etc., así como las cuotas impuestas o indicadas como «deseables» a nivel institucional, como manera de asegurar la integración racial y social en Estados Unidos. Los criterios concretos de implementación de estas políticas fueron debatidos y resistidos a distintos niveles y con diversas argumentaciones, pero en otros casos funcionaron como una obligatoria prohibición de la discriminación racial, convertida así en una violación concreta a políticas oficiales.

los conflictos étnico-culturales, lejos entonces de haber sido superados mágicamente por evolución misma de la ética social, permanece enraizado en la estructura misma del sentimiento colectivo sobre todo en ciertos niveles de la sociedad, presentándose con diferente rostro en distintos momentos históricos. Conceptualmente el tema nos recuerda el concepto de colonialidad del poder acuñado por el sociólogo peruano Aníbal Quijano y su discusión de lo que llama «americanidad» (*Americanity*), en el artículo que desarrolla con Immanuel Wallerstein con el objetivo de definir el lugar que las Américas ocupan en el moderno sistema-mundo. Como es sabido, Quijano enfatiza la importancia de la raza y de los sistemas de «clasificación social» que derivan de la dominación colonial y que, de distintas maneras y en diferentes grados, todavía atraviesan el tejido social e ideológico de las sociedades contemporáneas tanto en la América latina como en la anglosajona. Identificar los remanentes de discriminación que la historia pasada proyecta hacia el presente requiere un desmontaje de los procesos de mitificación liberal y una observación cuidadosa de la trama social y sus productos simbólicos. Requiere también una lectura entre líneas y contra el grano de procesos actuales, que en algunos casos se interpretan con comprensible aunque quizá excesivo triunfalismo.

Si bien el término «aculturación» ha caído en desuso al ser reemplazado por conceptos más dinámicos y bidireccionales, ha persistido a nivel colectivo la idea de que la modificación de los regímenes tradicionales de participación social en la esfera pública puede traer aparejada una pérdida radical de capital simbólico y social en ciertos sectores de la sociedad.[5] En Estados Unidos, por ejemplo, el tema que la prensa ha

[5] La noción de aculturación remite a un proceso irreversible de despojo de la cultura propia o de cambio radical de paradigmas culturales debido a la imposición de modelos dominantes. La crítica cultural habla más bien, en contextos actuales, de procesos de transculturación, enfatizando las dinámicas de transferencia simbólica entre culturas en contacto, entendiendo que ninguno de los polos de estos procesos, ni el de pérdida de la cultura propia ni el de absorción de la cultura dominante, son totales ni unidireccionales y que además, en estas relaciones, son siempre asimétricas. Ya Fernando Ortiz, al utilizar la noción de transculturación, se refiere a las limitaciones del concepto de aculturación, aspectos éstos relacionados al contacto intercultural que Ángel Rama expande con su teoría de la transculturación aplicada al campo de los estudios literarios. Sobre el tema, ver Rama (1982) y mi artículo «Ideología de la transculturación», reproducido en este mismo libro.

identificado después de la victoria de Barak Obama como «el final de la América blanca» ha precipitado una serie de reacciones que de un modo u otro hacen referencia a la pérdida de identidad cultural de sectores que sienten que su predominio social se encuentra en peligro.[6] Algunos interpretan la nueva dinámica social como una forma de colonialismo inverso (*reverse colonialism*) manifiesto en el hecho de que sectores tradicionalmente dominantes ahora conquistan el primer plano de la escena política, transformación que, algunos temen, será seguida por el fortalecimiento económico y político una nueva elite «colonizadora» de espacios sociales.

Esta percepción ha generado en un gran sector de la sociedad estadounidense un sentido de aprehensión y ansiedad acerca de la posibilidad de perder control social y predominio económico, algo que esa elite privilegiada ha poseído por generaciones. Sectores sociales que se han sentido hasta hace poco sustentados por un sentimiento de superioridad y de seguridad social, ahora se quejan de la pérdida o debilitamiento de herencias culturales, mitos de cohesión comunitaria, tradiciones comunes y memoria histórica que los distinga y facilite los procesos de reconocimiento social en sociedades diversificadas y cambiantes. Acusan la carencia, sobre todo, de elementos simbólicos de carácter histórico, cultural, étnico, etc., que sean capaces de fortalecer y enriquecer tanto la subjetividad individual como los imaginarios colectivos, incorporando a la «alta» cultura blanca y a los discursos oficiales un toque de rebeldía y alternatividad –una cierta épica social asentada en valores, luchas o creencias específicas– como hace la historia de la esclavitud en la cultura negra, el mito de Aztlán y el drama de la inmigración ilegal en el caso de los latinos, la memoria del Holocausto para los judíos, las luchas contra el patriarcalismo en los movimientos de mujeres y las movilizaciones por

---

[6] Tomo aquí como ejemplo el artículo «The End of White America?», publicado en *The Atlantic* en el número de enero-febrero de 2009, que presenta una serie de temas relacionados con el tema del multiculturalismo relacionando tópicos políticos con temas de la cultura popular. Aunque se trata de un artículo de divulgación, creo que es útil como síntoma de las preocupaciones que comparten ciertos sectores de la sociedad americana sobre todo después de la elección de Barak Obama, y permite por tanto captar la temperatura del tema multicultural a nivel de imaginarios colectivos. De esta fuente tomo algunas de las referencias que siguen sobre las relaciones interraciales en el contexto actual.

igualdad de derechos en el activismo homosexual. Todas estas instancias no sólo constituyen momentos cruciales en la historia y en la definición identitaria de cada uno de esos sectores sino que constituyen un *capital social*. En esa capacidad, nutren y fortalecen los procesos de diferenciación social imprescindibles en una sociedad multicultural en la que ningún sector quiere perderse ni alienarse en la totalidad. En diferentes grados, desde las elites más conservadoras hasta las sensibilidades de clase media, los sentimientos de inadecuación y vaciamiento cultural que sienten ciertos grupos hasta ahora dominantes apuntan a la crisis de un *status quo* que de hecho ha estado agonizando desde el fin de la Guerra Fría y que ha sufrido un golpe impensable y devastador con el ataque a las Torres Gemelas del World Trade Center el 11 de septiembre de 2001.

Como menciona el artículo publicado en *The Atlantic* en 2009, el declive de la «blancura» (*whiteness*) como valor social (o al menos la disminución de su cotización simbólica) ha devenido (como el de la «masculinidad») un tópico popular en los estudios culturales por las ramificaciones sociales, culturales, políticas y aun comerciales de este tema. Los cambios demográficos, de hecho, han modificado dramáticamente el rostro y el corazón de Estados Unidos. Según el Census Bureau de 2008, en Estados Unidos las minorías raciales –negros e hispanos, este y sur-asiáticos– serán mayoría dentro de la población estadounidense hacia el año 2042. Algunos hablan de la emergencia en Estados Unidos de una sociedad post-racial o, en una predicción menos optimista, de la inauguración de una América anglosajona tercermundista. Según se indica en ese artículo,

> La elección de Barak Obama es la manifestación más notoria de una tendencia mayor: la gradual erosión de la «blancura» como la piedra de toque de lo que significa ser americano. Si el final de la América blanca es una inevitabilidad demográfica, cómo será la nueva dominante social, y cómo encajarán los americanos blancos en ella? Qué significará ser blanco cuando la blancura ya no sea más la norma? Y la América post-blanca estará menos o más dividida racialmente? (Hua Hsu 2009: 46).

El tema racial se replantea, y los elementos que lo componen (el color como marca y como símbolo, la relación raza/poder, etc.) se resignifican. Estas transformaciones, lejos de ser vividas por todos los sectores como un avance de los procesos de democratización, son asimilados en muchos casos como una forma de amenaza y caos social, en una sociedad donde la celebrada metáfora doméstica del *melting pot* nunca dejó entrever el peligro de un verdadero cambio en la disposición de valores y poderes y menos aún de una desjerarquización de la sociedad civil.[7] Esta problemática se plantea correlativamente a cambios políticos y sociales que se van dando no por casualidad al mismo tiempo que se registra la crisis del capitalismo mundial, se acelera el flujo migratorio y el terrorismo obliga a recordar la idea benjaminiana de que el estado de excepción se ha convertido en la norma en nuestras sociedades. En este contexto, el tema de las identidades colectivas, la otredad y más ampliamente la (multi)culturalización de la política ocupan un lugar prominente tanto en debates políticos como en la escena intelectual y académica. Pero como sugiere Benjamin, la cuestión también nos lleva a reflexionar sobre el hecho de que el concepto mismo de Historia que seguimos sustentando, así como sus formas de representación, son los que hacen posible que tales excepciones logren naturalizarse y regularizarse entre nosotros como si constituyeran una consecuencia *necesaria* e inescapable en el actual «orden» mundial.[8]

---

[7] Según se ha reportado, aun antes de que tuviera lugar la histórica elección de Barak Obama como presidente de Estados Unidos ha habido un notorio incremento de las amenazas terroristas en ese país, no sólo por parte de enemigos externos sino también, a nivel nacional, por parte de grupos que defienden la supremacía blanca (Ku Klux Klan, neo-nazis, etc.), así como una significativa radicalización de algunas organizaciones religiosas, cultos y otros grupos fundamentalistas. Incluso la emergencia del campo académico de *whiteness studies* o, aún mejor, de los *white-trash studies* («campo concebido como respuesta a lo que se percibe como la marginalización de la clase trabajadora blanca», sector que se autodefine como la «América real») indican la transformación de la sociedad tradicional y las repercusiones emocionales que estos cambios tienen en los sectores más conservadores de la sociedad. Para quienes no estén familiarizados con el término *white trash* (literalmente, «basura blanca»), se usa en inglés esta nominación denigratoria para hacer referencia a sectores blancos económica y culturalmente desaventajados, que carecen de «capital simbólico» y ocupan los márgenes de la sociedad junto a minorías étnicas no integradas, inmigrantes ilegales, etc.

[8] La octava tesis de filosofía de la historia de Benjamin es bien conocida: «La tradición de los oprimidos nos enseña que la regla es el "estado de excepción" en el que vivimos. [...] No es en absoluto filosófico el asombro acerca de que las cosas que estamos

En su polémico libro *The Clash of Civilizations and the Remaking of the World* (1996), pero aún más en el panfleto titulado *Who Are We? The Challenges to America's National Identity* (2004), Samuel Huntington expresa las preocupaciones de sectores conservadores e ilustrados que se enfrentan a los desafíos que plantean las interacciones culturales y sociales en un mundo étnica y culturalmente diversificado e integrado por los procesos de globalización. Huntington predice que los conflictos internacionales amenazarán a través de procedimientos bélicos, terroristas, etc., el equilibrio inestable de la globalidad en el siglo XXI. Según este autor, la existencia de identidades sólidas y fijas basadas en factores religiosos, tradiciones, historia, etc., es algo que necesita ser defendido y perpetuado ya que esas identidades ayudan a fortalecer posiciones de poder y a orientar las interacciones entre culturas. El argumento de Huntington es que en el futuro las identidades culturales y los antagonismos entre las distintas civilizaciones no sólo jugarán un papel sino que serán un factor fundamental en las relaciones entre Estados.[9] De acuerdo a Edward Said, Huntington crea una «geografía imaginada» en apoyo a su elaboración acerca de los antagonismos entre distintas civilizaciones para justificar su posición políticamente conservadora. Para Said y para muchos otros críticos, la posición de Huntington constituye un intento por legitimar la agresión estadounidense a nivel internacional y el intervencionismo de este país contra otras naciones tanto a nivel militar como financiero, cultural y político, perpetuando así el estado de guerra o, en otras palabras, la continuidad de la Guerra Fría bajo otras premisas. Todo esto en nombre de la preservación de la identidad nacional de Estados Unidos y de la armonía social que esa identidad

---

viviendo sean "todavía" posibles en el siglo veinte. No está al comienzo de ningún conocimiento, a no ser de éste: que la representación de historia de la que procede no se mantiene».

[9] La idea principal –siempre citada– que guía la posición de Huntington es la siguiente: «It is my hypothesis that the fundamental source of conflict in this new world will not be primarily ideological or primarily economic. The great divisions among humankind and the dominating source of conflict will be cultural. Nation states will remain the most powerful actors in world affairs, but the principal conflicts of global politics will occur between nations and groups of different civilizations. The clash of civilizations will dominate global politics. The fault lines between civilizations will be the battle lines of the future» (Huntington 1996: 1).

supuestamente garantiza. *Who Are We? The Challenges to America's National Identity* cala, incluso más profundamente en los intrincados meandros de la política interna de Estados Unidos, los temas de inmigración y las políticas identitarias. En una nación en la que más de 40 millones de personas hablan español y donde los hispanos y otras así llamadas minorías representan una parte muy sustancial de la economía nacional (tanto en los aspectos de producción como en los vinculados al consumo) el argumento de Huntington es que el bilingüismo y el multiculturalismo favorecen la formación de guetos étnicos, impiden la americanización de los inmigrantes, obstruyen la implementación de la democracia y finalmente conducen a la desintegración nacional. Para él, la lengua inglesa, los valores del protestantismo, la ética de la productividad y el énfasis en el individualismo constituyen la base de la identidad nacional del país. El problema es, por supuesto, saber quién define y quiénes se reconocen en la cultura nacional, un constructo histórico e ideológico que debe representar los intereses económicos, políticos y culturales de todos los ciudadanos que abarca la nación, y no sólo de la elite ilustrada que se percibe a sí misma como el repositorio de los valores legítimos y los legados históricos del país entero.[10]

Afirmaciones entusiastas de la *diferencia* pueblan, sin embargo, los imaginarios y prácticas populares a todos los niveles, aunque a menudo conllevan también aspectos negativos.[11] Aunque las representaciones de

---

[10] Uno de los inspiradores de Huntington es el politólogo Robert David Putnam quien recibiera el premio Johan Skytte otorgado a la contribución más valiosa realizada en las ciencias sociales en 2006. Su más conocido y polémico libro, *Bowling Alone* (cuyo argumento comenzara a circular bajo la forma de un artículo en 1995) sostiene que principalmente a partir de la década de los años sesenta y a consecuencia de la diversidad cultural se ha disminuido en gran medida la confianza entre los distintos grupos étnicos y también en el interior de cada uno de ellos, aumentando la hostilidad inter-étnica y dando como resultado un colapso sin precedentes en las comunidades, o sea, a nivel de la sociedad civil, las instituciones y la vida política (lo que Putnam reconoce como «capital social»). El tema fue ampliamente debatido durante la administración Clinton. El tema de los cambios en el proceso de acumulación y pérdida de «capital social» es desarrollado por Putnam y otros politólogos y sociólogos en relación con Francia, Alemania, Suecia, España, Australia y Japón en *Democracies in Flux*.

[11] Como indica el articulo antes aludido publicado en *The Atlantic*, aunque exista inquietud acerca de la desestabilización de los privilegios de raza sobre todo a partir de la elección del 44° presidente de Estados Unidos, a nivel de la cultura popular el termos-

las diversas culturas que pueblan la cultura popular estén, como se sabe, reguladas ante todo por las leyes del mercado, es obvio que estas mismas leyes son un indicio de las corrientes que trabajan, en muchos casos sumergidas, en la sociedad y que a nivel académico o político son elaboradas también, en muchos casos, de acuerdo a tipificaciones simplificadoras y tendenciosas. Según algunos críticos, las representaciones que en muchos casos derivan del programa multiculturalista, no sólo están basadas en una codificación estereotipada de sectores culturales, grupos étnicos, etc., sino que al dar la ilusión de una coexistencia intercultural armoniosa entre los grupos minoritarios y las corrientes culturales dominantes contribuyen involuntariamente a perpetuar la marginalización de sectores sociales que no se identifican con las corrientes dominantes.[12] Al evitar la referencia a los conflictos reales que atraviesan toda sociedad esas representaciones podrían estar impidiendo o al menos dilatando la real integración política y social de minorías étnicas o sectores económicamente desaventajados.

---

tato social marca desde hace tiempo otras temperaturas. Los íconos de la diversidad son principalmente aquéllos en los que se da prioridad a la representación de la *otredad*, una mercancía de gran valor simbólico que en Estados Unidos se orienta en gran medida por los caminos de la alternatividad respecto a los valores y gustos de la cultura blanca. Esta preferencia por la diferencia cultural y la alteridad social ha logrado captar, más que ninguna otra oferta actualmente disponible en el mercado cultural, la voraz imaginación del consumidor cultural. En el medio audiovisual y en Internet la representación de la diversidad enfatiza la *diferencia* que deriva de la multiplicidad de vertientes étnicas y sociales que constituyen la trama cultural, y que se expresa a través de la sustentación de valores alternativos a los dominantes respecto a cuestiones de urbanidad, «buen gusto», etc., y también a partir de la preferencia de elementos estéticos que podríamos calificar de heterodoxos. El rap y el hip-hop integran prácticas que incluyen múltiples formas de arte corporal, gesticulaciones exageradas generalmente de notorio contenido sexual, exceso de adornos, conductas excéntricas, uso de lenguaje callejero, elementos todos que evocan rasgos propios de subculturas urbanas (pandillas, marginales, drogadictos, etc.). Estas prácticas no dejan de incluir referencias al resentimiento social, la violencia y la falta de confianza en instituciones y en valores burgueses.

[12] Ver al respecto, por ejemplo, las reflexiones de Moller Okin sobre las relaciones entre género y multiculturalismo y el modo en que las democracias liberales enfrentan el problema de culturas minoritarias, a las que se aseguran, como modo de protegerlas, derechos y privilegios especiales. Su reflexión se refiere también al hecho de que el multiculturalismo estereotipa los grupos sociales, tendiendo a enfatizar mucho más las diferencias entre ellos que las que existen en el interior mismo de cada uno de ellos, haciendo entonces inadecuada toda consideración homogeneizante de las identidades sectoriales.

Para Slavoj Žižek, uno de los más incisivos críticos del multiculturalismo, esta tendencia ha venido a reemplazar o a reformular de un modo mucho más diplomático o si se quiere más hipócrita, las luchas raciales del pasado, proponiendo en lugar de los posicionamientos antagónicos que antes dejaban en claro los intereses y reclamos de cada sector, una plataforma conciliatoria de «universalismo vacío» que permite la absorción o cooptación de la alteridad y la evaluación relativista y banalizada de la diversidad cultural. Para el filósofo eslovaco el multiculturalismo es una forma de racismo «elegante», conciliador, que se define por una actitud condescendiente hacia el Otro al recibir su *diferencia* como una serie de rasgos fascinantes que enriquecen el mundo sin amenazar el *status quo*. Según Žižek:

> Al igual que el capitalismo global supone la paradoja de la colonización sin Estado-Nación colonizador, el multiculturalismo es una forma inconfesada, invertida, auto-referencial de racismo, un «racismo que mantiene las distancias»: «respeta» la identidad del Otro, lo concibe como una comunidad «auténtica» y cerrada en sí misma respecto de la cual él, el multiculturalista, mantiene una distancia asentada sobre el privilegio de su posición universal (2007: 56).

Lo que Homi Bhabha calificara como «la anodina noción liberal de multiculturalismo» (1995b: 206) constituye para Zygmund Bauman «la experiencia vital de la nueva elite global» (2004: 201).[13] Si, por un lado, muestra la «mundanidad» y sensitividad social de los sectores más cultos de la sociedad, por el otro, constituye también «una declaración de indiferencia» acerca de los valores, intereses y estilos de vida de otros a quienes concedemos, a lo más, el beneficio de nuestro interés y nuestra tolerancia.[14] Siguiendo en esta misma dirección, Žižek arguye que la

---

[13] La distinción de Bhabha entre diversidad y diferencia cultural ha sido fundamental para guiar los debates multiculturalistas. Aparece primero como parte de «The Commitment to Theory» en *New Formations*, 5, 1988, y luego reproducido en otras partes, entre ellas en Ashcroft *et al. The Post-Colonial Studies Reader*. Es interesante anotar que cuando este artículo se republica como parte de *The Location of Culture* la palabra «anodyne» es suprimida (ver Bhabha 1994: 34). Me sigue pareciendo, sin embargo, una calificación acertada.

[14] Según Bauman el multiculturalismo «despliega la nueva 'omnivoracidad cultural' de la elite global: tratemos el mundo como si fuera unos grandes almacenes gigantes con

idea de que el multiculturalismo es el rasgo prominente en un universo postideológico es altamente equívoca. Según este filósofo, el multiculturalismo es, precisamente, la ideología del capitalismo global. Este impone una «tolerancia represiva» de la *diferencia* desde una posición de sujeto supuestamente neutral pero sin duda alguna condescendiente y despolitizada. Como en el caso del «buen» colonialismo, el multiculturalismo encuentra una plataforma «universal» capaz de hacer posible la articulación, orquestación y absorción del particularismo, el cual es valorado por su rareza y excepcionalidad, por las formas exóticas a través de las cuales pone a prueba la apertura de nuestra identidad cultural, confirmando y consolidando así nuestra posición ideológica y espiritual. «El respeto multicultural por la especificidad del Otro no es sino la afirmación de la propia superioridad» (Žižek 2007: 57).

En otras palabras, para Žižek el multiculturalismo constituiría, entonces, una renovada y reforzada forma de fundamentalismo, ya que permite considerar a las culturas locales como manifestaciones autóctonas de la otredad, y como representaciones inofensivas y aun exóticas de la *diferencia*, la que estamos obligados a reconocer y tolerar para evitar conflictos sociales que podrían eventualmente desestabilizar el equilibrio inestable de nuestras sociedades. El *Otro*, en este contexto, no es real: es un sujeto que tratamos como objeto del deseo, y al que alternativamente debemos «glamourizar», celebrar, romantizar, esencializar. Según Žižek indica, concedemos así al mismo tiempo demasiado y demasiado poco a la especificidad cultural de ese *Otro*. Éste es al mismo tiempo extraño y fascinante, intrigante e irritante, una promesa y una amenaza. El *Otro* es un constructo cultural e ideológico cuyo particularismo y naturaleza intrínseca permanecen extraños a nosotros, y cuya «verdad» final y necesidades reales resultan, de algún modo, *lost in translation*.[15]

---

estanterías llenas de las más variadas ofertas, y seamos libres para vagar por una planta tras otra, probemos todo artículo expuesto al público, echemos mano de lo que nos venga en gana» (2004: 202)

[15] Žižek concluye que no es la real apertura hacia la diferencia sino la homogeneidad lo que caracteriza el multiculturalismo en tiempos de globalización: «Se concluye, por tanto, que el problema del imperante multiculturalismo radica en que proporciona la forma (la coexistencia híbrida de distintos mundos de vida cultural) que su contrario (la contundente presencia del capitalismo en cuanto sistema mundial global) asume para

Pero probablemente la más aguda de las críticas al multiculturalismo tiene que ver con las ramificaciones ideológicas de esta práctica y particularmente con las conexiones complejas entre los dominios económicos, políticos y culturales. Según algunos analistas culturales, nuestro énfasis actual, casi obsesivo, en la *diferencia* cultural, ha venido a reemplazar las luchas económicas y políticas que fueron centrales a la modernidad. Fredric Jameson advirtió hace años acerca del hecho de que la diferencia se estaba convirtiendo en la nueva identidad de los tiempos postmodernos, realizando una aguda crítica de ese concepto en el contexto del pensamiento marxista y postmarxista.[16] Y Homi Bhabha (1995a) ha hablado de «la angustia de la diferencia» que acompaña la fragmentación del sujeto (*the splitting of the subject*) cuando intenta enfrentar los contradictorios procesos y las condiciones de existencia que caracterizan al mundo globalizado. En un orden mundial esencialmente injusto pero que tiende a la homogeneización, la celebración de la diferencia deja intactas las bases del sistema capitalista. El reconocimiento y aceptación tanto de la diferencia cultural como de las identidades marginales –desaventajadas, subalternas, alternativas o periféricas– hace innecesaria una aproximación más radical a las bases sobre las cuales descansa el *status quo* desde la colonización de territorios americanos y la posterior formación del Estado-nación. Esto facilita la perpetuación de la injusticia y la percepción de que el Imperio (*Empire*) es una realidad inevitable y totalizante que no puede –y probablemente desde esta perspectiva no tendría por qué– ser combatido ni superado. Si todo conflicto puede ser resuelto en la arena cultural éste no requiere otras acciones o elaboraciones en otros niveles de la sociedad. De ahí que Žižek realice su «defensa de la intolerancia» como reacción a los procesos de

manifestarse: el multiculturalismo es la demostración de la homogeneización sin precedentes del mundo actual» (2007: 59).

[16] «Much of what passes for a spirited defense of difference is, of course, simply liberal tolerance, a position whose offensive complacencies are well known but which has at least the merit of rasing the embarrassing historical question of whether the tolerance of difference, as a social fact, is not the result of social homogenization and standarization and the obliteration of genuine social difference in the first place» (Jameson 1991: 341). El tema de la diferencia atraviesa toda la reflexion del libro de Jameson sobre postmodernismo. Ver en particular las páginas dedicadas a «The Ideology of Difference» (ibíd.: 340 y ss.).

difuminación del conflicto social que de este modo no llega a tener repercusiones políticas ni a requerir ajustes o transformaciones profundas a nivel económico. Si las tensiones sociales puede reducirse a demandas sectoriales parciales, particularizadas, contingentes, ligadas a esencialismos identitarios y a reivindicaciones culturalistas, éstas no necesitan alcanzar el nivel político ni requieren una transformación radical de la sociedad. Para ponerlo en palabras de Samuel Huntington, quien no puede ser acusado de ser un adalid de la diferencia cultural, después del fin de la Guerra Fría «la cortina de hierro de la ideología» ha sido reemplazada por «la cortina de terciopelo de la cultura» (cit. por Žižek 2008: 140-141).[17]

La transformación de los antagonismos en *diferencias* que es inherente a la política liberal es una propuesta seductora pero engañosa, de importantes implicancias éticas y políticas.[18] Las políticas de la diferencia cultural y la ideología del multiculturalismo proponen considerar e incluso modificar algunas cosas, para que el sistema total permanezca básicamente incambiado. Esto tiene que ver con la despolitización de la economía y el debilitamiento de la política a que los críticos marxistas se han estado refiriendo en las últimas décadas. El «retorno de lo político» que Chantal Mouffe, Ernesto Laclau, Slavoj Žižek y otros han estado impulsando, se encuentra de alguna manera trancado en el nivel cultural.[19] Se supone que la cultura fortalezca y dé poder a distintos sectores sociales al promover el surgimiento de la conciencia social y el desarrollo de agendas políticas, esto es, al crear las condiciones no para el borramiento o negación del conflicto social y político, sino para su reconocimiento y elaboración productiva, pero lo opuesto es lo que parece estarse registrando al menos en lo relativo a ciertas formas de elabora-

---

[17] Según Žižek, a partir de estas estrategias multiculturalistas, «la verdadera lucha política se transforma en una batalla cultural por el reconocimiento de las identidades marginales y por la tolerancia con las diferencias» (2007: 59). Se habla de intolerancia, según Žižek, donde debería hablarse de desigualdad, injusticia social, explotación, y de la necesidad de programas que promuevan agendas de emancipación capaces de guiar una lucha social abierta y desembozada (ver «Tolerance as an Ideological Category», 2008: 140 y ss.).

[18] Ver, al respecto, Laclau/Mouffe (1985).

[19] Ver, principalmente, Mouffe (1999) y Laclau (2005).

ción de la cuestión multicultural. Tal como lo presenta Chantal Mouffe, se trataría de tomar conciencia, para comenzar, de que la otredad y la diferencia son el «exterior constitutivo» de toda identidad, de modo que en los actuales procesos de elaboración de la diferencia multicultural debe verse, a no dudarlo, un intento por revisar y redefinir la identidad social, los lugares de certeza y de seguridad social de aquéllos que aún detentan posiciones de poder que sienten amenazadas por el avance del Otro en distintos registros sociales, económicos y políticos. Mouffe aboga por lo que llama un «pluralismo agonístico» como manera de fundar nuevos imaginarios políticos para la elaboración de las bases que dar a una «democracia radical» donde la diferencia pudiera integrar los distintos registros epistemológicos, políticos, institucionales, y los conflictos interculturales ser elaborados productivamente.[20] Laclau, por su parte, trabaja en la dirección de una nueva teoría del universalismo, noción que está en la base de toda elaboración identitaria y de toda conceptualización de la alteridad. Propone, entonces, considerar lo universal como «el símbolo de una totalidad ausente [faltante, inexistente]» (*the symbol of a missing fullness*) suspendiendo el momento dialéctico en el que lo particular es enfrentado a lo universal para superarlo, ya que en lo universal no existen, según Laclau, las posibilidades de llenar los vacíos de lo particular, concebido en sistemas conceptuales binarios como lo contingente, carente, incompleto.[21]

Sin embargo, es obvio que a pesar de las severas críticas que la ideología del multiculturalismo ha estado recibiendo en distintos contextos y desde diferentes perspectivas, muchos de los problemas hacia los que esa posición se dirige constituyen desafíos éticos, políticos e ideológicos que necesitan ser abordados sobre todo en un mundo globalizado. El problema al que nos enfrentamos es, entonces, cómo politizar los debates culturales y cómo culturalizar la política sin renunciar a aproximaciones *económicas* que provean la base necesaria para el análisis social e ideológico. Para ponerlo en términos más amplios, cómo reinventar la

---

[20] La idea del pluralismo agonístico y el examen de modelos mundiales (cosmopolitismo o multipolaridad) aparecen desarrollados luego por Mouffe (2005).

[21] Según Anna Marie Smith, en este sentido, «[t]he evaluation of multiculturalism requires a differentiated approach to difference» (1998: 186). Ver en su libro sobre Laclau y Mouffe su «Conclusion. Multicultural difference and the political» (ibíd.: 177-202).

política tanto a nivel nacional como transnacional en tiempos de globalización: cómo articular, entonces, localidad y globalidad, particularismo y universalismo, contingencia y trascendencia.

Parece obvio que sin una crítica político-económica de la modernidad liberal –es decir, del sistema que estableció las bases a partir de las cuales se desarrolla hoy el sistema global– será imposible atender a muchas de las preocupaciones que atraviesan la sociedad de hoy, especialmente si consideramos el costo social de la modernización y los sistemas de exclusión y marginalización que ésta impuso o regularizó en las sociedades occidentales. Ésta fue, por ejemplo, la interrogante que guió la reflexión de Homi Bhabha en *The Location of Culture*, libro en el que se articula la crítica de la modernidad, el colonialismo y el multiculturalismo, y cuya tesis define el mismo autor en los siguientes términos:

> ¿Qué fue la modernidad para aquellos que fueron parte de su instrumentalidad o gobernabilidad pero por razones de raza o género o *status* económico fueron excluídos de sus normas de racionalidad, o de sus prescripciones de progreso? ¿Qué discursos de emancipación o igualdad, enfrentados o en competencia, qué formas de identidad y agencia, emergen de los «descontentos» de la modernidad? (1995a).

Al mismo tiempo, es importante recordar que el mercado de la *diferencia* (algo a lo que me he referido ya en «El boom del subalterno») tiene que ver también con la elaboración que este tópico está recibiendo a diferentes niveles en el debate intelectual. Está relacionado, por ejemplo, con la reformulación del papel de los intelectuales después del fin de la Guerra Fría en el marco del pensamiento marxista y postmarxista y también, de manera más amplia, se vincula al debilitamiento de la hegemonía norteamericana, el colapso financiero y la crisis empresarial que han venido registrándose desde el comienzo del nuevo milenio. Todos estos factores han impulsado una transformación profunda de la subjetividad colectiva, han desestabilizado las posiciones de poder en distintos registros nacionales y han impactado incluso la retórica utilizada en los discursos del poder a nivel planetario. Sin embargo, ya que la integración global es una realidad y con ella la generación de nuevas formas de dominación tanto como de nuevas manifestaciones de conflicto social y resistencia política, los temas multiculturales no parecen destinados a desaparecer de los radares políticos y sociales. Por esta razón, para resumir algunos puntos presentados en estas páginas, podría ser útil demarcar algunos lineamientos en torno al concepto de *diferencia* que guía las reflexiones expuestas en este trabajo.

Antes que nada, desde un punto de vista conceptual, es importante elaborar la distinción entre *diferencia* y diversidad. Mencionaré aquí apenas tres niveles de diferenciación. Según Bhabha, quien, como ya se ha indicado antes, llamara hace tiempo la atención sobre estas dos nociones, el multiculturalismo representa un intento tanto de responder como de controlar el proceso dinámico de articulación de la diferencia cultural, administrando el consenso existente sobre el tema de la diversidad cultural. Para Bhabha la noción de diversidad es básicamente descriptiva y no conlleva una significación filosófica. El concepto de *diversidad* cultural se refiere meramente a la existencia de sistemas de valores, conductas, etc., que existen separadamente en una cultura determinada. La noción de diversidad sólo permite confirmar y registrar la existencia de esa multiplicidad de significantes culturales como en los tradicionales informes etnográficos. La *diferencia* cultural, por su parte, facilita una actitud de cuestionamiento de la cultura, particularmente de los mecanismos que atribuyen un determinado sentido y diversos grados de autoridad cultural e ideológica a la mercancía simbólica.

En segundo lugar, desde una perspectiva política, es crucial distinguir entre *diferencia* y desigualdad. Como se ha venido indicando hasta ahora, la primera noción apunta a la idea de disparidad y proliferación, y evoca las ideas de variedad y pluralismo. La diversidad es, así, un rasgo que puede ser percibido, reconocido, tolerado y hasta celebrado. La desigualdad, por su parte, apunta a la idea de injusticia social y a la necesidad de un cambio estructural que permita atender a las demandas de todos los sectores que conforman la sociedad.

Finalmente, en tercer lugar, desde una perspectiva ideológica, la reformulación de los antagonismos en *diferencias* a la que se hizo referencia antes requiere a su vez una elaboración más cuidadosa. Como Ernesto Laclau anotara al respecto en varias de sus obras, mientras que el antagonismo es una noción que supone el reconocimiento de posiciones opuestas y aun irreconciliables, su conceptualización como *diferencia* desvanece el potencial político de la dinámica social sugiriendo la idea de una coexistencia consensual entre actores de intereses opuestos o al menos contendientes, cancelando toda posibilidad de una más productiva lucha social, en la que tales posiciones sean debatidas, atendidas o negociadas, es decir, bloqueando la posibilidad de prácticas reivindicativas y políticas de potencialidad transformadora.[22]

El multiculturalismo nos remite, pues, a uno de los límites definitorios de las interacciones sociales. Por lo mismo, es tan imposible deslindar las repercusiones culturales y políticas del mismo de sus implicancias ideológicas como considerar el tema sólo a un nivel teórico, sin aterrizar el debate en el plano de los conflictos reales a los que tan problemática puede ser aplicada y a los desarrollos históricos que permiten rescatar la materialidad de los conflictos interculturales y definir los horizontes de expectativas tanto de los sectores minoritarios como de los dominantes en una sociedad determinada. En todo caso, pocos temas constituyen hoy en día, como el del multiculturalismo, un termómetro tan seguro para medir las temperaturas sociales del sistema global y también las tensiones a nivel nacional y regional, y para evaluar esa «menguada vida del liberalismo tardío» a que hace referencia Homi Bhabha, la cual asume, por cierto, diferentes dimensiones en los centros y en las periferias del nuevo orden mundial.

ADENDA: ¿MULTICULTURALISMO EN AMÉRICA LATINA?

En América Latina los problemas relacionados con el multiculturalismo tienen una naturaleza muy distinta desde el punto de vista social, político y cultural, probablemente porque la cuestión de la desigualdad económica nunca ha estado fuera del horizonte político. El reconocimiento de la colonialidad, tal como la define el antes mencionado sociólogo Aníbal Quijano, en tanto estructura de poder que teniendo su origen en el período colonial se perpetúa en la modernidad, hace imposible dejar fuera de los debates en torno a la cuestión nacional factores de raza, etnicidad, lucha de clases y discriminación de género, que constituyen

[22] Pueden verse al respecto, desde su primer libro *Politics and Ideology in Marxist Theory* hasta *On Populist Reason*, donde el tema de la elaboración de antagonismos como diferencias aparece discutida consistentemente, con frecuencia en relación con el tema del populismo y la construcción de hegemonía.

los niveles básicos en los que la injusticia social se ha materializado a lo largo de siglos. Agregado a esto, el debate multicultural ha incluido necesariamente, desde la formación del Estado-nación, problemas de multilingüismo, diversidad de religiones y, en general, multiplicidad de vertientes civilizatorias presentes, aunque reprimidas y subalternizadas, en el proyecto modernizador y homogeneizante de las elites criollas.

El debate sobre el mestizaje brindó, particularmente después de la Revolución Mexicana y durante el desarrollo de regímenes populistas en las primeras décadas del siglo XX, un marco ideológico y político para la discusión de los problemas que caracterizan a sociedades multirraciales. En el centro de este debate estaba el deseo de la elite de unificar las poblaciones dispersas y heterogéneas en torno a categorías de conocimiento y a bien definidos modelos eurocéntricos de organización política y social. Más que cuestiones de multiculturalismo, los debates políticos y culturales se enfocaron principalmente ya desde el marco del populismo en el período interbélico y luego a todo lo largo del siglo XX en problemas de relaciones interculturales, particularmente las relacionadas a la dominación de culturas aborígenes o de origen afroamericano que nunca fueron productivamente integradas al proyecto nacional. Hoy en día, y a pesar de los avances que se registran tanto a nivel social como político, el problema no es tanto cómo articular la diferencia alrededor de las instituciones de poder estatal, sino cómo reivindicar epistemologías alternativas que tienen el derecho a existir en sus propios términos, más allá del aura de universalismo que ha caracterizado los modelos de conocimiento y de dominación europeos desde el descubrimiento.

El mestizaje, que se teorizara como una fórmula salvífica a nivel continental, resultó una ideología fraudulenta e hipócrita que abogaba por lo que Antonio Cornejo Polar llamara una «armonía imposible» entre poblaciones desgarradas por siglos de luchas originadas en el sistema de dominación colonialista.[23] El mestizaje se basó en una proposición incluyente que dejaba fuera, sin consideración ni reconocimiento, siglos de genocidio, marginalización e injusticia social, e ignoraba la naturaleza

[23] Ver, al respecto, Quijano, Cornejo Polar, Rama, García Canclini y Moraña (2004), en el que se discuten estos temas.

desarticulada y disgregada de las sociedades latinoamericanas, particularmente de las naciones de abundante población indígena, como es el caso en las regiones andina y centroamericana. Las nociones de *colonialidad*, *heterogeneidad no dialéctica*, *transculturación*, y más tarde *hibridez* y *modernidad periférica*, emergieron como herramientas para la crítica de la categoría liberal de *cultura nacional*, que resultó demasiado estrecha y excluyente como para poder contener la naturaleza multifacética, conflictiva y nomádica de las sociedades latinoamericanas, atravesadas desde el comienzo por los problemas y tensiones impuestos por la dominación imperial y perpetuados por el liberalismo. Los desafíos que América Latina enfrenta hoy en día son demasiado profundos como para ser traducidos solamente a términos culturales. Más que nunca, uno de los más importantes es la elaboración de agendas regionales que puedan contrarrestar a la globalidad o, al menos, establecer un diálogo justo a nivel de las naciones pero también en el espacio transnacional en defensa de la especificidad histórica y cultural de América Latina sin caer en las trampas del pensamiento provincialista y fundamentalista. Entendida como interculturalidad (relación entre culturas con igual derecho a la existencia, el desarrollo y la integración social, política y económica) la cuestión multicultural tiene como primera tarea el reconocimiento de la desigualdad y la implementación de las políticas que sean necesarias para eliminarla. La consideración y legislación de la *diversidad* o aun la elaboración de la *diferencia* cultural sólo tienen sentido cuando las urgencias de la desigualdad han sido reconocidas y atendidas a todos los niveles.

Bibliografía

Acosta, Leonardo (1985): *Barroco de Indias y otros ensayos.* La Habana: Casa de las Américas.

Adán, Martín (1992): *El más hermoso crepúsculo del mundo. Antología.* Estudio y selección de Jorge Aguilar Mora. México: Fondo de Cultura Económica.

Adorno, Rolena (1987): «La ciudad letrada y los discursos coloniales», en *Hispamérica*, XVI, 48, diciembre, 3-24.

— (2002): «La invención de Guamán Poma: reflexiones del fin del milenio». en William Mejías López (ed.), *Morada de la palabra. Homenaje a Luce y Mercedes López-Baralt.* San Juan: Editorial de la Universidad de Puerto Rico, vol. I, 19-30.

Adorno, Theodor W. (1973): *Negative Dialectics.* New York: Seabury Press.

Agamben, Giorgio (1999): *Potentialities. Collected Essays in Philosophy.* Stanford: Stanford University Press.

— (2005): *State of Exception.* Chicago: University of Chicago Press.

Albó, Xavier (1995): «Our Identity Starting from Pluralism in the Base», en John Beverley y José Oviedo (eds.), *The Postmodernism Debate in Latin America.* Durham: Duke University Press, 18-33.

Alonso, Carlos (1994): «Rama y sus retoños: Figuring the Nineteenth Century in Spanish America», en *Revista de Estudios Hispánicos*, 28, 283-292.

Althusser, Louis (1975): *Curso de filosofía para científicos.* Barcelona: Laia.

Amin, Samir (1989): *El eurocentrismo. Crítica de una ideología.* México: Siglo Veintiuno.

Ananthraraman, Muralikumar (2008): «*Clash of Civilizations* author Samuel Huntington dies», *Reuters*, 27 de diciembre; <http://www.reuters.com/article/topNews/idUSTRE4BQ1RC20081227?feedType=RSS&feedName=topNews>.

Anderson, Benedict (1991): *Imagined Communities. Reflections on the Origin and Spread of Nationalism.* London: Verso.

Appadurai, Arjun (2000): *Modernity at Large. Cultural Dimensions of Globalization.* Minneapolis: University of Minnesota Press.

— (2006): *Fear of Small Numbers. Essay on the Geography of Anger.* Durham: Duke University Press.

APPIAH, K. Anthony (1994): «Identity, Authenticity, Survival. Multicultural Societies and Social Reproduction», en Gutmann, Amy (ed.), *Multiculturalism. Examining the Politics of Recognition*. Princeton, NJ: Princeton University Press, 149-163.

AREA, Lelia y Mabel MORAÑA (comps.) (1994): *La imaginación histórica en el siglo XIX*. Rosario: Universidad Nacional de Rosario.

ARGUEDAS, José María (1966): *Dioses y hombres de Huarochirí. Narración quechua recogida por Francisco de Ávila*. Edición bilingüe traducida al castellano por J. M. Arguedas. Lima: Museo Nacional de Historia/Instituto de Estudios Peruanos.

— (1969): «Inevitable comentario a unas ideas de Julio Cortázar», en *El Comercio*, 1 de junio, s/p.

— (1992): *El zorro de arriba y el zorro de abajo*. Edición crítica de Ève-Marie Fell. Nanterre *et al.*: ALLCA XX (Colección Archivos).

— y Julio CORTÁZAR (1969): «Polémica entre dos escritores», en *Marcha*, 30 de mayo, 29-30.

ARICÓ, José (1978): *Mariátegui y los orígenes del marxismo latinoamericano*. México: Ediciones Pasado y Presente.

— (1980): *Marx y América Latina*. Lima: Centro de Estudios para el Desarrollo de la Participación.

ARMSTRONG, Elizabeth (2000): «Impure Beauty/Belleza impura», en Elizabeth Armstrong y Víctor Zamudio-Taylor (eds.), *Ultra Baroque. Aspects of Post Latin American Art*. San Diego: Museum of Contemporary Art, 1-18.

— y Víctor ZAMUDIO-TAYLOR (2000): *Ultra Baroque. Aspects of Post Latin American Art*. San Diego: Museum of Contemporary Art.

ARROYO REYES, Carlos (s/f): «La parábola mariateguiana de Antonio Melis», <http://web.presby.edu/lasaperu/arroyo3.htm>.

BADIOU, Alain (1994): «Gilles Deleuze, *The Fold*: Leibniz and the Baroque», en Constantin V. Boundas y Dorothea Olkowski (eds.), *Gilles Deleuze and the Theater of Philosophy*. New York/London: Routledge, 51-69.

BARTHES, Roland (1980): *S/Z*. México: Siglo XXI.

BARRAGÁN, Rossana (s/f): «Así pensaba Zavaleta», <http://www/voltairenet.org/article120424.html>.

BARRENECHEA, Ana María (1997): «Regionalismo y universalismo para José María Arguedas y Julio Cortázar: desplazamientos textuales y vitales, en el tiempo, en el espacio y en la escritura», en *Memorias de JALLA TUCUMÁN 1995*. Tucumán: Universidad Nacional de Tucumán, vol. I, 522-542.

BAUDRILLARD, Jean (1991): *La transparencia del mal. Ensayo sobre los fenómenos extremos*. Barcelona: Anagrama.

BAUMAN, Zygmunt (2004): *Identity. Conversations with Benedetto Vecchi*. Cambridge: Polity Press.

BECK, Ulrich (1998): *La sociedad del riesgo. Hacia una nueva modernidad*. Buenos Aires: Paidós.

BECKER, Marc (1993): *Mariátegui and Latin American Marxist Theory*. Athens, Ohio: Ohio University Center for International Studies.

BEIGEL, Fernanda (2003): *El itinerario y la brújula. El vanguardismo estético-político de José Carlos Mariátegui*. Buenos Aires: Biblos.

— (s/f): «Las identidades periféricas en el fuego cruzado del cosmopolitismo y el nacionalismo», <http://www.cubaliteraria.com/premio/contracorriente/PDF/2004/06_identidades>.

BENJAMIN, Walter (1982): *Para una crítica de la violencia*. Puebla: La Nave de los Locos.

— (1988): «Thesis on the Philosophy of History», en *Illuminations. Essays and Reflections*. New York: Random House.

— (1990): *El origen del drama barroco alemán*. Madrid: Taurus.

— (1991): *El narrador*. Madrid: Taurus.

— (s/f): *Walter Benjamin 1892-1940. Tesis de filosofía de la historia*, <http://homepage.mac.com/eeskenazi/benjamin.html>.

BENNINGTON, Joeffrey y Jacques DERRIDA (1994): *Jacques Derrida*. Madrid: Cátedra.

BERGERO, Adriana y Jorge RUFFINELLI (eds.) (2000-2001): *Estudios literarios, estudios culturales*. Stanford, CA: Stanford University (Nuevo Texto Crítico, nº 25/28).

BERNABÉ, Mónica (2001): «La poética del forastero en *El zorro de arriba y el zorro de abajo*», en *Iberoamericana*, I, 2, 5-26.

— (2006): *Vidas de artistas. Bohemia y dandismo en Mariátegui, Valdelomar y Eguren (Lima, 1911-1922)*. Buenos Aires: Beatriz Viterbo Editora/Instituto de Estudios Peruanos.

BESTEMAN, Catherine (ed.) (2002): *Violence. A Reader*. New York: New York University Press.

BHABHA, Homi K. (1984): «Of Mimicry and Man: The Ambivalence of Colonial Discourse», en *October*, 28, 125-133.

— (1990): «DissemiNation Time, Narrative, and the Margins of Modern Nation», en *Nation and Narration*. London/New York: Routlegde, 291-322.

— (1994): *The Location of Culture*. London: Routledge.

— (1995a): «Translator translated» (entrevista a Homi Bhabha realizada por W. J. T. Mitchell), en *Art Forum*, 33, 7, marzo, 80-84; <http://prelectur.stanford.edu/lecturers/bhabha/interview.html>.

— (1995b): «Cultural Diversity and Cultural Differences», en Bill Ashcroft, Gareth Griffiths y Helen Tiffin (eds.), *The Post-Colonial Studies Reader*. New York/London: Routledge, 206-209.

BIANCHI, Soledad (1996): *¿La insoportable levedad...? Imágenes y textos, postdictadura y modernidad en Chile.* Santiago de Chile: Centro de Investigaciones Sociales/Universidad Arcis (Documento de trabajo nº 21).

BLANCO, Fernando A. (ed.) (2004): *Reinas de otro cielo. Modernidad y autoritarismo en la obra de Pedro Lemebel.* Santiago de Chile: LOM.

— y Juan GELPÍ (1997): «El desliz que desafía otros recorridos. Entrevista con Pedro Lemebel», en *Nómada*, 3, 93-98.

BLOCK, Anton (2000): «The Enigma of Senseless Violence», en Göran Aijmer y Jon Abbink (eds.), *Meanings of Violence. A Cross Cultural Perspective.* Oxford: Berg, 23-38.

BLOOM, Harld (1994): *The Western Canon.* New York: Harcourt Brace.

BOLÍVAR, Simón (s/f [1815]): «Carta de Jamaica», <http://www.ensayistas.org/antologia/XIXA/bolivar/>.

BORGES, Jorge Luis (1954): *Historia universal de la infamia.* Buenos Aires: Emecé.

BRADING, David (1991): *The First America: The Spanish Monarchy, Creole Patriots and the Liberal State, 1492-1867.* Cambridge: Cambridge University Press.

BRENNAN, Timothy (1989): *Salman Rushdie and the Third World. Myths of the Nation.* London: Macmillan.

BUCI-GLUCKSMANN, Christine (1984): *La raison baroque. De Baudelaire a Benjamin.* Paris: Galilée.

— (1993): «La *manera* o el nacimiento de la estética», en Francisco Jarauta y Christine Buci-Glucksmann (eds.), *Barroco y Neobarroco.* Madrid: Cuadernos del Círculo de Bellas Artes, 23-31.

BUENO-CHÁVEZ, Raúl (2000): «Sujeto heterogéneo y migrante. Constitución de una categoría de estudios culturales», en Friedhelm Schmidt-Welle (ed.), *Antonio Cornejo-Polar y los estudios latinoamericanos.* Pittsburgh: IILI/University of Pittsburgh (Serie Críticas), 173-194.

BURGA, Manuel (1988): «El Inca Garcilaso de la Vega: Exilio interior, ambigüedad y segunda utopía», en *Nacimiento de una utopía: muerte y resurrección de los incas.* Lima: Instituto de Apoyo Agrario, 271-309.

BURKE, Edmund (1990): *A Philosophical Enquiry into the Origin of our Ideas of the Sublime and the Beautiful.* Adams Phillips (comp.). Oxford: Oxford University Press, 53-56.

CALABRESE, Omar (1992): *Neo-Baroque. A Sign of the Times.* Princeton: Princeton University Press.

— (1993): «Neobarroco», en Francisco Jarauta y Christine Buci-Glucksmann (eds.), *Barroco y Neobarroco.* Madrid: Cuadernos del Círculo de Bellas Artes, 89-100.

CALDERÓN, Fernando (1991): «Hegemonía y bloque social en Bolivia», en *Nueva Sociedad*, 115, septiembre-octubre, 157-163.

CALINESCU, Matei (1987): *Five Faces of Modernity. Modernism, Avant-Garde, Decadence, Kitsch, Postmodernism*. Durham: Duke University Press.

CAMAYD-FREIXAS, Eric (2002): «Enunciating Space, Locating Identity: Garcilaso de la Vega's *Comentarios reales de los Incas*», en Santa Arias y Mariselle Meléndez (eds.), *Mapping Colonial Spanish America. Places and Commonplaces of Identity, Culture, and Experience*. London: Bucknell University Press, 102-120.

CÁRCAMO-HUECHANTE, Luis E. (2003): «Hacia una trama *localizada* del mercado: Crónica urbana y economía barrial en Pedro Lemebel», en Boris Muñoz y Silvia Spitta (eds.), *Más allá de la ciudad letrada. Crónicas y espacios urbanos*. Pittsburgh: IILI/University of Pittsburgh, 99-115.

CARPENTIER, Alejo (1966): «Problemática de la actual novela latinoamericana», en *Tientos y diferencias*. La Habana: Casa de las Américas, 5-46.

CASANOVA, Pascale (2001): *La república mundial de las letras*. Barcelona: Anagrama.

— (2005): «Literature as World», en *New Left Review*, 31, 71-90.

CASTAÑÓN, Adolfo (1999): «Severo Sarduy: Del Barroco, el ensayo y la iniciación», en Severo Sarduy, *Obra completa* (2 vols.). Edición crítica de Gustavo Guerrero y François Wahl. Naterre *et al.*: ALLCA XX (Colección Archivos), vol. II, 1644-1648.

CASTRO ARENAS, Mario (1985): *Reconstrucción de Mariátegui*. Lima: Okura.

CASTRO-GÓMEZ, Santiago (2007a): «Postmodern Reorganization of Coloniality and Post-Fordist Capitalism», en *Cultural Studies*, 21, 2, marzo, 428-448.

— (2007b): «La poscolonialidad explicada a los niños. Perspectivas latinoamericanas sobre modernidad, colonialidad y geopolíticas del conocimiento», en Carlos A. Jáuregui y Mabel Moraña (eds.), *Colonialidad y crítica en América Latina. Bases para un debate*. Puebla: Universidad de Puebla (Colección Pensamiento Latinoamericano), 43-83.

CASTRO-KLARÉN, Sara (2003): «The Nation in Ruins: Archaeology and the Rise of the Nation», en Sara Castro-Klarén y John Charles Chasteen (eds.), *Beyond Imagined Communities. Reading and Writing the Nation in Nineteenth-Century Latin America*. Baltimore/London: The Johns Hopkins University Press, 161-195.

— (2007): «Trans-posiciones: la escritura en los Andes y las paradojas del debate postcolonial», en Carlos A. Jáuregui y Mabel Moraña (eds.), *Colonialidad y crítica en América Latina. Bases para un debate*. Puebla: Universidad de Puebla (Colección Pensamiento latinoamericano), 337-390.

— (2008): «Posting Letters: Writing in the Andes and the Paradoxes of the Postcolonial Debate», en Mabel Moraña, Enrique Dussel y Carlos A.

Jáuregui (eds.), *Coloniality at Large. Latin American and the Postcolonial Debate*. Durham: Duke University Press, 130-157.

CAVARERO, Adriana (2009): *Horrorismo. Nombrando la violencia contemporánea*. Barcelona: Anthropos.

CERRÓN-PALOMINO, Rodolfo (1991): «El Inca Garcilaso o la lealtad idiomática», en *Lexis*, 1.5, 2, 133-178.

CHAKRABARTY, Dipesh (2000): *Provincializing Europe. Postcolonial Thought and Historical Difference*. Princeton, NJ: Princeton University Press, 2000.

CHANG-RODRÍGUEZ, Eugenio (1983): «Poética y marxismo en Mariátegui», en *Hispamérica*, 34/35, abril-agosto, 51-67.

CHAVARRÍA, Jesús (1979): *José Carlos Mariátegui and the Rise of Modern Peru. 1890-1930*. Albuquerque: University of New Mexico Press.

CHIAMPI, Irlemar (1993): «El neobarroco en América Latina y la visión pesimista de la historia», en Gabriela Massuh y Silvia Fehrmann (eds.), *Sobre Walter Benjamin. Vanguardias, historia, estética y literatura. Una visión latinoamericana*. Buenos Aires: Alianza Editorial/Goethe-Institut, 137-149.

COELLO, Óscar (2008): «De Gómez Suárez de Figueroa al Inca Garcilaso: configuración del estatuto ficcional en *La Florida del Inca*», en *Boletín de la Académica Peruana de la Lengua*, 45, 97-113.

COLLIER, Simon (1983): «Nationalism, Nationality and Supranationalism in the Writings of Simon Bolivar», en *Hispanic American Historical Review*, 63, 1, 37-64.

CONCHA, Jaime (1996): «Criticando *Rayuela*», en Julio Cortázar, *Rayuela*. Edición crítica de Julio Ortega y Saúl Yurkievich. Nanterre *et al.*: ALLCA XX (Colección Archivos), 735-750.

CORNEJO POLAR, Antonio (1982): *Sobre literatura y crítica latinoamericana*. Caracas: Universidad Central de Venezuela.

— (1989a): *La formación de la tradición literaria en el Perú*. Lima: Centro de Estudios y Publicaciones.

— (1989b): «César Vallejo: la universalización de una experiencia nacional», en *La Torre. Revista de la Universidad de Puerto Rico*, 3, 12, octubre-diciembre, 673-684.

— (1994a): *Escribir en el aire. Ensayo sobre la heterogeneidad socio-cultural en las literaturas andinas*. Lima: Horizonte.

— (1994b): «Mariátegui y su propuesta de una modernidad de raíz indígena», en *Anuario Mariateguiano*, 5, 5, 58-63.

— (1996): «Una heterogeneidad no dialéctica: sujeto y discurso migrantes en el Perú moderno», en *Revista Iberoamericana*, vol. LXII, 176-177, julio-diciembre, 837-844.

COROMINAS, Joan (1987): *Breve diccionario etimológico de la lengua castellana*. Madrid: Gredos.

CORTÁZAR, Julio (1963): *Rayuela*. Buenos Aires: Sudamericana.

— (1967): «Carta», en *Casa de las Américas*, 45, noviembre-diciembre, 5-12.

— (1969): «Julio Cortázar: un gran escritor y su soledad», en *Life en Español*, 7 de abril, 43-55.

CREWE, Jonathan (1994): «Can Polemic be Ethical?», en Jane Gallop (ed.), *Polemic. Critical or Uncritical*. New York: Routledge, 135-152.

D'ALLEMAND, Patricia (1993): «Hacia una crítica literaria latinoamericana: nacionalismo y cultura en el discurso de Beatriz Sarlo», en *Estudios. Revista de Investigaciones Literarias*, I, 2, julio-diciembre, 27-40.

DE LA CAMPA, Román (1994): «Hibridez posmoderna y transculturación: políticas de montaje en torno a Latinoamérica», en *Hispamérica*, 69, diciembre, 3-22.

— (1999): *América Latina y sus comunidades discursivas*. Caracas: CELARG/ Universidad Andina Simón Bolívar.

— (1999): *Latinamericanism*. Minneappolis: University of Minnesota Press.

— (2006): *Nuevas cartografías latinoamericanas*. La Habana: Letras Cubanas.

DE CAMPOS, Haroldo (1998): «Barroco-ludisme deleuzien», en Éric Alliez (ed.), *Gilles Deleuze. Une vie philosophique*. Paris: Institut Synthélabo, 545-553.

DE SOUZA SANTOS, Boaventura (1994): «El Norte, el Sur, la utopía y el *ethos* barroco», en Bolívar Echeverría (comp.), *Modernidad, mestizaje cultural, «ethos» barroco*. México: UNAM/El Equilibrista, 311-332.

DEGLI-ESPOSTI REINERT, Cristina (2001): «Neo-Baroque Imaging in Peter Greenaway's Cinema», en Paula Willoquet-Maricondi y Mary Alemany-Galway (eds.), *Peter Greenaway's Postmodern/Postructuralist Cinema*. Lanham/London: The Scarecrow Press, 51-78.

DELEUZE, Gilles (1993): *The Fold. Leibniz and the Baroque*. Minneapolis: University of Minnesota Press.

— (2002): *Diferencia y repetición*. Buenos Aires/Madrid: Amorrortu.

— y Félix GUATTARI (1987): *A Thousand Plateaus. Capitalism and Schizophrenia*. Minneapolis: University of Minnesota Press.

DERRIDA, Jacques (1998): *Aporías. Morir-esperarse (en) «los límites de la verdad»*. Buenos Aires: Paidós.

DURAND, José (1976): *El Inca Garcilaso, clásico de América*. México: Sep-setentas.

— (1989): «Presencia de Garcilaso Inca en Túpac Amaru», en *Cuadernos Americanos*, 6, 18, 172-177.

DUSSEL, Enrique (1985): *La producción teórica de Marx. Un comentario a los «Grundisse»*. México: Siglo Veintiuno.

— (1990): *El último Marx (1863-1882) y la liberación latinoamericana. Un comentario a la tercera y cuarta redacción de «El Capital»*. México: Siglo Veintiuno.

— (1992): *1492. El encubrimiento del otro. El origen del mito de la modernidad*. Bogotá: Antropos.
— (1995): «El marxismo de Mariátegui como 'filosofía de la revolución'», en David Sobrevilla Alcázar (ed.), *El marxismo de José Carlos Mariátegui. V Congreso Nacional de Filosofía*. Lima: Universidad de Lima/Empresa Editora Amauta S. A., 27-38.
— (1998a): «Beyond Eurocentrism: The World-System and the Limits of Modernity», en Fredric Jameson y Masao Miyoshi (eds.), *The Cultures of Globalization*. Durham: Duke University Press, 3-31.
— (1998b): *Introducción a la Filosofía de la Liberación*. Bogotá: Nueva América.
— (s/fa): «Transmodernity and Interculturality. An Interpretation from the Perspective ofPhilosophy of Liberation», <http://www.enriquedussel.org/txt/Transmodernity%20and%20Interculturality.pdf>.
— (s/fb) «Transmodernidad e interculturalidad (Interpretación desde la Filosofía de la Liberación)», <http://www.afyl.org/articulos.html>.
EAKIN, Emily (2001): «Anthropology's Alternative Radical», en *The New York Times*, 21 de abril, <http://crab.rutgers.edu/~goertzel/fictocriticism.htm>.
ECHEVERRÍA, Bolívar (1981): «El problema de la nación (desde la "crítica de la economía política")», en *Cuadernos Políticos*, 29, 23-35.
— (comp.) (1994): *Modernidad, mestizaje cultural, «ethos» barroco*. México: UNAM/El Equilibrista.
— (1995): *Ilusiones de la modernidad*. México: UNAM/El Equilibrista.
— (1998): *Valor de uso y utopía*. México: Siglo Veintiuno.
— (2000): *La modernidad de lo barroco*. México: Era.
EDELMAN, Lee (1994): *Homographesis. Essays in Gay Literary and Cultural Theory*. New York: Routledge.
ENZENSBERGER, Hans Magnus (1994): *Civil War*. London: Granta Books/Penguin Books.
EPPS, Brad (2000-2001): «The Melancholy of Literature; or The Discredit of Holding On», en Adriana Bergero y Jorge Ruffinelli (eds.), *Estudios literarios, estudios culturales*. Stanford, CA: Stanford University (Nuevo Texto Crítico, nº 25/28), 57-74.
— (2005): «La ética de la promiscuidad: reflexiones en torno a Néstor Perlongher», en *Iberoamericana*, V, 18, 145-162.
ESCÁRZAGA, Fabiola (2001): «Auge y caída de Sendero Luminoso», en *Bajo el Volcán: revista del Posgrado de Sociología*, 2, 3, 75-97.
FERNÁNDEZ, Christian (2004): *Inca Garcilaso: Imaginación, memoria e identidad*. Lima: Universidad Nacional Mayor de San Marcos.
FERNÁNDEZ DÍAZ, Osvaldo (1991): «Gramsci y Mariátegui frente a la ortodoxia», en *Nueva Sociedad*, 115, septiembre-octubre, 135-144.

— (1994): *Mariátegui o la experiencia del otro*. Lima: Amauta.

FERNÁNDEZ RETAMAR, Roberto (1975): *Para una teoría de la literatura hispanoamericana y otras aproximaciones*. La Habana: Casa de las Américas.

FLORES GALINDO, Alberto (ed.) (1976): *Túpac Amaru II-1780: sociedad colonial y sublevaciones populares*. Lima: Retablo de Papel.

— (1980): *La agonía de Mariátegui. La polémica con la Komintern*. Lima: Desco.

— (1986): *Buscado un inca. Identidad y utopía en los Andes*. Lima: Horizonte.

FOUCAULT, Michel (1981): *Historia de la sexualidad I. La voluntad de saber*. México: Siglo Veintiuno.

FRANCO, Carlos (1991): «Exploraciones en "otra modernidad": de la migración a la plebe urbana», en *Imágenes de la sociedad peruana: la «otra» modernidad*. Lima: Centro de Estudios para el Desarrollo y la Participación, 57-77.

FRANCO, Jean (1983): «La heterogeneidad peligrosa: Escritura y control social en vísperas de la independencia mexicana», en *Hispamérica*, 34/35, 3-34.

(1984): «Ángel Rama y la transculturación narrativa en América Latina», en *Sin nombre*, 14, 3, 68-73.

— (2002): *The Decline and Fall of the Lettered City. Latin America in the Cold War.* Cambridge: Harvard University Press.

FRANCO, Jorge (1999): *Rosario Tijeras*. Buenos Aires: Planeta.

FUENTES, Carlos (1992): *El espejo enterrado*. México: Fondo de Cultura Económica.

GAETE AVARIA, Jorge (1989): *Historia de un lenguaje infortunado. Mariátegui y el marxismo*. Caracas: CELARG.

GARCÍA CANCLINI, Néstor (1995): *Consumidores y ciudadanos. Conflictos multiculturales de la globalización*. México: Grijalbo.

— (2000-2001): «Los estudios culturales y las puertas giratorias», en Adriana Bergero y Jorge Ruffinelli (eds.), *Estudios literarios, estudios culturales*. Stanford, CA: Stanford University (Nuevo Texto Crítico, nº 25/28), 87-98.

— (2001): *Culturas híbridas. Estrategias para entrar y salir de la modernidad*. Barcelona: Paidós.

GARCILASO DE LA VEGA, Inca (1985): *Comentarios reales*. Prólogo, edición y cronología de Aurelio Miró Quesada. Caracas: Biblioteca Ayacucho, 2 vols.

GISBERT, Teresa y José de MESA (1985): *Arquitectura andina. 1530-1830. Historia y análisis*. La Paz: Embajada de España en Bolivia (Colección Arzans y Vela).

GONZÁLEZ ECHEVARRÍA, Roberto (1985): *The Voice of the Masters: Writing and Authority in Modern. Latin American Literature*. Austin: University of Texas Press.

— (1987): *La ruta de Severo Sarduy*. Hanover: Ediciones del Norte.

— (1993): *Celestina's Brood. Continuities of the Baroque in Spanish and Latin American Literature*. Durham/London: Duke University Press.

— (1998): *Myth and Archive. A Theory of Latin American Narrative*. Durham: Duke University Press.

GONZÁLEZ PRADA, Manuel (1985): *Obras*. Edición de Luis Alberto Sánchez. Lima: COPÉ (PETROPERU).

GRANDIN, Greg (2004): *The Last Colonial Massacre: Latin America in the Cold War*. Chicago: University of Chicago Press.

GRÜNER, Eduardo (1994): «Política(s) de la interpretación. Imaginación histórica y narrativa trágica (Marx, Nietzsche, Freud)», en Lelia Area y Mabel Moraña (comps.), *La imaginación histórica en el siglo XIX*. Rosario: Universidad Nacional de Rosario, 18-38.

— (2007): *Estudios culturales. Reflexiones sobre el multiculturalismo*. Buenos Aires: Paidós.

GUADARRAMA GONZÁLEZ, Pablo (1994): *América Latina: marxismo y posmodernidad*. Bogotá: Universidad INCCA de Colombia.

GUIBAL, Francis (1995): *Vigencia de Mariátegui*. Lima: Empresa Editora Amauta.

— y Alfonso IBÁÑÉZ (1987): *Mariátegui hoy*. Lima: Tarea.

GUIBOVICH PÉREZ, Pedro (190-1992): «Lectura y difusión de la obra del Inca Garcilaso en el virreinato peruano (siglos XVII-XVIII). El caso de los *Comentarios reales*», *Revista Histórica*, XXXVII, 103-120.

GUTMANN, Amy (ed.) (1994): *Multiculturalism. Examining the Politics of Recognition*. Princeton, NJ: Princeton University Press.

GRUZINSKI, Serge (2000a): *El pensamiento mestizo*. Barcelona: Paidós.

— (2000b): «The Baroque Planet/El planeta barroco», en Elizabeth Armstrong y Víctor Zamudio-Taylor (eds.), *Ultra Baroque. Aspects of Post Latin American Art*. San Diego: Museum of Contemporary Art, 111-126.

GUATTARI, Félix (1991): «La producción de subjetividad del capitalismo mundial integrado», en *Revista de Crítica Cultural*, 4, noviembre, 5-10.

— (1996): *Caósmosis*. Buenos Aires: Manantial.

GUERRERO, Gustavo (1987): *La estrategia neobarroca. Estudio sobre el resurgimiento de la poética barroca en la obra narrativa de Severo Sarduy*. Barcelona: Edicions del Mall.

GUIBAL, Francis y Alfonso IBÁÑEZ (1987): *Mariátegui hoy*. Lima: Tarea.

HALL, Stuart (1993): «Culture, Community, Nation», en *Cultural Studies*, 3, 349-363.

HANSSEN, Beatrice (1998): *Walter Benajmin's Other History: Of Stones, Animals, Human Beings, and Angels*. Berkeley: University of California Press.

HEIDEGGER, Martin (1971): «Building, dwelling, thinking», en *Poetry, Language, Thought*. New York: Harper & Row, 152-153.

HERLINGHAUS, Hermann (ed.) (2002): *Narraciones anacrónicas de la modernidad. Melodrama e intermedialidad en América Latina*. Santiago de Chile: Cuarto Propio.

HERNÁNDEZ DE LEÓN PORTILLA, Ascensión (2001): «Nebrija y las lenguas compañeras del imperio», en *Spanish Literature. A Collection of Essays.* London: Garland Publishing Inc., 145-158.

HOBSBAWM, Eric (1969): *Bandits.* New York: Delacorte Press.

— (1992): *Nations and Nationalism Since 1780: Programme, Myth, Reality.* Cambridge: Cambridge University Press.

HUNTINGTON, Samuel (1996): *The Clash of Civilizations and the Remaking of World Order.* New York: Simon and Schuster.

— (2004): *Who Are We? The Challenges to America's National Identity.* New York: Simon & Schuster.

HSU, Hua (2009): «The End of White America?», en *The Atlantic*, 303, 1 (número especial), enero-febrero, 46-55.

IBÁÑEZ, Alfonso (1978): *Mariátegui: revolución y utopía.* Lima: Tarea.

ILLOUZ, Eva (2007): *Cold Intimacies. The Making of Emotional Capitalism.* Cambridge: Polity Press.

JAKFALVI-LEIVA, Susana (1984): *Traducción, escritura y violencia colonizadora: un estudio de la obra del Inca Garcilaso.* Syracuse: Maxwell School.

JAMESON, Fredric (1986): «Third World Literature in the Era of Multinational Capitalism», en *Social Text*, 15, otoño, 65-88.

— (1991): *Postmodernism or, The Cultural Logic of Late Capitalism.* Durham: Duke University Press.

JARAUTA, Francisco y Christine BUCI-GLUCKSMANN (eds.) (1993): *Barroco y Neobarroco.* Madrid:Cuadernos del Círculo de Bellas Artes.

JUANA INÉS DE LA CRUZ (Sor) (1986): *Carta de Sor Juana Inés de la Cruz a su Confesor. Autodefensa espiritual.* Ed. de Aureliano Tapia Méndez. Monterrey: Impresora Monterrey.

KAPLAN, Robert (1994): «The Coming Anarchy», en *Atlantic Monthly*, 273, 2, febrero, 44-76.

— (2002): *Warrior Politics: Why Leadership Demands a Pagan Ethos.* New York: Random House, 2002.

KEANE, John (1996): *Reflexiones sobre la violencia.* Madrid: Alianza.

KOHAN, Martín (2002): *Dos veces Junio.* Buenos Aires: Sudamericana.

KOHAN, Néstor (1998): *Marx en su (Tercer) Mundo. Hacia un socialismo no colonizado.* Buenos Aires: Biblos.

— (s/f): «El romanticismo, componente esencial del marxismo. Entrevista a Michael Löwy», en <http://www.rebelion.org/izquierda/lowy230102.htm>.

KRANIAUSKAS, John (2003): «Mariátegui, Benjamin, Chaplin», Hermann Herlinghaus y Mabel Moraña (eds.), *Fronteras de la modernidad en América Latina.* Pittsburgh: IILI/University of Pittsburh (Serie Tres Ríos), 91-97.

KRISTEVA, Julia (2006): *Poderes de la perversión.* México: Siglo Veintiuno.

LACAN, Jacques (1989): «Del Barroco», en *El seminario de Jacques Lacan. Libro 20*. Buenos Aires: Paidós.

LACLAU, Ernesto (1979): *Politics and Ideology in Marxist Theory. Capitalism, Fascism, Populism*. Londres: Verso.

— (1986): *Política e ideología en la teoría marxista*. Madrid: Siglo Veintiuno.

— (1996): *Emancipación y diferencia*. Buenos Aires: Ariel.

— (2005): *On Populist Reason*. London: Verso.

— y Chantal MOUFFE (1985): *Hegemony and Socialist Strategy. Toward a Radical Democratic Politics*. London: Verso.

LARSEN, Neil (1990): *Modernism and Hegemony. A Materialist Critique of Aesthetic Agencies*. Minneapolis: University of Minnesota Press.

— (1998): «Cortázar and Posmodernity: New Interpretive Liabilities», en Carlos J. Alonso (ed.), *Julio Cortázar. New Readings*. Cambridge/New York: Cambridge University Press, 57-75.

— (2001): *Determinations. Essays on Theory, Narrative, and Nation in the Americas*. London/New York: Verso.

LAZZARATO, Maurizio (2006): «From Biopower to Biopolitics», en *Tailoring Biotechnologies*, 2, 2, 11-20.

LEENHARDT, Jacques (1994-1995): «Ángel Rama, une figure de la critique latinoaméricaine», en *Nuevo Texto Crítico*, VII, 14/15, julio-junio, 201-209.

LEMEBEL, Pedro (1986): *Incontables*. Santiago de Chile: Ergo Sum.

— (1995): *La esquina es mi corazón. Crónica urbana*. Santiago de Chile: Cuarto Propio.

— (1996): *Loco afán. Crónicas del sidario*. Santiago de Chile: LOM.

— (1998): *De perlas y cicatrices. Crónicas radiales*. Santiago de Chile: LOM.

— (2001): *Tengo miedo torero*. Santiago de Chile: Planeta.

— (2003): *Zanjón de la Aguada*. Santiago de Chile: Planeta.

LEZAMA LIMA, José (1977): *La expresión americana*, en *Obras completas*. Madrid: Aguilar, vol. II, 278-390.

— (1988): *Confluencias: Selección de ensayos*. Ed. de Abel Prieto. La Habana: Letras Cubanas.

LIENHARD, Martín (1990): *Cultura andina y forma novelesca. Zorros y danzantes en la última novela de Arguedas*. Lima: Horizonte.

LÓPEZ-BARALT, Mercedes (1988): *Icono y conquista. Guamán Poma de Ayala*. Madrid: Hiperión.

LÓPEZ SORIA, José Ignacio (1981): «La teoría en el movimiento revolucionario peruano», en *Sociedad y Política*, 11, 27-40.

— (2007): *Adiós a Mariátegui. Pensar el Perú en perspectiva postmoderna*. Lima: Fondo Editorial del Congreso de la República.

LÖWY, Michael (1992): «La crítica marxista de la modernidad», en *Cuadernos del Sur*, 14, 113-122.

— (1993): «El marxismo romántico de José Carlos Mariátegui», en *Dialéctica. Revista de Filosofía y Teoría Social*, 3-4, octubre.

— (2007): *El marxismo en América Latina*. Santiago de Chile: LOM.

LUDMER, Josefina (1999): *El cuerpo del delito*. Buenos Aires: Perfil.

— (1983): «Tretas del débil», en Eliana Ortega (ed.), *La sartén por el mango: Encuentro de escritoras latinoamericanas*. Río Piedras: Huracán, 47-54.

LYOTARD, Jean-Francois (1989): *La condición postmoderna*. Buenos Aires: REI.

MALLON, Florencia (1995): *Peasant and Nation: The Making of Postcolonial Mexico and Peru*. Berkeley: University of California Press.

MARAVALL, José Antonio (1981): *La cultura del Barroco*. Barcelona: Ariel.

MARCUS, Laura y Lynda NEAD (eds.) (1998): *The Actuality of Walter Benjamin*. London: Lawrence & Wishart.

MARIÁTEGUI, José Carlos (1928): «El Anti-soneto», en *Amauta*, III, 17, 76.

— (1979a): *7 ensayos de interpretación de la realidad peruana*. Caracas: Biblioteca Ayacucho.

— (1979b): «Lo nacional y lo exótico», en *Peruanicemos al Perú*. Lima: Empresa Editora Amauta, 25-29.

— (1979c): «Nacionalismo e internacionalismo», en *El alma matinal*. Lima: Empresa Editora Amauta, 50-54.

— (1981): *7 ensayos de interpretación de la realidad peruana*. Lima: Empresa Editora Amauta.

— (1987): *Defensa del marxismo. Polémica revolucionaria*. Lima: Empresa Editora Amauta.

— (s/f): «Prólogo a *Tempestad en los Andes* de Luis E. Valcárcel», <http://www.marxists.org./espanol/mariateg/tempes.htm>.

MARTIN, Gerard (2000): «The 'Traditions of Violence' in Colombia. Material and Symbolic Aspects», en Göran Aijmer y Jon Abbink (eds.), *Meanings of Violence. A Cross Cultural Perspective*. Oxford: Berg, 161-191.

MARTÍN-BARBERO, Jesús (2000): «La ciudad: entre medios y miedos», en Susana Rotker (ed.), *Ciudadanías del miedo*. Caracas: Editorial Nueva Sociedad, 29-35.

MARX, Karl (2001): *Simón Bolívar*. Madrid: Sequitur.

— y Eric HOBSBAWM (1989): *Formaciones económicas precapitalistas*. México: Siglo Veintiuno.

MATOS MAR, José (1985): *Desborde popular y crisis del Estado: el nuevo rostro del Perú en la década de 1980*. Lima: Instituto de Estudios Peruanos.

MASIELLO, Francine (1992): *Between Civilization and Barbarism. Women, Nation, and Literary Culture in Modern Argentina*. Lincoln: University of Nebraska Press.

MAZZOTTI, José Antonio (1996): *Coros mestizos del Inca Garcilaso. Resonancias andinas*. Lima: Fondo de Cultura Económica.

— (1998): «Garcilaso y los orígenes del garcilacismo: el papel de los *Comentarios reales* en el desarrollo del imaginario nacional peruano», en *Fronteras. Revista del Centro de Investigaciones de Historia Colonial*, 3, 13-25.

— (1999): «The Lightning Bolt Yields to the Rainbow: Indigenous History and Colonial Semiosis in the *Royal Commentaries* of El Inca Garcilaso de la Vega», en Doris Summer (ed.), *The Places of History. Regionalism Revisited in Latin America*. Durham: Duke University Press, 66-80.

— (ed.) (2000a): *Agencias criollas. La ambigüedad «colonial» en las letras hispanoamericanas*. Pittsburgh: IILI/University of Pittsburgh (Serie Biblioteca de América).

— (2000b): «Mestizo Dreams: Transculturation and Heterogeneity in Inca Garcilaso de la Vega», en Robert Blair St. George (ed.), *Possible Pasts. Becoming Colonial in Early America*. Ithaca, NY: Cornell University Press, 131-147.

— (2008): *Incan Insights. El Inca Garcilaso's Hints to Andean Readers*. Madrid/ Frankfurt: Iberoamericana/Vervuert.

MELIS, Antonio (1994): «José Carlos Mariátegui hacia el siglo XXI», prólogo a *Mariátegui total*. Lima: Biblioteca Amauta, 1-24.

— (1999): *Leyendo Mariátegui 1967-1998*. Lima: Biblioteca Amauta.

MELVILLE, Herman (1851): *The Whale (Moby Dick)*. London: Richard Bentley, 3 vols.

MIGNOLO, Walter (1989): «Afterword: From Colonial Discourse to Colonial Semiosis», en *Dispositio*, 14, 333-337.

— (1993): «Colonial and Postcolonial Discourse: Cultural Critique or Academic Colonialism?», en *Latin American Research Review*, 28, 120-131.

— (2000a): *Local Histories/ Global Designs. Coloniality, Subaltern Knowledges, and Border Thinking*. Princeton: Princeton University Press.

— (2000b): «La colonialidad a lo largo y a lo ancho: el hemisferio occidental en el horizonte colonial de la modernidad», en Edgardo Lander (ed.), *La colonialidad del saber: eurocentrismo y ciencias sociales*. Buenos Aires: CLACSO, 55-85.

— (2007): «The Rhetoric of Modernity, the Logic of Coloniality, and the Grammar of De-coloniality», en *Cultural Studies*, 21, 2, marzo, 449-514.

MOHANTY, Satya P. (1989): «Us and Them: On the Philosophical Bases of Political Criticism», en *Yale Journal of Criticism*, 2, primavera, 1-31.

MOLLER OKIN, Susan (s/f): «Is Multiculturalism Bad for Women?"», en <http://www.bostonreview.net/BR22.5/okin.html>.

MORAÑA, Mabel (1984): *Literatura y cultura nacional en Hispanoamérica (1910-1940)*. Minneapolis: Institute for the Study of Ideologies and Literatures.

— (1994): *Relecturas del Barroco de Indias*. Hanover, NH: Ediciones del Norte.

— (1995a): «*Escribir en el aire*. Heterogeneidad y estudios culturales», en *Revista Iberoamericana*, 170/171, enero-junio, 279-288.
— (1995b): «De la *ciudad letrada* al imaginario nacionalista: contribuciones de Ángel Rama a la invención de América», en Beatriz González Stephan, Javier Lasarte *et al.* (comps.), *Esplendores y miserias del siglo* XIX. *Cultura y sociedad en América Latina*. Caracas: Monte Ávila, 41-51.
— (coord.) (1996): *Crítica cultural y teoría literaria latinoamericanas*. *Revista Iberoamericana*, 176-177 (número especial), julio-diciembre.
— (1997a): «Ideología de la transculturación», en *Ángel Rama y los estudios latinoamericanos*. Pittsburgh: IILI/University of Pittsburgh (Serie Críticas), 137-146.
— (1997b): *Políticas de la escritura en América Latina. De la Colonia a la Modernidad*. Caracas: ExCultura, 153-163.
— (1998): *Viaje al silencio. Exploraciones del discurso barroco*. México: UNAM.
— (2002): *Espacio urbano, comunicación y violencia en América Latina*. Pittsburgh: IILI/University of Pittsburgh (Serie Tres Ríos).
— (2004): *Crítica impura*. Madrid/Frankfurt: Iberoamericana/Vervuert.
— (2005a): *Ideologies of Hispanism*. Nashville: Vanderbilt University Press (Hispanic Series).
— (2005b): «Baroque, Neobaroque, Ultrabaroque: Disruptive Readings of Modernity», en Nicholas Spadaccini y Luis Martín Estudillo (eds.), *Hispanic Baroques: Reading Cultures in Context*. Nashville: Vanderbilt University Press (*Hispanic Issues* 31), 241-281.
— (2006): «Territorialidad y forasterismo: la polémica Arguedas/Cortázar revisitada», en Sergio Ramírez-Franco (ed.), *José María Arguedas. Hacia una poética migrante*. Pittsburgh: IILLI/University of Pittsburgh (Serie ACP), 103-118.
— Enrique DUSSEL y Carlos JÁUREGUI (eds.) (2008): *Coloniality at Large. Latin America and the Postcolonial Debate*. Durham: Duke University Press.
MOREIRAS, Alberto (2000-2001): «Retirar la cultura», en Adriana Bergero y Jorge Ruffinelli (eds.), *Estudios literarios, estudios culturales*. Stanford, CA: Stanford University (Nuevo Texto Crítico, nº 25/28), 133-138.
— (2001): «The End of Magical Realism: José María Arguedas's Passionate Signifier», en *The Exhaustion of Difference. The Politics of Latin American Cultural Studies*. Durham: Duke University Press, 184-207.
MORETTI, Franco (1996): *Modern Epic. The World-System from Goethe to García Márquez*. London: Verso.
— (1999): *Atlas of the European Novel. 1800-1900*. London: Verso.
— (2000): «The Slaughterhouse of Literature», en *Modern Language Quarterly*, 61, 1, 207-227.

— (2004): «Conjunctures on World Literature», en Christopher Prendergast (ed.), *Debating World Literature*. London: Verso, 148-162 [publicado originalmente en *New Left Review*, 1 (2000), 54-68].

MOUFFE, Chantal (1999): *El retorno de lo político. Comunidad, ciudadanía, populismo, democracia radical*. Barcelona: Paidós.

— (2005): *On the Political*. London: Routledge.

MOULIÁN, Tomás (1998): *El consumo me consume*. Santiago de Chile: LOM.

MOULIN-CIVIL, Françoise (1999): «Invención y epifanía del neobarroco: excesos, esbordamientos, reverberaciones», en Severo Sarduy, *Obra completa* (2 vols). Edición crítica de Gustavo Guerrero y François Wahl. Nanterre *et al.*: ALLCA XX (Colección Archivos), vol. II, 1649-1678.

MOULTHROP, Stuart (1997): «No War Machine», en Joseph Tabbi y Michael Wutz (eds.), *Reading Matters: Narrative in the New Ecology of Media*. Ithaca: Cornell University Press, 269-292.

NAIRN, Tom (1977): *The Break-up of Britain: Crisis and Neo-Nationalism*. London: NLB.

NEBRIJA, Antonio de (1980 [1492]): *Gramática de la lengua castellana*. Edición de Antonio Quilis. Madrid: Ediciones Nacionales.

NUGENT, José Guillermo (1992): *El laberinto de la choledad*. Lima: Fundación Friedrich Ebert.

O'DONNELL, Guillermo (1978): «Apuntes para una teoría del Estado», en *Revista Mexicana de Sociología*, 4, 1157-1199.

O'GORMAN, Edmundo (1958): *La invención de América*. México: Fondo de Cultura Económica.

ONO, Ichiro (1995): *Divine Excess: Mexican Ultra-Baroque*. San Francisco: Chronicle Books.

ORTEGA, Francisco A. (2003): «Trauma and Narrative in Early Modernity: Garcilaso's *Comentarios Reales* (1609-1616)», en *Modern Language Notes*, 118, 2, marzo (Hispanic Issue), 393-426.

OSORIO, Nelson (1985): «Ángel Rama y el estudio comprensivo de la literatura hispanoamericana», en *Casa de las Américas*, 148, enero-febrero, 153-158.

— (1988a): *Manifiestos, proclamas y polémicas de la vanguardia literaria hispanoamericana*. Caracas: Biblioteca Ayacucho.

— (1988b): «Mariátegui y *Amauta* en el contexto de los años veinte», en *Nuevo Texto Critico*, 1, 2, 315-327.

PAGDEN, Anthony (1987): «Identity Formation in Spanish America», en Nicholas Canny y Anthony Pagden (eds.), *Colonial Identity in the Atlantic World, 1500-1800*. Princeton: Princeton University Press, 51-93.

PAJUELO TEVES, Ramón (2002): «El lugar de la utopía. Aportes de Aníbal Quijano sobre cultura y poder», en Daniel Mato (coord.), *Estudios y otras prác-*

ticas intelectuales latinoamericanas en cultura y poder. Caracas: CLACSO/CEAP/FACES/UCV, 225-234.

PARIS, Robert *et al.* (1973): *El marxismo latinoamericano de Mariátegui.* Buenos Aires: Crisis.

PASTOR, Beatriz (1983): *Discursos narrativos de la conquista: mitificación y emergencia.* Hanover: Ediciones del Norte.

— (1999): *El jardín y el peregrino. El pensamiento utópico en América Latina (1492-1695).* México: UNAM.

PAZ, Octavio (1990): «Voluntad de forma», en *Esplendores de treinta siglos.* New York: Metropolitan Museum of Art.

PERLONGHER, Néstor (1994): «Los devenires minoritarios», en *Revista de Crítica Cultural*, 4, 13-18.

— (1996): «Prólogo», en *Medusario. Muestra de poesía latinoamericana.* Selección y notas de Roberto Echavarren, José Kozer y Jacobo Sefamí. México: Fondo de Cultura Económica, 19-30.

— (1997): *Prosa plebeya. Ensayos 1980-1992.* Buenos Aires: Colihue.

PERUS, Françoise (1976): *Literatura y sociedad en América Latina: el modernismo.* México: Siglo Veintiuno.

— (1982): *Historia y crítica literaria: el realismo social y la crisis de la dominación oligárquica.* La Habana: Casa de las Américas.

PICÓN SALAS, Mariano (1982): *De la conquista a la independencia.* México: Fondo de Cultura Económica.

PIGLIA. Ricardo (2005): *Plata quemada.* Barcelona: Anagrama.

POBLETE, Juan (2003): «La crónica, el espacio urbano y la representación de la violencia en la obra de Pedro Lemebel», en Boris Muñoz y Silvia Spitta (eds.), *Más allá de la ciudad letrada: crónicas y espacios urbanos.* Pittsburgh: IILI/University of Pittsburgh, 117-137.

PODESTÁ, Guido (1998): «Abelardo Gamarra: la poética del forastero», en Mabel Moraña (ed.), *Indigenismo hacia el fin del milenio. Homenaje a Antonio Cornejo Polar.* Pittsburgh: IILI/University of Pittsburgh (Serie Biblioteca de América), 139-148.

PONCE, Aníbal (1975): «Humanismo burgués y humanismo proletario», en *Obras.* La Habana: Casa de las Américas, 231-358.

PORRAS BARRENECHEA, Raúl (1955): *El Inca Garcilaso en Montilla.* Lima: Instituto de Historia/Universidad Nacional Mayor de San Marcos.

PRATT, Mary Louise (1992): *Imperial Eyes: Travel Writing and Transculturation.* New York: Routledge.

PRENDERGAST, Christopher (ed.) (2004): *Debating World Literature.* London: Verso.

PUPO-WALKER, Enrique (1982): *Historia, creación y profecía en los textos del Inca Garcilaso de la Vega.* Madrid: Porrúa-Turanzas.

PUTNAM, Robert David (1995): «Bowling Alone: America's Declining Social Capital», en *Journal of Democracy*, 6, 1, enero, 65-78.

— (2000): *Bowling Alone: The Collapse and Revival of American Community*. New York: Simon & Schuster.

— (ed.) (2002): *Democracies in Flux: The Evolution of Social Capital in Contemporary Society*. New York: Oxford University Press.

QUIJANO, Aníbal (1979): «José Carlos Mariátegui: Reencuentro y debate», prólogo a José Carlos Mariátegui, *7 ensayos de interpretación de la realidad peruana*. Notas y cronología de Elizabeth Garrels. Caracas: Biblioteca Ayacucho, ix-cxxix.

— (1980): *Dominación y cultura. Lo cholo y el conflicto cultural en el Perú*. Lima: Mosca Azul.

— (1981a): *Introducción a Mariátegui*. México: Era (Serie Popular Era).

— (1981b): *Reencuentro y debate. Una introducción a Mariátegui*. Lima: Mosca Azul.

— (1988): «La nueva heterogeneidad estructural de América Latina», en Heinz Sonntag *et al., Duda, certeza, crisis. La evolución de las ciencias sociales de América Latina*. Caracas: Unesco/Nueva Sociedad, 29-52.

— (1991): «Colonialidad y modernidad/racionalidad», en *Perú Indígena*, vol. 13, 29, 11-29.

— (1993): «Raza, etnia y nación en Mariátegui: cuestiones abiertas», en Roland Forgues (comp.), *Encuentro Internacional José Carlos Mariátegui y Europa, el otro lado del descubrimiento*. Lima: Empresa Editora Amauta, 166-187.

— (1995): «El marxismo en Mariátegui: Una propuesta de racionalidad alternativa», en David Sobrevilla Alcázar (ed.), *El marxismo de José Carlos Mariátegui. V Congreso Nacional de Filosofía*. Lima: Universidad de Lima/Empresa Editora Amauta, 39-47.

— (1997): «Colonialidad del poder, cultura y conocimiento en América Latina», en *Anuario Mariateguiano*, 9, 113-121.

— (2000a): «Coloniality of Power, Eurocentrism, and Latin America», en *Nepantla*, 1.3, 533-579.

— (2000b): «Colonialidad del poder y clasificación social», en *Journal of World-Systems Research*, VI, 2, verano-otoño, 342-286.

— (2000c): «Colonialidad del poder, eurocentrismo y América Latina», en Edgardo Lander (ed.), *La colonialidad del saber: eurocentrismo y ciencias sociales. Perspectivas latinoamericanas*. Buenos Aires: FLACSO, 201-246.

— (2006a): «Estado-nación y "movimientos indígenas" en la región andina», en *Observatorio Social de América Latina*, año VII, nº 19, enero-abril, 15-24, <http://clacso.org.ar/bibliotecabiblioteca@clacso.edu.ar>.

— (2006b): «Don Quijote y los molinos de viento en América Latina», en *Revista Pasos*, 127, septiembre-octubre, <http://www.oeiperu.org/documentos/ClavesQuijano.pdf>.

— e Immanuel WALLERSTEIN (1992): «Americanity as a Concept, or the Americas in the Modern World-System», en *International Social Sciences Journal*, 134, 549-557.

RABINOW, Paul (ed.) (1984): «An Interview with Michel Foucault», en *Foucault: A Reader*. New York: Pantheon.

RADDITZ, Fritz J. (ed.) (1981): *The Marx-Engels Correspondence. The Personal Letters, 1844-1877. A Selection*. London: Weidenfeld and Nicholson.

RAMA, Ángel (1970): *Rubén Darío y el modernismo. (Circunstancia socioeconómica de un arte americano)*. Caracas: Universidad Central de Venezuela.

— (1974): «El área cultural andina (Hispanismo, mesticismo e indigenismo)», en *Cuadernos Americanos*, vol. XCVII, 6, noviembre-diciembre, 136-173.

— (1975): *Rufino Blanco Fombona íntimo*. Caracas: Monte Ávila.

— (1982): *Transculturación narrativa en América Latina*. México: Siglo XXI.

— (1984): *La ciudad letrada*. Hanover: Ediciones del Norte.

— (1985): *La crítica de la cultura en América Latina*. Caracas: Biblioteca Ayacucho.

— (1986): *La novela en América Latina. Panoramas 1920-1980*. Xalapa: Universidad Veracruzana.

— (2001): *Diario 1974-1983*. Prólogo, edición y notas de Rosario Peyrou. Montevideo/Caracas: Trilce/La Nave Va.

RAMOS, Jorge Abelardo (1973): *El marxismo de Indias*. Barcelona: Planeta.

RAMOS, Julio (1989): *Desencuentros de la modernidad en América Latina. Literatura y política en el siglo XIX*. México: Fondo de Cultura Económica.

RAPPAPORT, Joanne (2007): «Intelectuales públicos indígenas en América Latina: una aproximación comparativa», en Sergio R. Franco (coord.), *Literaturas y culturas de la zona andina. Número especial de Revista Iberoamericana*, vol. XXIII, nº 220, julio-septiembre, 615-630.

REGUILLO, Rossana (2000). «La construcción social del miedo. Narrativas y prácticas urbanas», Susana Rotker (ed.), *Ciudadanías del miedo*. Caracas: Editorial Nueva Sociedad, 185-201.

RICHARD, Nelly (1993a): *Masculino/Femenino. Políticas de la diferencia y cultura democrática*. Santiago de Chile: Francisco Zegers Ed.

— (1993b): *La estratificación de los márgenes. Sobre arte, cultura y políticas*. Santiago de Chile: Francisco Zegers.

— (1994): *La insubordinación de los signos. (Cambio político, transformaciones culturales y poéticas de la crisis)*. Santiago de Chile: Cuarto Propio.

— (1996): «Cultural Alterity and Decentering», en Claudia Ferman (ed.), *The Postmodern In Latin And Latino American Cultural Narratives*. New York: Garland Publishing Inc. (Latin American Studies 3), 3-13.

— (1998): «Intersectando Latinoamérica con el latinoamericanismo», en Santiago Castro-Gómez y Eduardo Mendieta (coords.), *Teorías sin disciplina: Latinoamericanismo, poscolonialidad y globalización en debate*. México/San Francisco: Miguel Ángel Porrúa/University of San Francisco (Filosofía de nuestra América), 245-270.

— (2003): «"...como una tiara de rubíes en la cabeza de un pato malandra...". Una conversación con Pedro Lemebel», en *Revista de Crítica Cultural*, 26, junio, 50-54.

RINCÓN, Carlos (1977): «La poética de lo real maravilloso americano», en *Alejo Carpentier*. La Habana: Valoración múltiple, 123-177.

— (1978): *El cambio en la noción de literatura*. Bogotá: Instituto Colombiano de Cultura.

— (1996): *Mapas y pliegues*. Bogotá: Colcultura.

RIVA AGÜERO, José (1941): «Elogio del Inca Garcilaso», en *Comentarios reales de los Incas*. Lima: Librería e Imprenta Sanmarti y Cía.

ROFFÉ, Reina (1985): «Ángel Rama. Más allá de la ciudad letrada», en *Espejo de escritores.Entrevistas con Borges, Cortázar, Fuentes et al.* Hanover: Ediciones del Norte, 197-221.

RONCAGLIOLO, Santiago (2006): *Abril rojo*. Madrid: Santillana.

ROSERO, Evelio (2007): *Los ejércitos*. Barcelona: Tusquets.

ROTKER, Susana (2000: *Ciudadanías del miedo*. Caracas: Nueva Sociedad.

ROUQUIÉ, Alain (1989): *América Latina. Introducción al Extremo Occidente*. México: Siglo Veintiuno.

ROWE, John Howland (1976): «El movimiento nacional inca del siglo XVIII», en Alberto Flores Galindo (comp.), *Túpac Amaru II-1780: sociedad colonial y sublevaciones populares*. Lima: Retablo de Papel, 13-66.

RUFFINELLI, Jorge (1983): «Ángel Rama: La carrera del crítico de fondo», en *Escritura*, VIII, 15, enero-junio, 123-131.

SAID, Edward (1978): *Orientalism*. New York: Vintage Books.

— (1989): «Representing the Colonized: Anthropology's Interlocutors», en *Critical Inquiry*, 15, 2, 205-225.

— (2001): «The Clash of Ignorance», en *The Nation*, 4 de octubre, <http://www.thenation.com/doc/20011022/said>.

SÁNCHEZ LIHÓN, Danilo (s/f): «Inca Garcilaso iniciador de la literatura infantil y juvenil de América», <http://www.librosperuanos.com/autores/garcilaso_de_la_vega.html>.

SÁNCHEZ VÁZQUEZ, Adolfo (1987): «La situación de la filosofía en el mundo hispánico: el marxismo en América Latina», en *Arbor*, 128, 39-58.

— (1998): «El marxismo en América Latina», en *Filosofía, praxis y socialismo*. Buenos Aires: Tesis Once.

— (1999): *De Marx y el marxismo en América Latina*. México: Itaca.

SANTIAGO, Silviano (1978): «O Entre-Lugar no Discurso Latino-Americano», en *Uma Literatura nos Trópicos. Ensaios sobre Dependência Cultural*. São Paulo: Perspectiva.

— (2001): *The Space In Between. Essays on Latin American Culture*. Durham: Duke University Press.

SARDUY, Severo (1999): *Obra completa*. Edición crítica de Gustavo Guerrero y François Wahl. Nanterre *et al.*: ALLCA XX (Colección Archivos), 2 vols.

SARLO, Beatriz (1995): *Borges: un escritor en las orillas*. Buenos Aires: Ariel.

— (1988): *Una modernidad periférica: Buenos Aires 1920 y 1930*. Buenos Aires: Nueva Visión.

— (2002): «Violencia en las ciudades. Una reflexión sobre el caso argentino», en Mabel Moraña (ed.), *Espacio urbano, comunicación y violencia en América Latina*. Pittsburgh: IILI/University of Pittsburgh (Serie Tres Ríos), 205-214.

SCARRY, Elaine (1985): *The Body in the Pain. The Making and Unmaking of the World*. New York: Oxford University Press.

SCHMIDT, Friedhelm (1994-1995): «¿Literaturas heterogéneas o literatura de la transculturación?», en *Nuevo Texto Crítico*, VII, 14-15, julio-junio, 193-199.

SCHWARZ, Roberto (1992): «Brazilian Culture: Nationalism by Elimination», en John Gledson (ed.), *Misplaced Ideas. Essays on Brazilian Culture*. London: Verso.

SIFUENTES-JÁUREGUI, Ben (2002): *Transvestism, masculinity, and Latin American Literature*. New York: Palgrave.

SMITH, Anna Marie (1998): *Laclau and Mouffe. The Radical Democratic Imaginary*. London: Routledge.

SOBREVILLA ALCÁZAR, David (1995): *El marxismo de José Carlos Mariátegui. V Congreso Nacional de Filosofía*. Lima: Universidad de Lima/Empresa Editora Amauta.

— (2005): *El marxismo de Mariátegui y su aplicación a los 7 Ensayos*. Lima: Universidad de Lima/Fondo de Desarrollo Editorial.

SOSNOWSKI, Saúl (1985): «Ángel Rama: un sendero en el bosque de palabras», prólogo a Ángel Rama, *La crítica de la cultura en América Latina*. Caracas: Biblioteca Ayacucho, ix-xxiii.

SPENGLER, Oswald (1982): *La decadencia de Occidente*. Madrid: Espasa-Calpe.

SPITTA, Sylvia (1995): *Between Two Waters: Narratives of Transculturation in Latin America*. Houston: Rice University Press.

SPIVAK, Gayatri (1989): «Who Claims Alterity?», en Barbara Kriger y Phil Mariani (eds.), *Remaking History*. Seattle: Bay Press (Discussions in Contemporary Culture, nº 4) 269-292.

STOYKOV, Atanas (1983): *Mariátegui y la cultura latinoamericana*. Lima: Amauta.

TAPIA, Luis (2002): *La producción del conocimiento local. Historia y política en la obra de René Zavaleta*. La Paz: Muela del Diablo.

TAUSSIG, Michael (1987): *Shamanism, Colonialism and the Wild Man*. Chicago: University of Chicago Press.

— (1989): «Terror as Usual: Walter Benjamin's Theory of History as a State of Siege», en *Social Text*, 23, 3-20.

— (1992): *The Nervous System*. New York: Routledge.

— (1993): *Mimesis and Alterity. A Particular History of the Senses*. New York: Routledge.

— (1995): *Un gigante en convulsiones. El mundo humano como sistema nervioso en emergencia permanente*. Barcelona: Gedisa.

— (2002): «Culture of Terror – Space of Death. Roger Casement's Putumayo Report and the Explanation of Torture», en Catherine Besteman (ed.), *Violence. A Reader*. New York: New York University Press, 211-243.

— (2003): «The Language of Flowers», en *Critical Inquiry*, 30, otoño, 98-131.

TAYLOR, Charles (1994): «The Politics of Recognition», en *Multiculturalism. Examining the Politics of Recognition*. Edición e introducción de Amy Gutmann. Princeton, NJ: Princeton University Press, 25-73.

TERÁN, Óscar (1985): *Discutir Mariátegui*. Puebla: Universidad Autónoma de Puebla.

TODOROV, Tzvetan (2000): *Mémoire du mal, tentation du bien: enquête sur le siècle*. Paris: Éditions Robert Laffont.

UNRUH, Vicky (1989): «Mariátegui's Aesthetic Thought: A Critical Reading of the Avant-Gardes», en *Latin American Research Review*, 24, 3, 45-69.

VALCÁRCEL, Luis E. (1927): *Tempestad en los Andes*. Lima: Populibros Peruanos.

VALLEJO, Fernando (1998): *La Virgen de los sicarios*. Bogotá: Alfaguara.

VAN CREVELD, Martin (1991): *The Transformations of War*. New York: Free Press.

VANDEN, Harry E. (1986): «The Making of a Latin Marxist: José Carlos Mariátegui's Intellectual Formation», en *Revista Interamericana de Bibliografia/Interamerican Review of Bibliography*, 36, 5-28.

VARALLANOS, José (1962): *El cholo y el Perú. Introducción al estudio sociológico de un hombre y un pueblo mestizos y su destino cultural*. Buenos Aires: Imprenta López.

VARGAS LLOSA, Mario (1983): «La pasión y la crítica», en *El Comercio de Lima*, diciembre [reproducido en (1993): *El País Cultural*, nº 217, 31 de diciembre, <http://letras-uruguay.espaciolatino.com/aaa/vargas_llosa/la_pasion_y_la_critica.htm>].

— (1996): *La utopía arcaica. José María Arguedas y las ficciones del indigenismo*. México: Fondo de Cultura Económica.

VELÁZQUEZ CASTRO, Marcel (2002): «Entrevista a Mirko Lauer», en *Ajos y Zafiros*, 3/4, 133-150.

VENN, Couze (2000): *Occidentalism. Modernity and Subjectivity*. London: Sage.

VIDAL, Hernán (1976): *Literatura hispano-americana e ideología liberal: surgimiento y crisis. (Una problemática sobre la dependencia en torno a la narrativa del boom)*. Buenos Aires: Hispamérica.

VON DER WALDE, Erna (2001): «La novela de sicarios y la violencia en Colombia», en *Iberoamericana*, 3, 27-40.

WALLERSTEIN, Immanuel (1974): *The Modern World-System. I: Capitalist Agriculture and the Origins of the European World-Economy in the Sixteenth Century*. New York/London: Academic Press.

— (1980): *The Modern World-system. II: Mercantilism and the Consolidation of the European World-Economy: 1600-1750*. New York/London: Academic Press.

— (1989): *The Modern World-System. III: The Second Era of Great Expansion of the Capitalist World-Economy, 1730s-1840s*. New York/London: Academic Press.

WEBER, Max (1949): *The Methodology of the Social Sciences*. New York: Free Press.

WEY-GÓMEZ, Nicolás (1991): «¿Dónde está Garcilaso? Las oscilaciones del sujeto colonial en la formación de un discurso transcultural», en *Revista de Crítica Literaria Latinoamericana*, 34, 7-32.

YÚDICE, George (2002): *El recurso de la cultura*. Barcelona: Gedisa.

YOUNG, Robert (2001): «J. C. Mariátegui, Transculturation and Cultural Dependency», en *Postcolonialism. An Historical Introduction*. Malden, Massachussets: Blackwell, 193-203.

ZAMUDIO-TAYLOR, Víctor (2000): «Ultra Baroque: Art, Mestizaje, Globalization/Ultra Baroque: arte, mestizaje, globalización», en Elizabeth Armstrong y Víctor Zamudio-Taylor (eds.), *Ultra Baroque. Aspects of Post Latin American Art*. San Diego: Museum of Contemporary Art, 141-160.

ZAVALETA MERCADO, René (1986): *Lo nacional-popular en Bolivia*. México: Siglo Veintiuno.

ŽIŽEK, Slavoj (1992): *El sublime objeto de la ideología*. Buenos Aires: Siglo XXI.

— (2007): *En defensa de la intolerancia*. Madrid: Sequitur.

— (2008): *Violence*. New York: Picador.